환승 이직의 판도라 상자를
언박싱하라!

환승 이직의 판도라 상자를 언박싱하라!

고액 연봉, 고속 임원 승진을 위한
환승 이직의 숨겨진 비책과 생생한 경험을 체험하라!

서준덕 지음

좋은땅

| 들어가는 글

환승 이직, 이제는 응원받고, 코칭받을 때

사회생활, 즉 직장 생활은 각자에게 여러 가지 의미가 있다. 개인에 따라 다르겠지만 직장 생활의 의미로는 생계 수단과 자기 성취라는 것은 공통되지 않을까 생각한다. 필자는 이 책을 쓴 시점에는 오십 중반이 넘은 식품회사의 총괄부사장을 역임하고 있다. 물론 회사의 규모와 수준이 중요한 부분이지만 직장 생활을 하는 동안 동료나 선배보다 먼저 승진하고, 연봉이라는 대우에서도 높게 받기를 바라는 것은 모든 직장인의 인지상정이라 생각한다.

필자는 식품회사에서 총 30년을 근무하면서 3회의 이직을 하였고, 국내 굴지의 4개 식품회사에 이직 성공하였다. 이직을 통해 직급 상승이라는 신분 상승도 하였고, 그와 병행하여 연봉 및 제반 대우에 대한 상승을 만들어 간 성공의 경험을 보유하고 있다. 이러한 성공 과정에는 수많은 시행착오도 있었으며 그 시행착오는 시간과 비용, 노력이라는 투자를 더 하게끔 하였다.

직장 생활 30년 중에 20년은 직원(사원~부장)으로서 업무 능력과 경력을 쌓았으며, 나머지 10년은 임원으로 직위 상승하여 직장 내 입지는 물론 대우 면에서도 상승을 만들어 갔다. 우리는 흔히 직장 내에서 이직에 대한 부분은 금기시하거나 다른 동료나 상사 또는 회사에는 알려서는 안 되는 비밀 사항으로 생각하고 있다.

직장 생활의 패턴이 많이 바뀌었고 직장에 대한 각자의 의미가 달라졌음에도 유독 환승 이직(경력 이직)에 대한 부분은 비밀리에 진행하거나 소극적으로 진행하는 사례가 대부분인 것 같다. 상황이 이렇다 보니 환승 이직을 고민하고 준비하는 많은 직장인들에게는 남에게 함부로 꺼내 놓고 상의하거나 개방된 컨설팅을 받기가 어려운 것이 현재의 상황이다.

필자는 식품회사에서 30년을 근무했고, 환승 이직을 세 번 준비하고 진행하여, 모두 내가 원하는 시기와 장소, 대우를 받으며 이직에 성공했다. 그리고 환승 이직의 실제 경험 노하우와 환승 이직 시장에서 실제로 일어나고 있는 알려지지 않은 사항들에 대해 전략적으로 접근할 필요가 있음을 느꼈다.

지금도 현업에서 열심히 일하면서 환승 이직을 희망하고 있는 직장인이 많을 것이다. 이제는 환승 이직이라는 것에 대해 좀 더 떳떳하고 전문적이며, 실제 경험을 바탕으로 한 컨설팅이 필요한 시점이다. 특히 환승 이직 시장은 헤드헌터사와 헤드헌터를 통해 이루어지는 경우가 대부분이다. 따라서 헤드헌팅 시장의 현실에 대해 경험에 기반하여 재정립하여 환승 이직의 시행착오를 줄이는 것이 필요하다. 헤드헌팅 시장에서의 시행착오가 많거나 길어지면, 시간은 물론, 비용과 기회 등의 개인적인 스펙 쌓기에 부정적인 요소로 작용할 수 있다.

이 책에서는 30년간의 직장 생활 중에 환승 이직을 성공적으로 하면서 알게 된, 이직의 노하우와 주의해야 할 모든 것에 대하여 전략적 관점에서 접근하였다. 우리가 알고 있는 환승 이직 시장은 화려함 속에 가시와 같은 위험이 숨겨져 있다. 이로 인해 잘못된 판단을 하여 경력에 피해를 입는 사례도 비일비재한 것이 현실이다.

이 책의 내용은 환승 이직을 실제 경험하고, 성공한 사실에 기반하여 준비하였다. 그러므로 이 책의 내용을 바탕으로 환승 이직을 준비하고 헤드헌터와의 관계를 만들어 간다면, 불나방처럼 환승 이직의 화려한 불빛만을 좇아가다가 이직의 희생자가 되는 일은 없도록 만들어 줄 것이다.

이제는 환승 이직에 대해서는 사회적 차원에서의 관심과 지원이 있어야 한다고 생각한다. 직장인의 이직으로 인한 신분 상승은 사회 전반의 시너지도 높일 수 있기 때문이다. 현업에서 고위 임원의 자리에 있는 필자이지만, 후배 또는 부하 직원의 환승 이직을 열린 태도로 코칭하고 응원하는 마음으로 이 글을 썼다.

Contents

Part 3. 이직 성공을 위한 전략 수립과 실행

Part 4. 반드시 피해야 할 이직 회사 유형

Part 5. 평판을 관리하지 못하면 이직은 난파한다

Part 7. 합격으로 가는 인터뷰(Interview)하기

Part 8. 연봉과 직급, 직책, 처우 협상은 현실에 기반해라

Part 1.

이직에 대한 마인드 정립하기

Chapter 1.

이직 한번 해 볼까?

환승 이직은 아무나 할 수 있는 것은 아니다. 환승 이직은 일정 수준의 경력이 쌓이고, 병행하여 역량이 형성되어야만 가능한 것이다.

직장인들이 환승 이직을 준비하는 이유의 첫 번째가 현재 재직하고 있는 직장에 대한 불만이 가장 많은 것 같다.

두 번째로는 현 직장에서의 대우에 대한 불만일 것이다. 그리고 세 번째로는 자기계발 또는 자기 발전일 것이다. 일반적으로 이 세 가지의 이유가 환승 이직을 하기 위한 이유로 꼽을 수 있다. 물론 이 외에도 근무 환경, 여건들의 물리적 환경과 심리적 요인들도 있을 것이다. 그러나 일반적인 경우의 환승 이직은 현재 있는 직장에 대한 처우와 환경에 대한 불만에서부터 형성되는 경우가 많은 것이 현실이다.

환승 이직의 이유가 우선 확실해야 한다. 이직을 위한 확실한 이유를 알기 위해서 이직을 생각하게 한 원인을 잘 파악해야 하는 것이다.

단순한 순간적 불만이나 마찰로 인해 시간이 지나면 해결할 수 있거나 해결이 되는 것을 참지 못하고 이직을 결정하는 상황은 환승 이직의 명분으로는 부족한 것이다.

개인적으로 환승 이직에 대한 명분이 부족하게 되면 설사 이직을 하게 되더라도 도피성의 이직을 선택하거나 이직 후 적응을 제대로 하지 못하는 악순환의 심리적 상태를 만들 수 있기 때문이다. 따라서 순간적 감정이나 마찰로 인해 '이직이나 한번 해 볼까?'라는 막연한 생각으로 이직을 결심해서는 안 되는 것이다. 환승 이직의 성공 요건은 이직을 위한 마음먹기에서부터 출발한다.

환승 이직의 마음을 결정하는 것은 그 원인에 대한 파악을 가장 먼저 해야 하고, 그 원인이 현재의 직장에서 해결되지 못할 것이라는 판단이 객관적으로 형성될 때 마음으로 결정을 하는 것이 중요하다. 그러기 위해서는 순간적인 감정을 걷어 내고, 직장 내의 믿을 만한 선배와 상담을 먼저 하는 것이 중요하다. 만약 같은 직장 내에 이직에 대한 상담을 할 만한 선배나 동료가 없다면 사회적으로 믿을 만한 선배나 친구와 먼저 이직을 결정하려는 원인에 대해 객관적인 상황을 상담하여 객관화하는 것이 중요하다.

직장 생활을 대변하는 이야기 중에 '늘 가슴에 사직서를 숨기고 다닌다.'는 말이 있다. 직장 생활을 시작하는 사람들은, 각자 최소한 30년을 다른 환경에서 살아온 사람들이 모여서 업무를 하는 환경이 조화로울 수 없는 것이 현실이다. 직장 내의 갈등은 많은 마찰도 만들어 내지만 회사를 그만두거나 이직을 결정하는 원인이 되기도 하는 것이다.

환승 이직을 마음먹게 하는 두 번째 상황은 현 직장에서의 대우와 처우에 대한 불만이다. 이 상황도 첫 번째와 마찬가지로 문제를 객관화하여 냉정한 기준으로 검토해야 시행착오를 줄일 수 있다. 처우나 대우에 대한 불만은 직장 내의 갈등 상황 못지않게 환승 이직을 희망하는 이직 희망자의 눈과 귀를 어둡게 할 수 있는 원인이다.

솔직히 말하면 가장 많은 환승 이직의 원인이라 해도 과언이 아니다.

동료, 후배와의 격차에 대한 경쟁의식이 발생되는 부분은 직장인으로 하여금 눈에 불을 켜게 하는 경쟁심과 비교 의식, 이기심을 자극하는 원인이 된다.

직장 생활이 자기만족이라는 욕구를 해결하는 목적이 있다면 이러한 부분에 대한 차별이나 부당한 대우와 처우는 환승 이직을 결심하게 되는 가장 현실적인 원인인 것이다.

대부분의 회사가 능력을 중심으로 한 연봉제나 능력 수당제의 형태로 급여와 대우를 바꾸어 가고 있다. 이러한 상황에서 동료나 후배와 비슷하거나 잘못된 대우를 받아서 처우의 기울어짐이 발생하면, 당사자는 상당한 심리적 동요를 가지게 되는 것이다. 즉 불만으로 가득 찰 수밖에 없고, 비교 의식이 발생하여 상황이나 자신의 역량을 제대로 평가하지 못하게 되는 경우를 발생한다.

직장 생활은 눈에 보이지 않는 경쟁의 상황이다. 그렇다 보니 경력이 쌓여 가는 상황에서 남보다 못한 대우를 받게 되면, 그 분함을 참지 못하고 불만을 토해 내거나 이직을 공론화하는 상황까지 만들어 낼 수 있다. 따라서 이러한 대우와 처우의 기울어짐에 대한 '객관화된 자기 검증'의 시간을 가진 후에 환승 이직을 결정하는 것이 필요하다. 객관화된 자기 검증이라는 것은 '근무 연수가 많은 것이, 곧 능력이 많다.'는 생각의 구조를 검증해 보아야 하는 것이다.

우리는 흔히 '내가 회사 생활 짬밥이 몇 년인데.'라며 자신의 근무 연수를 부각시킨다. 그러나 환승 이직을 위해서는 근무 연수만 많은 것으로, 경력이 많거나 역량이 높다는 생각을 하여서는 안 된다. 환승 이직을 생각하는 대다수의 직장인들이 착각하는 것이 이 부분이다. 근무 연수가 많은 것이 경력이 높은 것은 아님을 알아야 한다. 근무 연수가 많으면서 비례하여 역량도 높고, 성과가 많아 야만 경력이 높고, 경력의 수준까지 질적으로 좋다는 것을 냉정하게 알아야 한다. 이러한 현실에 대한 자기 검증을 통한 깨달음이 없다면, 환승 이직을 하여서는 성공할 가능성이 낮아지게 된다. 설사 이직에 성공하였다고 하더라도 이직한 회사에서 동일한 상황이 재발되는 경우에는 또 다시 이직을 고민하게 되는 상황이 만들어질 것이다.

세 번째 상황인 자기계발 또는 자기발전의 경우다. 현 직장에서 본인이 담당하고 있는 업무를 기반으로 한 자기발전을 꾀하거나 역량을 확대하기 위한 기회를 확대하기 위한 환승 이직의 경우이다. 이 상황에서도 가장 중요한 것이 현 직장에서의 자기계발과 자기 발전을 과연 할 수 없는 것인지에 대한 객관화된 판단 검증의 시간을 보내야 한다. 그리고 중요한 것이 자기계발의 범위를 명확히 알아야 하는 것이다. 즉 본인이 생각하는 현재와 향후 2년 또는 환승 이직할 회사에서의 자기계발의 범위를 일정 부분 확인하거나 확정해야 하는 것이다.

우리는 흔히 막연한 욕심을 가지고 자기 자신을 합리화하는 경향이 많다. 자기계발을 하고자 하는 이유를 명확히 해야 하고, 자기계발을 통해 현재 직장과 환승 이직하고자 하는 회사에서의 쓰임의 연결고리를 명확히 하지 못한 상태에서 막연하게 '이직이나 한번 해 볼까?'라는 식의 환승 이직을 해서는 안 된다.

필자는 30년의 직장 생활 중에 성공적인 환승 이직을 하였지만 가장 후회하는 것이 있다. 그 후회는 지나치게 감정적인 마음으로 환승 이직을 결정하여, 조금 더 좋은 조건과 대우와 처우를 받을 수 있는 곳이 있었음에도, 마음이 조급해져서 좋은 선택지를 선택하지 못한 것이다. 이러한 조급한 선택은 나비효과와 같아서 향후 경력 인정은 물론 경력에 따른 대우와 처우에 많은 영향을 미치게 된다. 즉 초기 대우에 대한 협상 테이블을 잘 만들어 놓아야 하는데, 조급하거나 감정적으로 상황을 판단하면 시행착오를 겪게 되는 것이고, 그 시행착오는 결국 본인의 대우 테이블을 작게 만들게 된다.

환승 이직의 성공적인 출발은 이직의 마음먹기를 잘하는 것부터 출발한다. 마음먹기를 잘한다는 것은 심사숙고하고, 객관적으로 상황을 판단하고, 믿을 만한 선배나 상사와의 충분한 상담을 진행하여, 차분한 마음 상태에서 이직을 결정하는 객관적으로 자신과 사안을 보는 상태에서 자기 검증의 진단을 잘 하는 것에서부터 시작하는 것이다.

Chapter 2.

명확한 이직 사유가 있는가?

앞의 Chapter에서는 환승 이직을 위한 마음먹기에 대해 이야기하였다. 모든 일이 그러하듯이 '마음먹기'가 모든 일의 출발이고, 맺음이라는 생각에 대해서는 변함이 없다.

환승 이직에서 '부메랑 효과'를 나타내는 것이 있는데, 그것은 '명확한 이직 사유'를 만들어야 하는 것이다. 쉽게 말하면 신입 사원이나 회사 입사를 처음 하는 경우를 제외하고는 계속하여 꼬리를 물면서 따라다니게 되는 질문이 있다. 그 환승 이직의 숙명적 질문은 '이직 사유' 또는 '전 직장 퇴사 사유'이다. 환승 이직 희망자가 버리고 싶어도, 말하고 싶지 않아도 따라다니는 것이 이 두 가지에 대한 숙명적 대답이다. 환승 이직에 대한 마음먹기와 함께 중요한 것이 이처럼 '명확한 이직 사유'를 만드는 것, 즉 확정하는 것이다.

이러한 명확한 이직 사유는 이직에 대한 원인 파악을 객관적으로 하다 보면 알게 되는 것이다. 여기서 '명확한'이라는 단어를 강조하고자 한다. 명확하게 이직 사유를 정의하지 못하면 향후 이직 상담이나 면접 등에서 이직에 대한 답변이 모호해지고, 이직에 대한 자기 확신이 없어 보이는 지원자처럼 보일 수 있기 때문이다. 따라서 환승 이직을 희망하는 이직 희망자는 환승 이직에 앞서 '명확한 이직 사유'를 확정하고 일관성 있게 이력서나 면접에서 어필하여야 하는 것이다. 그리고 환승 이직의 이력서와 면접에서 가장 중요하게 평가하는 항목 중에 '명확한 이직 사유'가 그 구성 요소임을 알아야 한다.

결국 '명확한 이직 사유'를 이직 전에 확정하지 못하거나 그때 그때 변경하게 되면, 부메랑이 되어 이직 희망자 자신에게 불리한 상황을 초래할 수 있다는 것을 명심해야 한다. 그 시작은 환승 이직을 고민하고 결정하는 시기에 '명확한 이직 사유'를 바탕으로 결정하여야 이직 과정에서 부메랑을 맞지 않는 것이다.

Chapter 3.

후회하지 않을 자신이 있는가?

이직에 성공한 상황은 얼마 지나지 않아 현실로 돌아온다. 즉 환승 이직의 성공에 대한 달콤함이나 나름 성공했다는 만족감은 아침 먹고 난 후에 점심을 생각하는 것처럼 우리를 생각하게 만든다.

이직의 성공이라는 짧은 만족의 시간이 지나고 나면 밀물처럼 밀려드는 생각이 있다. 그것이 '정말 이직을 잘한 것일까?'라는 교만한 생각이 밀려오는 것이다. 이러한 생각이 잘못된 것이라는 말은 절대 아니다. 이직을 진행하거나 희망하는 사람들의 마음으로는 당연한 생각이다. 누구나 무엇인가에 대한 결정을 하고 나면 어떠한 결정이든지 간에 그 결정에 대한 좋고 나쁨 또는 잘됨과 못됨을 스스로 평가해 보게 되는 것이다.

이 경우에 잘된 판단인 경우에는 그 상황에 만족을 하게 되지만, 잘못된 판단이거나 부족함이 느껴질 경우에는 우리 인간은 후회라는 미련을 끄집어내게 되는 것이다. 이처럼 후회라는 미련을 끄집어내는 것은 경력을 바탕으로 이직한 이직자에게는 결코 좋지 못한 것이다.

이러한 후회는 결국 자기만족을 못하게 하고, 이직한 직장에 대한 만족 또한 못하게 하며, 이직 전의 직장에 대한 미련을 지속적으로 떠올려서, 또다시 재이직을 고민하게 하는 악순환을 만든다. 그리고 이러한 후회의 사이클에서 벗어나지 못하면 직장 생활 자체가 어려워진다.

필자는 환승 이직을 경험하면서 이러한 상황을 적게 경험하였지만 환승 이직을 진행했던 후배들의 코칭 과정에서 '후회'를 남기는 후배들을 많이 볼 수 있었다. 후회하지 않는 이직 결정 또는 성공적인 이직 결정은 본인의 몫이다. 그러기 위해서는 앞장에서도 강조했듯 이직하려는 원인을 객관적으로 분석하고, 그 원인이 이직을 통해 해결될 수 있는 것인지, 이직을 통해 해결될 수 있는 것이라면, 이직하려는 회사가 충분한 조건을 갖춘 것인지에 대해 사전에 많은 고민과 상담, 심사숙고의 자세가 필요한 것이다.

누누이 말하지만 순간적인 감정에 빠져서 환승 이직을 감정적으로 대응하고 결정하면, 그 피해는 고스란히 본인의 몫으로 돌아오는 것을 절대로 잊어서는 안 된다. 그리고 본인의 몫으로 돌아오는 '후회'는 경력의 흠집을 내는 것은 물론이고, 만회를 위한 시간과 노력, 비용을 발생할 수 있음을 알아야 한다. 그리고 한 단계 상승을 위해 환승 이직하려 한 결정이, 종국에는 자신을 한 단계 후퇴시키는 결정이 될 수 있음을 알아야 한다.

결코 '후회'하지 않도록 감정을 걷어 내고, 사안을 객관화하여, 냉정한 마음으로 후회를 남기지 않아야 한다. 환승 이직에서의 후회는 또 다른 이직을 낳게 되고, 경력에 비해 이직의 횟수가 많아지면 그 경력은 낮은 평가를 받는 경력으로 전락하고 말 것이다. 그리고 환승 이직에서 후회를 자주 남기는 것은 자신감도 상실되어 가는 원인임을 알아야 한다.

Chapter 4.

나의 가장 친밀한 배우자 또는 가족도 한마음?

환승 이직에 대한 고민을 하고, 결정을 하게 되면, 이직 희망자는 자기 중심적인 생각을 하기 쉽다. 여기서 말하는 자기 중심적인 사고라는 것은 환승 이직의 사안이 다른 사람들에게는 선불리 드러내 놓고 의논하거나 공유할 내용이 아니기에 혼자서 고민하여 결정하고 때로는 헤드헌터에게 전적으로 의존하게 되는 경향이 많다는 것이다.

일단 이 장에서는 헤드헌터와의 관계 형성은 제외하고, 본인을 중심으로 한 가장 친밀한 조력자인 배우자와 가족의 한마음 되는 과정이 필요함을 이야기하고자 한다. 배우자와 가족이 환승 이직에 대해 한마음이 되는 과정을 가지면 좋다고 생각하는 이유 중에서, 가장 현실적인 실사례의 예를 들고자 한다.

필자가 대기업 식품 회사에 처음 입사하여 21년간 사원에서 부장까지 업무를 본 후 이직을 처음 결정하였을 때는 혼자서 모든 것을 결정하고, 때마침 제안이 온 헤드헌터와의 관계 형성을 통해 전직 회사의 퇴사를 진행했고, 새로운 회사로의 이직 제안을 수락하여, 이력서 접수 및 면접 일정을 헤드헌터의 가교 역할을 통해 진행했다. 이 과정이 통상적인 과정이고 방법처럼 보이지만 한 가지 결정적인 실수가 있었음을 이직 후에 곧 알게 되었다. 그것은 배우자인 아내에게 이직에 대한 의논이나 사안에 대한 이야기를 하지 않은 것이다. 이로 인해 배우자는 심한 실망감에 빠져서 이직 후에 회사 생활에 적응하는 데, 아내의 심리적 실망감을 위로해 주느라 적지 않은 노력과 시간이 소비되는 상황을 맞았다.

이러한 과정은 환승 이직 후에 조기 안착을 통한 업무 역량을 발휘해야 하는 나에게는 심리적 압박감으로 작용하여, 이직 회사에서의 안착에 심리적 불안 요소로 작용하였다.

배우자는 생계를 같이 하는 가장 밀접한 사람임으로 이직을 결정하고 진행하는 과정에서 배우자에 대한 최소한의 배려를 통해 환승 이직의 후원자로 만드는 것이 중요하다. 이직 과정은 물론 이직 후의 안착을 위해서도 도움이 된다는 것을 간과하지 않기를 바란다.

물론 직급 상승이나 연봉 등의 대우가 상승한 것에 대해서는 좋게 받아들여질 수 있겠지만 배우자는 남편 또는 아내의 직장에 대한 관념이 당사자와는 다르게 형성되어 있을 수 있음을 알아야 한다. 그리고 배우자로서 대우를 해 주는 것이 필요하다. 나의 배우자가 환승 이직을 진행하는데 의논이나 공유 없이 진행하고 결정한다면, 그 실망감은 생각 이상으로 클 것이기 때문이다. 그리고 그 실망감의 깊이만큼 이직을 진행한 당사자가 케어를 해 주어야 하는 결과를 남기게 됨을 알아야 한다.

배우자가 없는 이직 희망자도 가족에 대한 배려나 의논을 사전에 한 후에 이직을 진행하는 것을 권한다. 가족이 아버지나 어머니 또는 자녀가 일정 부분 성장하였다면 사전에 의논하거나 공유하여 주는 배려가 필요하다.

가족 구성원이 생각하는 가장(家長) 또는 자식의 직장은 그 가족 구성원의 자존감일 수도 있고, 자랑거리일수도 있는 것이다. 그리고 경제를 같이 하는 가족에게 경제의 주 수입원인 직장이 변경되는 것에 대해 공유하는 배려를 하는 것은 가족과 배우자에 대한 기본적인 배려심의 발로이며, 이러한 세심한 마음으로 환승 이직에 응하는 것이 성공적인 환승 이직으로 이어질 수 있는 것이다.

결과적으로 성공적인 환승 이직이라는 것은 단순히 직급 상승이나 대우와 처우의 상승만을 의미하는 것이 아니다. 가장 밀접한 주변의 지원과 협조를 받으며 안정적으로 안착할 수 있는 환승 이직까지를 포함하는 범위임을 알아야 한다. 환승 이직은 객관적 판단과 냉철한 판단을 잘하여야 하지만 아울러 세심한 마음가짐으로 진행하여야 하는 것이다.

Chapter 5.

평생직장의 마음을 비워 내라

우리 주변에는 결정을 하지 못하는 사람들이 생각보다 많은 것 같다. 이러한 상황에 처한 사람들을 '결정장애'가 있는 사람들이라고 지칭한다.

결정장애는 일반적인 사회 현상 또는 심리나 행동과학에서 주로 언급되는 단어이지만 환승 이직에서도 결정장애를 극복해야 하는 상황이 많다.

경력이라는 것은 근무 연수와 비례하지는 않는다고 하였다. 근무 연수가 많은 것과 비례하여 업무 역량이 높은 경우에 경력이 좋고 나쁨을 판단할 수 있는 시대이다. 20년 넘게 직장 생활을 하였지만 업무 역량이 높지 못한 직장인이 있을 수 있고, 반대로 근무 연수는 적지만 업무 역량이 뛰어난 직장인이 많은 것도 사실이다. 환승 이직 관점에서 누가 더 경력이 좋은가를 알 수 있다. 경력이 좋다는 것은 결코 근무 연수만 많음을 의미하지 않는다는 것을 공감할 필요가 있다.

환승 이직을 하려고 마음먹은 이직 희망자는 좀 더 다른 사고로 이직에 대해 접근할 필요가 있다. 그것은 이직에 대한 결정장애를 극복해야 하는 것이다. 이직에 대한 결정장애라는 것은 환승 이직을 마음먹고 희망하면서도, 전(前) 직장이 평생직장인가에 대한 미련과 이직하려는 회사가 평생직장이 될 수 있을까라는 고민을 하는 것이다. 이러한 고민과 결정장애가 많이 없을 것 같지만 환승 이직을 고민하는 사람들 사이에서는 흔한 상황이다.

즉 가지고 있는 현 직장이 아깝고, 새로 이직하려는 회사에 정착하는 것에 대한 막연한 두려움이 상존하기 때문에 이러한 상황이 발생하는 것이다.

필자도 처음 이직을 하였을 때 이러한 아이러니한 고민을 했었다. 지나친 고민을 하게 되면 사안 자체를 혼돈할 수도 있는 상황으로 전개되기도 한다. 즉 안정적으로 20여 년 몸담았던 회사를 떠나는 것이 아쉽고, 두려워지는 공포의 상황에 도달하게 되는 것이다.

환승 이직은 많은 생각을 요구하는 것이 아니라 객관적으로 결정의 내용을 비교 분석하고, 이직하고자 하는 원인을 냉철히 분석한 후, 그 분석이 오류가 있는지에 대해 주변의 믿을 만한 지인을 통해 의논하여 객관적 확신을 더하여 빠르게 결정하는 것이다.

이 과정에서 빠르고 냉정한 결정을 못 하게 하는 저해 요소가 있는데, 그것은 '평생직장'에 대한 막연한 생각을 하기 때문이다. 즉 내가 지금까지 몸담아 왔던 회사가 아까운 것이다. 참으로 아이러니하게도 지금껏 몸담아 왔기에 미련이 남는 것이다. 하지만 반대로 생각해야 한다. 즉, 지금껏 내가 최선을 다하고 열심히 일했지만, 대우와 처우에 만족하지 못했다는 것이다. 냉정해져야 한다. 오래 몸담아서 평생직장이 아니라, 그럼에도 불구하고 나는 대우받지 못했다는 객관적 현실에 대해 냉정하게 판단하라는 것이다.

그리고 이직하려는 회사에 대해서도 전 직장에서 보장받지 못한 평생직장 또는 오래 다닐 수 있는 직장이 가능한지에 대한 막연한 의문을 가질 필요가 없다.

환승 이직의 길에 들어가는 순간 나는 프로로서 직장인이 되는 것이고, 그 순간부터는 '어느 직장에서 일하느냐가 중요한 것이 아니라 내가 어떤 일을 하느냐가 중요함'을 알아야 한다. 평생직장에 대한 막연한 생각은 전 직장과 이직하려는 직장에서 나를 혼돈의 카오스에 빠지게 하는 나쁜 관념임을 알아야 한다.

환승 이직을 마음먹는 순간부터는 '직장을 선택하는 것이 아니라 일을 선택'하는 방향으로 생각의 관점을 바꾸어야 한다.

만약 아직도 평생직장 또는 오래 머물 수 있는 직장을 원한다면 환승 이직하지 말고 그곳에서 역량을 발휘하라. 환승 이직은 직급 상승과 대우, 처우의 상향은 물론 자기계발과 연계된 일을 할 수 있고, 그로 인해 일에 대한 만족감을 느끼고, 삶의 만족까지 아우를 수 있는 것을 찾기 위해 이직하는 것이다.

Chapter 6.

마음먹은 이 시간부터 모든 것은 첩보전이다

환승 이직은 생각보다 장기적인 계획을 통해 진행되는 경우가 많다. 운이 좋은 상황일 경우에는 생각하지도 않았는데, 알음알음하여 헤드헌터나 지인의 추천으로 이직 권유를 받는 경우도 있다.

하지만 가장 많은 경우는 이직 희망자가 마음의 결정을 한 후에 헤드헌터사나 헤드헌터 또는 잡포털과 잡과 관련한 SNS를 통해 이직 네트워크를 형성하게 된다. 요즘은 명함 관리 앱 서비스를 진행하는 리멤버(Remember)마저도 임원급 헤드헌팅 업체인 '브리스캔영어쏘시에이츠(Brisk & Young Associates, 이하 브리스캔영)'을 인수하여 헤드헌팅 서비스를 제공하고 있는 실정이다. (2023년 2월)

환승 이직의 제안이 어떠한 경로로 시작이 되든, 아니면 혼자서 환승 이직을 위한 마음의 결정을 완료했다면, 그다음부터는 포커페이스(Porker face) 하면서 은밀하고 치밀하게 자신만의 환승 이직을 준비해야 한다. 흔히 환승 이직 결정 후에 준비하는 과정에서 의외로 많은 실수를 하여 이직하기도 전에 본의 아닌 피해를 초래하는 사례를 많이 보았다. 환승 이직의 단계에서 주의를 요하는 단계가 많이 있지만 현재의 상황을 감안할 때 가장 초기에 주의를 기울여야 한다. 그리고 환승 이직의 마음을 감추고 준비해야 하는 시점의 중요성을 망각해서는 안 된다. 흔히 저지르기 쉬운 몇 가지 상황에 대해 열거해 보면 다음과 같다.

첫 번째는 자신이 가장 믿는 사내의 친구나 동료 또는 선배에게 환승 이직에 대한 문의를 섣불리 하거나 마음의 결정을 내비치는 것이다. 이 단계에서는 금기 사항이다. 환승 이직을 준비하는 단계에서는 잡포털이나 헤드헌팅 회사를 통해서 정보를 얻고, 준비하는 것을 추천한다.

냉정하게 알아야 할 것은 현 직장에서의 친구와 동료, 선배 모두가 나의 경쟁자이며, 상황이 안 좋을 때는 질투자가 될 수 있다는 것이다. 솔직히 이것이 현실이고 경험했던 사실이다. 그리고 사내의 그들과 내가 고민하는 수준의 환승 이직에 대한 심각성을 공유하기는 어렵다는 것이다. 따라서 어느 순간에는 그들 중 누군가의 입을 통해서 나의 환승 이직 준비에 대한 내용이 발설될 수밖에 없다는 것을 알아야 한다. 환승 이직을 마음먹은 순간부터는 나, 가족, 이직 정보 사이트의 정보만 믿어라.

두 번째는 현 직장 내에서 의논할 상대를 구하지 못한다면 차라리 회사 밖의 믿을 만한 지인과 의논을 하는 것이 좋다. 최소한 현재 근무하고 있는 회사에 그 내용이 전해지기는 어려움이 있기 때문에 보안을 유지하기에는 좋고, 설사 회사로 내용이 알려졌다 하더라도 정보 공개의 원천이 누구인지 알 수 있기 때문이다.

세 번째는 술자리에서의 언행을 조심해야 한다. 주의를 요하고 나름의 준비를 해 가더라도 술자리는 부지불식간에 긴장을 해제하여 자연스럽게 환승 이직의 준비에 대한 내용을 흘릴 수 있기 때문이다.

네 번째는 업무 한계 상황이나 업무 마찰이 발생하는 순간에 감정을 최대한 자제하여야 하는 것이다. 이 순간에는 이직에 대한 마음을 먹고 있거나 진행을 하고 있다 보면, 순간의 감정을 자제하지 못하고 욱하는 마음에 자신도 모르는 사이에 이직에 대한 내용을 입 밖으로 내면서 감정을 스스로 치유하려 할 수 있기 때문이다. 이 경우에는 감정을 드러냈고, 이직 준비하는 내용도 드러낼 수 있어서 본인에게는 치명적인 상황이 될 수도 있는 것이다.

그리고 뒤에서 다룰 것이지만 현업에 있으면서 이직을 준비하는 것과 회사를 퇴직한 상태에서 이직을 준비하는 것은 개념이 완전히 달라지고, 직급 상승과 대우, 처우의 출발점인 연봉 협상 등의 테이블 위치도 확연히 달라질 수 있음을 주지해야 한다. 한마디로 말해 현업을 유지하면서 이직을 진행하는 것이 가장 유리한 상황임을 절대로 잊지 말길 바란다.

자칫 실수해서 퇴사하여 이직을 준비하는 것은 이직이 아니라 구직이 되는 것임으로, 180도 상황이 역전되는 것이기에 환승 이직을 결심한 후의 이직에 대한 보안을 유지하면서 준비를 하는 것은 아주 중요한 과정이 되는 것이다.

그리고 현업을 유지하면서 환승 이직을 준비하는 것에 대해 지나치게 심리적 압박감이나 양심적인 죄의식을 가질 필요가 없다. 현업을 유지하면서 환승 이직을 준비하는 것은 당연한 것이며, 자신에게 주어진 권리이다.

단 한 가지 유념할 것은 현업에 성실하게 업무를 임해야 하는 것이다. 그리고 현 직장에서 성실히 일하면서 이직을 준비하는 것이 가장 자연스러운 포커페이스가 되는 것이며, 스스로 보안을 철저히 지키는 첩보 작전과 같은 환승 이직 준비 과정인 것이다.

Part 2.

헤드헌팅(Headhunting)에 대한 올바른 이해

Chapter 1.

헤드헌터는 이직자를 상품으로 보고, 합격 가능성이 높은 지원자를 찾을 뿐이다

헤드헌터(Headhunter)의 원래 의미는 범죄를 저지르고 도주하여 막대한 현상금이 걸린 범죄자를 전문적으로 잡는 사냥꾼을 의미했다. 또는 사람을 잡아먹는 식인 동물을 전문적으로 잡는 사냥꾼을 의미하였다. 과거에는 현상수배범 또는 식인 맹수를 잡았다는 증거로 머리를 잘라 제출하였기에 헤드헌터(Headhunter)라고 불렀다.

그러한 의미가 현대로 넘어오면서 의미가 확장되어, 구인구직을 전문적으로 해 주는 인력 컨설턴트를 의미하는 개념으로 되었다. 헤드헌터에 대한 개념은 익히 알고 있는 것에서 크게 다를 것이 없기에 개념은 이 정도에서 마무리한다.

환승 이직에 대한 마음의 결정을 완벽하게 하고 난 후에는 자의든 타의든 간에 헤드헌터와 연결을 하거나 연결이 된다. 우리는 일반적으로 헤드헌터가 인력 컨설팅을 한다고 생각하고 있지만 필자의 생각은 조금 다른 관점에서 헤드헌터를 바라본다. 그 관점은 인력 컨설턴트보다는 인력 세일즈 또는 인력 중개 정도의 일을 한다는 것이 정확한 개념 정립이 아닌가 생각한다. 물론 헤드헌터 중에는 컨설턴트처럼 전문적인 컨설팅을 진행하는 분들도 있지만 그 수가 한정적이며, 헤드헌터의 본업은 구인과 구직의 가교 역할이 주업이 되고 있다는 것을 현장에서 직접 경험했다.

이 책에서는 개념적인 헤드헌팅과 헤드헌터에 대해서는 각설하고, 현실적인 헤드헌팅 시장에 대해 경험을 바탕으로 이야기하고자 한다.

헤드헌터는 컨설턴트보다는 '인력 세일즈맨'이라는 새로운 개념 정립을 하는 것이 필자의 개념 정립이다. 물론 필자만의 개념 정립이지만 현실에서는 헤드헌터들이 대부분 구인, 구직자를 자신들의 수입을 확보하는 상품으로 생각하는 것은 부인할 수 없는 사실인 것이다. 소수의 인력 컨설팅 또는 잡 컨설팅을 진행하는 헤드헌터나 서치펌은 예외로 하고 논한다.

필자는 30여 년의 직장 생활 중에 10여 년은 환승 이직을 하였고, 그중에 세 번을 서치펌 회사의 헤드헌터 도움을 받은 것이 사실이다. 그러나 지금 돌이켜 생각해 보면 우리가 일반적으로 알고 있고, 생각하고 있는 그런 헤드헌팅을 하는 헤드헌터는 극히 극소수에 불과했다는 것을 알게 되었다.

10여 년의 기간 동안 명함을 접수하거나 제안을 받은 헤드헌터 수만해도 80여 명이 어림짐작으로도 넘는 경험을 했다. 그중에는 구직이나 이직을 하는 의뢰자의 의뢰 내용에 대해 어떠한 언급조차 하지 않은 헤드헌터가 태반이었다. 그리고 '화장실 들어갈 때 마음과 나올 때 마음이 다른 것처럼' 포지션 제안을 했을 때와 진행이 안 되었을 때의 관리가 손바닥 뒤집듯 하는 헤드헌터도 태반이었던 것 같다. 물론 누차 강조를 하지만 그렇지 않은 헤드헌터도 있었음을 부인할 수는 없다. 그러나 그 수는 극히 일부에 지나지 않았다는 것이다.

결론적으로 필자가 10여 년간 성공적인 이직을 진행할 수 있었던 것은 80여 명의 헤드헌터들이 제안하는 내용을 파악했고, 그중에 내 이력서를 맡길 수 있는 헤드헌터가 누구인지를 걸러야 했으며, 어느 단계까지 헤드헌터와 인연을 가져가야 하는지에 대해 깨우치면서, 나만의 헤드헌터를 분별하는 선구안이 길러졌다는 것이다. 그리고 가장 중요한 깨달음을 가진 것은 헤드헌팅 시장에서는 그들은 전문적인 헤드헌터이고, 나는 그들의 사냥감 내지 매출과 이익을 올릴 수 있는 상품이었다는 것이다. 헤드헌터를 비하하거나 낮출 생각은 전혀 없다.

경험에서 느끼고 알게 된 헤드헌터의 이직자에 대한 인식이 일반적인 컨설팅과는 다르다는 것을 알게 되었다. 구인하는 의뢰자인 구인회사의 필요에 맞는 상품인 사람을 찾아서 공급하는 것이 그들의 업(業)이라는 것은 명백한 것 같다. 이 관점에서 헤드헌팅 시장에 환승 이직을 진행할 때 현실을 잘 알고, 헤드헌터에 대한 피상적인 희망이나 기대감, 지나치게 미화된 긍정적 이미지를 벗겨 내고 접근해야 한다는 것을 강조해 주고 싶다. 그래야만 헤드헌터로 인한 마음의 상처를 덜 받을 수 있기 때문이다. 환승 이직에서 헤드헌터의 도움과 지원이 필요하지만 결정적인 순간에는 본인의 역량과 결정이 중요하다. 일반적으로 생각하는 헤드헌터가 많은 지원과 도움을 줄 것이라는 생각부터 접고 들어가야 시행착오를 줄일 수 있다.

30년 식장 생활 중에 10년 동안 세 번의 환승 이직을 하면서 헤드헌터가 결정적인 역할을 한 것은, 구인 회사가 있다는 정보를 바탕으로 포지션 제안을 받은 것 외에는 사실상 알려진 정보이거나 환승 이직 희망자보다도 정보의 수준과 협상의 수준이 낮았다는 것이다. 그도 그럴 것이 현재 우리나라에서 헤드헌터가 되는 과정을 보면 알 수 있다. 전문적인 헤드헌터 육성이나 자격의 과정을 통해서 육성되기보다는 직장에서 다년간 종사한 후 퇴직하여, 서치펌 회사에서 헤드헌터를 구인하여 진행하는 것이 통상적인 등용문이다 보니 그 한계가 있는 것 같다. 물론 서치펌 회사를 구성하는 법인이나 대표인 자연인은 직업상담사 자격이라든지, 현업에서 인사노무 종사 경험 등을 가진 경우라야 가능하다. 그렇지만 일반적으로 헤드헌팅 시장에서 제안을 주고받는 헤드헌터는 그 전문성이 우리가 알고 있는 수준 이상은 아니라는 것이 필자의 경험에서 나온 나름의 정의다.

따라서 헤드헌터에게 포지션 제안이나 나의 제안에 대해 연락이 왔다고 하여, 지나치게 높게 평가하거나 긍정적인 결과에 대한 섣부른 추론은 금물이라는 것이다. 헤드헌터는 의뢰 회사의 조건에 맞는 역량을 갖춘 상품으로써의 구직과 이직자를 찾을 뿐이다. 그런 후에 적합한 상품인 대상자에 대해 이직으로 이어지는 프로세스를 진행한다는 것을 알아야 한다. 냉정하게 표현하면 돈 안 되는 이력서는 메일을 열어 보지도 않는다는 것이 현실임을 알고 준비를 해야 한다.

Chapter 2.

헤드헌터의 들러리로 전락하지 않도록 하라

헤드헌터에 대한 피상적인 기대감을 버려야 한다고 앞장에서 설명을 하였다. 피상적인 기대감은 이직 희망자에게는 마음의 상처를 초래할 수 있다. 그만큼 기대가 높으면 실망의 깊이가 생각보다는 크다는 것이다. 헤드헌터로부터 이직 제안을 받을 경우와 이직을 위해 서치펌을 찾아 들어가서 직접 해당 헤드헌터에게 이직 요청을 한 두 가지의 사례를 바탕으로 나의 이력서가 하찮은 들러리로 전락하는지에 대해 살펴보고, 그럴 경우에는 어떻게 극복해야 하는지에 대해 살펴보자.

수준 높은 인력을 얻기 위한 기업들의 노력이 많다. 그러한 노력의 형태가 기업들이 서치펌을 통한 헤드헌팅 이용을 늘리고 있는 것이다. 서치펌을 통한 헤드헌팅은 장점도 많지만 단점도 많은 것이 사실이다. 의뢰 회사에 적합한 구직자나 이직자를 서치하는 과정에서는 헤드헌터가 적극적으로 관심 표명을 하다가, 이력서가 넘어가고 나면 진행 상황 또는 결과에 대해 감감 무소식인 헤드헌터가 많다. 이런 것은 서치펌에서 헤드헌팅을 진행하는 헤드헌터에게는 기본적인 매너일수도 있음에도 피드백을 잘하지 않는 사례가 많은 것이 현실이다.

현재의 헤드헌터 진입 장벽이 낮다 보니 기본적인 피드백의 매너가 이직 희망자의 마음을 다치게 하는 경우가 많은 것이 사실이다.

물론 피드백을 안 하는 상황이 헤드헌터의 문제일 수는 없다. 하지만 의뢰한 회사로부터 결과 통보를 받았거나 진행 상황에 대해 알고 있음에도, 합격 가능성이 낮거나 들러리로 이력서를 제안한 이직 희망자를 소홀히 대하는 경우도 있다는 것이 문제다. 이런 경우에는 별다른 해결 방법이 없다. 이직 희망자가 그 헤드헌터를 마음에서 버리는 것이 해결 방법이라고 생각한다.

필자의 경험으로는 기본적인 매너가 되어 있지 않은 헤드헌터는 헤드헌팅 시장에서 오래 존속하지 못했으며, 그런 헤드헌터가 진행하는 포지션 제안은 합격할 가능성이 극히 낮았다는 것이다. 그리고 현실에서는 헤드헌터의 인력 서칭 능력을 과시하기 위한 수단으로 합격 가능성이 없음에도 이력서를 들러리 세우기 위해서 이력서 제공 동의를 얻어 내는 사례도 있다는 것을 명심해야 한다.

흔히 헤드헌터가 생각지도 않은 포지션 제안을 해오면, 보통의 직장인은 이직에 대해 생각하지 않았음에도 마음이 들뜨게 되고, 이직을 준비하고 있었던 이직 희망자의 경우에는 자신에게만 제안이 온 듯한 착각을 하여, 헤드헌팅 내용에 대해 모든 것을 제쳐 두고 들떠서 객관적으로 사안을 받아들이지 못하게 되는 것이다. 그러다 보니 현 직장에서 경거망동의 실수도 할 수 있고, 마치 제안을 받은 것이 이직의 확정이 되어 가는 것처럼 착각하는 마음을 가질 수 있어서 현 직장의 일에 집중할 수 없는 상황으로 전환되기도 하는 것이다.

일부 헤드헌터는 의뢰 회사에 체면치레를 위해 이력서를 들러리 세우는 용도로 포지션 제안을 할 수 있음을 인식하고, 경거망동하지 않아야 한다. 여하튼 이력서만 빼 가고 커리어 컨설팅을 떠나 진행 상황에 대해 피드백하지 않는 헤드헌터는 내 마음에서도 제거하여야 하는 것이다. 그것도 아주 과감히 말이다.

정상적인 헤드헌팅을 진행하고 있는 경우임에도 피드백이 생각보다 늦어지는 경우로는, 첫 번째가 헤드헌터가 능력이 높아서 지나치게 바쁜 경우라 잠시 피드백해 주는 것을 잊은 경우일 것이다. 그러나 이런 경우는 극히 드문 경우이다. 이직을 진행하는 입장에서는 진행 상황에 피드백을 신경 써 주는 헤드헌터를 가까이하도록 해야 하며, 그런 헤드헌터일수록 능력도 좋고 발도 넓었다는 것이 필자의 경험이다. 그리고 진행 과정에 대한 피드백은 물론이고 불합격이 되었음에도 신경 써서 피드백하는 헤드헌터는 평생을 멘토로 생각하며 잘 관리하여야 한다. 필자의 경우에는 이런 헤드헌터를 현재까지도 관계 형성하고 있으며 환승 이직의 조력자와 멘토로서 관계를 만들었다.

두 번째는 헤드헌터가 추천하지 않고 이력서를 잡고 있는 경우이다. 이 상황은 사실상 알 수 있는 방법이 없지만 진행 상황에 대해서 직접 연락을 하여 소통을 하다 보면 알 수 있는 부분이다. 이 경우에는 냉정하게 결과가 언제 피드백 되는지를 정확하게 질의하면, 추천을 하였든 안 하였든 간에 결과 일정은 알 수 있다. 그리고 불합격하였다면 필자의 경우에는 무엇이 부족하였는지에 대해 정중히 질의하여, 차후의 준비를 보강하고 헤드헌터로 하여금 함부로 이력서를 취급하지 않았으면 좋겠다는 심리적 기준을 남기는 방법을 사용하였다. 즉 구인 회사가 어떤 사유로 채용을 진행하는지, 채용 진행 조직은 어떻게 되는지, 포지션에 적합한 R&R이 나와 왜 적합한지, 조직내 위치는 어떻게 되는지, 나의 경력이 어떤 이점이 있는지 등을 헤드헌터에게 질의하는 식으로 정중히 경계를 만드는 것이다.

세 번째는 구인 회사 측에서 피드백을 주지 않았거나 보류된 경우이다. 필자의 환승 이직 경험 중에는 한참 진행을 하다가 어느 날 갑자기 회사의 사정으로 포지션 진행이 중단되었다는 이야기를 많이 경험했다. 그만큼 환승 이직 시장은 도깨비 시장처럼, 진행되던 포지션도 갑자기 없어지기도 하며, 중단되었던 포지션이 또 어느 날 갑자기 다시 진행되는 경우가 비일비재하였다. 이러한 경우에는 헤드헌터에게 일방적인 책임을 물을 수 없는 것이다. 그리고 이러한 사정으로 지연, 취소될 경우에는 헤드헌터와의 관계를 잘 유지한 상태로 마무리하여야 한다. 곧 다시 진행이 되는 경우가 많기 때문이다. 그러나 이러한 사정조차도 피드백하지 않는 헤드헌터라면 마음에서 정리하는 것이 맞다. 그리고 휴대폰 전화 번호에서도 과감히 삭제할 것을 권한다.

Chapter 3.

과정 관리와 결과 모니터링 하지 않는 헤드헌터는 내가 버려라

환승 이직에서 무엇보다 중요한 것은 이직을 희망하는 지원자의 경력과 역량, 스펙이다. 그리고 헤드헌터와의 관계 형성에서 그 가치를 인정받을 수 있도록 관계를 형성해 나가는 것도 이직 희망자에게 필요한 관리의 기법이라 하겠다.

일반적으로 합격 가능성이 높은 이직 희망자는 헤드헌터가 먼저 관리를 한다. 즉 다른 헤드헌터에게 가거나 이직을 포기하지 않도록 헤드헌터가 구인 회사의 인사담당자에게 문의를 해 피드백을 줌으로써 합격 가능성이 높은 이직 희망자를 확보해 두려고 한다.

일반적으로 어느 한 회사에 합격 가능성이 높은 후보자라면 보통 2~3곳 정도의 회사에 진행이 된다고 보아야 한다. 그리고 그중에서 최종 하나의 회사에 채용 합격이 되는 것이 일반적인 헤드헌터의 업무 진행 방식이다.

따라서 진행 상황은 물론이고 피드백 지연이나 프로젝트 취소 등에 대한 피드백을 전혀 해 주지 못하는 헤드헌터라면 능력이 모자라는 것이며, 해당 회사의 인사담당자와도 관계가 두텁지 않으므로 합격할 가능성이 낮은 것이다.

내 이력서가 헤드헌터의 들러리로 전락하지 않도록 주의를 기울이고,

피드백과 결과 통보에 대해 여러 방면으로 헤드헌터를 압박하여 헤드헌터를 걸러 내는 역량을 가지는 것도 환승 이직을 준비하는 것에서 중요한 요소임을 잊지 말길 바란다.

세상의 이치는 받는 만큼 해 주는 것이다. 따라서 환승 이직을 위한 헤드헌터와의 관계 형성도 받는 만큼 베풀고, 서로 관계 형성이 가능한 헤드헌터인지를 알아내는 능력도 함께 갖추어야 한다.

Chapter 4.

이력서 함부로 던지지 마라

이력서 작성과 보강을 귀찮게 또는 하찮게 생각하는 이직 희망자들을 볼 수 있다.

이력서에 대해 가만히 한 번 생각을 해 보면, 귀찮고, 하찮게 생각할 수 있는지에 대한 의문이 든다. 만약 이 책을 읽는 당신이 한 번이라도 이직을 위한 이력서 작성에 대해 귀찮음을 느꼈거나 하찮게 여겨서 이력서를 함부로 다루었다면, 이 시간부터 이직에 대한 마음은 접는 것이 좋다!

이력서 작성을 귀찮게 생각하는 것은 이직을 준비하는 사람이라면 버려야 할 마음가짐이다. 차별화된 이력서, 지원자를 빛나게 하는 이력서 작성에 대해서는 뒷장의 이력서 전략에서 다루기로 하고 이 장에서는 이력서를 함부로 다루지 말아야 하는 이유와 전략적 접근에 대해 알아본다.

이력서는 지원자를 대변하는 아바타와 같은 것이고, 지원자의 역사책이다. 아울러 지원자의 법적인 신상 및 개인 정보가 고스란히 녹아 있는 비밀 장부와 같은 것이다. 필자는 30년의 직장 생활 중에 10여 년간 환승 이직을 하였다. 원하는 시기에 원하는 조건으로 성공한 경험도 있지만 무엇보다 가치 있는 또 하나의 경력, 경험이 있다. 그것은 30년 직장 생활 중에 20년 차부터 신입 사원이나 경력 사원의 면접을 수없이 보았고, 최근 10년 이내에는 초급 임원에서 고급 임원에 이르는 환승 이직자에 대한 이력서 검토와 최종 면접을 수없이 한 경험이 있다. 이러한 경험은 돈을 주고 살 수 없는 소중한 경험이라고 생각한다. 10년이 넘는 기간 동안 신입 사원에서 고급 임원까지 이력서 검토와 면접을 진행하면서 놀라웠던 부분이 있는데, 그것은 신입 사원과 환승 이직자들의 이력서에 대한 생각의 차이가 극명했다는 것이다.

실사례를 보면, 신입 사원으로 사회 생활의 첫 이력서를 작성하는 지원자는, 이력서에 대해 정성을 다하고, 심지어 자신을 대변하는 아바타처럼 생각하여 작성함은 물론이고, 지원하는 방법에서도 소중히 다룬다는 것이다.

하지만 환승 이직자 중에는 상당수가 신입사원보다 못한 태도로 자신의 경력 이력서를 함부로 전달하거나, 대충 작성하거나, 심지어 구인 기업은 물론이고 서치펌과 잡포털 여기저기에 뿌린다는 것이다.

이런 환승 이직자의 심리상태를 정확히 알 수는 없지만 필자가 현업에서의 경험을 바탕으로 추측하기에는, 질적인 승부를 하는 것보다 양적인 승부를 하는 것이 아닌가 추측해 본다.

양적인 승부라는 것은 구직이 가능하다고 생각하는 모든 곳에 자신의 이력서를 마치 전단지 뿌리듯이 한다는 것이다. 여러분들도 한 번 생각해 보기 바란다.

환승 이직을 하기 위한 마음의 간절함은 헤아릴 수 있겠지만 그렇다 하여 자신의 역사책, 비밀 장부와 같은 이력서를 전단지 뿌리듯 쉽게 생각하는 환승 이직자를 원하는 기업이 과연 얼마나 될 것인가에 대해 고민을 해 볼 필요는 있다.

헤드헌터와 관계를 형성하여 환승 이직을 준비하다 보면 이력서에 대해 코칭을 잘해 주는 헤드헌터도 많고, 서치펌의 표준화된 이력서 양식을 제공하여 수준 높은 이력서 작성이 가능하도록 지원을 하는 헤드헌터가 대부분이다. 그러나 우리가 주의해야 할 것은 이력서 작성 자체가 아니라 이력서를 다루고, 취급하는 마음과 행동이 중요한 것이다.

헤드헌터와의 환승 이직 관계 형성 과정에서 이력서의 긍정적인 부분은 제외하고 부정적으로 진행되는 상황 중심으로 알아본다.

헤드헌터 중에는 이력서 작성과 제출에 대해 고자세로 임하는 경우가 적지 않다. 만약 이런 고자세로 이력서를 요구하거나 반드시 서치펌 양식만의 이력서 작성을 요구하는 헤드헌터와는 이직을 진행하지 않는 것이 좋다. 이런 헤드헌터들은 대부분 일하는 집중력이 많이 떨어지는 경향이 있다. 즉 환승 이직을 진행하는 희망자의 간절함과 절박함을 공감하지 않는 경우가 많았다. '되면 좋고, 안 되면 말고' 식의 일을 진행하는 헤드헌터가 대부분이었다는 것이다. 이런 헤드헌터에게 이력서를 넘길 시에는 개인정보 유출 위험이 높고, 환승 이직의 추천 횟수와 진행의 집중력이 많이 부족한 것을 경험하였다.

헤드헌터들은 일반적으로 지원자의 인적 사항, 즉 이력서를 얼마나 많이 확보하고 있느냐가 본인과 서치펌의 능력과 역량으로 평가를 받는 경우가 많나. 그럼으로 이력서만을 수집하기 위한 목적의 포지션 제안도 많은 것이 현실이다.

물론 모든 헤드헌터의 제안이 이력서만을 헌팅하기 위한 것이라고 말할 수는 없다. 하지만 구인 회사의 의뢰가 있는 포지션 제안을 통해 적합한 지원자를 합격시켜서 수수료를 받는 것이 헤드헌터의 첫 번째 목적이라면, 이 과정을 통해 이력서를 확보해 두는 것은 헤드헌터의 두 번째 목적이 될 수 있는 것이다. 즉, 이력서와 경력 들러리로 '지원자 풀(pool)'에 저장되는 것이다. 물론 지원자 풀에 저장되면 언젠가는 동일 포지션에 대한 제안을 받을 수 있을 줄 모르겠지만 이 경우에는 이력서 제공에 대한 목적과 사용 범위 기간에 대해 명확히 헤드헌터에게 고지하는 것이 좋다.

이 경우에 일부 헤드헌터는 이력서 활용에 대해 조금 까다롭게 군다는 느낌을 받으면, 이직 희망자에게 '제안받기 힘들 수 있다'는 협박 아닌 협박을 하는 경우도 있다. 이런 경우의 헤드헌터는 사냥꾼에 지나지 않으니 이력서를 돌려줄 것을 요구하고, 제공 동의하지 않음을 명확히 밝히고, 지원자가 먼저 관계를 정리하는 것이 옳은 것이다.

대부분의 헤드헌터는 개인정보 이용 동의를 받은 후 이력서의 보안에 대해, 그리고 특정 직군의 지원에 한해, 이력서 매칭을 할 것이라는 고지를 한다. 이렇지 않은 헤드헌터가 간혹 있기에 주의를 요하는 것이다.

이력서 수집을 목적으로 하는 헤드헌터는 한 가지 공통점이 있다. 그것은 진행 상황 공유는 물론이고 합격, 불합격에 대한 피드백을 안 해 준다는 것이다. 애초에 이력서 수집과 들러리 세울 계획이었기에 피드백해 줄 것이 없기 때문인 것이다. 그리고 헤드헌터 중에는 우리가 생각하는 것보다 수준이나 전문성이 낮은 헤드헌터가 많다는 것이다. 환승 이직을 두 번 정도 해 보면 오히려 환승 이직 경험자가 전문성 없는 헤드헌터를 코칭 하는 상황도 발생할 수 있다. 그럴 경우에는 이런 전문성 없는 헤드헌터에게는 절대로 이력서를 넘겨서는 안 되는 것이다.

필자의 경우는 10여 년간 세 번의 환승 이직을 하였지만, 중간중간에 기억에 없을 정도로 많은 이직 제안을 받았다. 그 때마다 헤드헌터의 전문성이 떨어지거나 진행 상황에 대한 관심 있는 피드백이 없을 경우에는,

헤드헌터가 소속한 서치펌의 대표이사와 소통하거나 그것이 여의치 않으면 동일 포지션을 제안한 다른 서치펌의 전문성이 좋은 헤드헌터를 선택했다. 이 점에서도 이력서를 함부로 넘기거나 뿌리지 말아야 하는 이유가 있다. 그것은 구인을 의뢰하는 회사에서 하나의 서치펌이나 한 명의 헤드헌터에게만 의뢰를 하는 경우는 거의 없다는 것이다. 이렇다 보니 헤드헌터 입장에서는 이력서를 먼저 제공받은 것에 우월권을 가지는 헤드헌터 세계만의 구조가 있다. 즉 이직 희망자의 이력서를 먼저 제공받은 헤드헌터가 하나의 포지션에 우월적 권리를 헤드헌터 시장 내에서 인정받는 구조였다. 그럼으로 쉽게 이력서를 넘겨 지원을 해서는 안 되는 것이다.

만약 동일 포지션에 대해 두 명 이상의 헤드헌터와 서치펌에서 제안이 온다면, 먼저 온 곳의 제안을 수락하지 말고, 상세한 정보를 파악하고, 잠시 고민할 시간을 할애 받아서 심사숙고하는 것이 좋다.

또 다른 헤드헌터에서 2~3일 내에 제안을 받을 가능성이 높으므로 양쪽의 헤드헌터의 전문성과 정성 등을 비교 측정하여 본 후에, 최종 결정한 헤드헌터와 진행하는 것이 좋은 결정이라 하겠다. 만약 동일 포지션에 대해 이력서를 양쪽으로 제공하면 본인에게 피해도 있지만 헤드헌터 간에도 분쟁이 있어서, 향후 다른 포지션 진행할 때 본인도 모르게 블랙리스트에 올라가게 될 수도 있다.

모든 헤드헌터와 서치펌이 형편없는 수준이라는 것은 절대로 아니다. 그러나 환승 이직을 경험하면서 필자가 깨달은 명확한 두 가지가 있다. 그 첫 번째는 우리가 상식적으로 알고 있는 헤드헌터 수준이 생각과 현실의 괴리가 컸다는 것이고, 두 번째는 헤드헌터를 잘 만나야 환승 이직을 잘할 수 있다는 것이다.

이력서를 함부로 생각하여 넘기게 되면 어떤 문제가 있는지에 대해 헤드헌터의 구조적 문제를 이야기하면서 알아본다.

헤드헌터들이 모여서 일하는 곳이 서치펌이다. 국내에 서치펌의 수는 최소 1,000개 이상은 되는 것으로 인터넷에 회자되고 있다. 강남 3구에 등록된 서치펌만 해도 600~700개의 수준이라고 한다. 그리고 그곳에서 종사하는 헤드헌터의 수는 서치펌의 규모가 다양하여 정확히 파악된 자료는 없으나 대략 10,000명 전후로 추정된다고 한다.

10,000명에 가까운 수의 헤드헌터가 모두 활동을 하는지는 알 수 없지만 헤드헌터는 정규직의 형태보다는 프리랜서로 일을 하는 경우가 대부분이다. 그렇기 때문에 이들은 이직이 잦고, 이직할 때마다 그들이 보유하고 있는 인력 풀(pool)은 그들의 역량과 경력으로 인정을 받는다.

그럼으로 헤드헌터가 이직을 하여 다른 서치펌으로 이동을 하게 되면, 지원자의 이력서도 함께 따라갈 가능성이 높은 것이다. 꼭 그렇지는 않을 수 있겠지만 최소한 예전에 지원했던 인적사항 정도는 최소한 보유하고 이동을 하는 것이 필자에게 제안한 헤드헌터들의 공통점이었다. 이 말은 바꾸어 말하면 지원자의 선부른 이력서 제공이 누군가에게는 업의 역량을 인정받는 역량의 풀(pool)로 존재한다는 것이다. 그리고 나의 아바타와 같고, 내 역사책과 같은 이력서가 내가 모르는 위치에 저장되어 있을 가능성이 높다는 것이다.

심지어 필자의 경험으로는 환승 이직을 제안했던 헤드헌터가 그 일을 그만두고 다른 헤드헌터에게 지원자 풀을 인계인수하였다면서 연락을 한 헤드헌터도 있었다. 과연 누구의 동의를 받고 내 이력서를 헤드헌터

간에 주고받았는지 의문이 들었다. 물론 지금은 개인정보 및 신상 등을 법으로 철저히 보호하고 있고, 헤드헌터와 서치펌에서는 법적 근거에 기반하여 이력서 등을 관리한다고 하지만 경험에 비추어 보았을 때는 아직 부족함이 있다는 생각이다.

제대로된 서치펌과 헤드헌터는 회사에 대한 자세한 설명, 장점, 본인 경력과의 연계성, 이력서 코칭 등을 잘한다. 이력서를 소중히 관리하면서 헤드헌터의 이직 제안에 대해 잘 응할 수 있는 몇 가지 체크 포인트에 대해 알아본다.

첫 번째는 헤드헌터로부터 이직 제안을 받으면 헤드헌터와 서치펌에 대한 정보를 확인해야 한다. 예를 들면, 서치펌이 어느 정도로 안정적인 헤드헌팅을 하고 있는지에 대해 알아야 한다. 그것은 서치펌의 사업소개서 또는 회사소개서 정도를 보면 알 수 있다. 따라서 헤드헌터에게 정중히 회사소개서를 요청해 보면 서치펌의 수준과 헤드헌터의 전문성을 짐작할 수 있다. 전문성이나 책임감이 부족한 헤드헌터의 경우는 회사소개서 제공을 안 하거나 부정적으로 보는 경우가 있다. 이런 경우에는 헤드헌터는 물론 서치펌이 향후 별 볼 일 없이 나를 대할 것이라는 반증이 되는 것이다.

두 번째는 제안을 한 서치펌 또는 헤드헌터가 구인을 진행하는 회사와 얼마나 밀접한 업무를 유지해 왔는지를 직간접적으로 알아보아야 한다. 필자의 경험에서는 가장 중요한 부분 중의 하나였는데, 구인하는 회사 인사팀과 헤드헌터가 다년간 업무를 제휴해 왔거나 서치펌이 주로 인력 공급을 해 왔다면, 다른 곳에 비해 합격 가능성과 이직이 매끄럽게 진행될 가능성이 높다는 것이다. 따라서 헤드헌터에게 정중히 이 부분을 질의하는 것이 중요하다. 물론 헤드헌터에 따라서 유대나 긴밀성이 없는 경우에는 응대를 하지 않겠지만, 유대나 긴밀성이 높은 경우에는 헤드헌터가 더 적극적으로 설명을 해 주는 경우가 많았다.

세 번째는 나의 경력과 제안을 받은 포지션과의 적합성에 대해 한 번 더 헤드헌터에게 질문하여, 헤드헌터의 전문성을 가늠하고, 정보를 많이 얻어 내는 것이다. 이직 제안을 하는 헤드헌터는 최소한 제안하는 포지션이 경력과 매치가 되는가와 현재 이직자가 몸담고 있는 회사와의 장단점 정도는 비교하여 제안을 하는 전문성이 있어야만 믿고 의지할 수 있는 이직의 파트너가 되는 헤드헌터라고 할 수 있다.

따라서 이직 제안을 받으면, 정중하게 현 재직 중인 회사와 비교하여 채용 진행되는 회사와의 장단점에 대해 질의를 해 보는 것이 좋다. 그리고 제안을 받은 서치펌과 헤드헌터를 통해 진행하게 될 시에 받게 되는 메리트(Merit)는 무엇이 있는지에 대해 정중히 질의하는 것이 좋다. 이 경우에는 많은 헤드헌터가 마음속에서는 '버릇없거나 주제 파악 못 하는 후보자'로 생각할 것이지만, 답변을 해 주는 헤드헌터를 골라 내면 다른 헤드헌터보다 책임감 있게 이직을 지원해 줄 가능성 높다.

어차피 이런 질의에 불성실하거나 부정적으로 응대해 주지 않는 헤드헌터라면 이력서를 넘겨줘도 별 볼 일 없다. 안 될 떡잎은 초반에 잘라 내는 것이다. 그리고 진심으로 나에게 제안을 하고, 경력과 역량이 매칭된다고 판단한 헤드헌터는 성의 있는 답변을 하게 되어 있다는 것을 알아야 한다.

환승 이직 시장에서 지나치게 헤드헌터에게 끌려다니거나 휘둘리지 말아야 한다. 차라리 자신의 역량을 높이는 방법을 찾는 것이 좋다는 생각이다.

다음은 어떤 헤드헌터를 선택하여 환승 이직을 진행할 것인지에 대한 헤드헌터 검증 프로세스를 알아본다.

첫 번째 프로세스는 제안을 받은 헤드헌터 또는 헤드헌터가 소속한 서치펌 회사의 해당 포지션에 대한 공고를 확인해 보는 것이다. 서치펌 회사의 공고 또는 잡포털 내에 동일 공고가 있는 지를 확인하여 헤드헌터의 제안의 진위를 확인하는 것이다. 그러나 이 과정의 한계가 있는데, 대부분의 고급 환승 이직이나 포지션 제안이 높은 환승 이직의 경우는 대외비 형태로 진행하는 것이 대부분이기 때문에 공고를 통해 확인하는 것이 어렵다는 것이다.

대부분의 공고 형태로 진행되는 경우는 구인이 오픈 된 경우로 포지션 제안의 높이가 낮거나 초급 경력자(사원~과장급 이하) 이직이 대부분이라는 것이다. 대외비 형태로 진행되는 이직 제안을 받았을 때는, 제안한 헤드헌터에게 JD(Job Description - 직무기술서/업무분장서 이하 JD로 칭함)를 공식적으로 요청하여 확인하여야 한다.

대부분의 헤드헌터는 이력서 확보 등의 목적이 아니라면 제안을 하는 과정에서 메일 또는 문자 형태로 JD를 첨부하여 이직 제안을 진행한다. 그러나 일부 헤드헌터 중에는 JD 요청을 하지 않으면 제공하지 않고, 대략적인 직무에 대한 내용으로 이직을 재촉하는 경우가 있으니 이럴 경우에는 공고를 확인하고, 정식적인 공고가 없는 경우에는 문서화된 JD를 요청하여 확보하여 진행하는 것이 올바른 프로세스이다. 그리고 이런 과정을 통해 유사 이직 정보를 확인할 수 있고, 직무별로 직무의 내용을 정리할 수 있으므로 환승 이직에 대한 정보와 직무 분류를 할 수 있는 역량을 키울 수도 있는 것이다.

JD는 직무 수행에 요구되는 업무 역량은 물론 지식과 기술, 리더십(Leadership) 등에 대해 언급되어 있다. 또한 업무 환경과 조건은 물론 필요 관리 역량, 향후 업무 확대 방향 등의 미래 지향적 내용도 언급된 경우가 있다. 이외에도 중요한 부분인 연봉을 기반으로 한 대우와 처우에 대한 조건도 잘 확인하여야 한다.

이 부분은 헤드헌터 제안 시에 메일, 문자, 서류 형태로 증빙을 할 수 있는 커뮤니케이션 방식을 진행하여야 한다. 공고 및 헤드헌터와의 JD에 대한 공식성을 확보하는 과정을 헤드헌터와의 커뮤니케이션 역량 확보를 위한 과정으로 활용하여도 좋다. 즉, 치밀한 확인과 요청을 하다 보면 역량이 부족하거나 응대가 좋지 못한 헤드헌터(뒤끝이 안 좋은)를 걸러낼 수 있기 때문이다.

제안을 한 헤드헌터가 진실성 있게 제안을 하였거나 합격 가능성이 높은 경우라면, 이러한 요청에도 상세하고 친절하게 응대를 해 주며, 심지어 한 단계 발전된 코칭까지 해 주는 경우가 많다. 우리는 이런 헤드헌터를 알아내고, 찾아내기 위해 치밀하고 상세하게 공고와 제안의 명확성을 확인하여야 한다. 조금은 확인 과정이 번거롭고, 헤드헌터에게 귀찮음을 주는 듯하지만 반드시 거쳐야 하는 과정이라는 것을 명심하자. 그리고 이러한 과정을 진행하다 보면 서치펌 또는 잡포털에서 나와 관련한 직무의 헤드헌터 공고를 확인할 수 있고, 다양한 헤드헌터의 리스트를 확보할 수 있다.

두 번째는 나에게 제안을 한 헤드헌터의 전문성을 확인하는 것이다. 이 과정은 헤드헌터가 근무하는 서치펌 내에서의 활동을 바탕으로 확인할 수 있다. 그리고 소속한 서치펌과 함께 잡포털 내에서의 활동을 검증하여 헤드헌팅의 전문성을 확인하여 보는 것이다. 이 과정은 헤드헌터가 동일 또는 다른 구인, 구직을 얼마나 진행하고 있는지를 보고 판단할 수 있다.

필자의 경험으로는 역량 있고, 전문성이 있으며 공신력이 있는 헤드헌터는 본인의 소속 서치펌 내에서의 활동이 많다는 것이다. 또한 헤드헌팅 시장에 관련한 다양한 매체에서 활동을 하고 활동적으로 하고 있다는 것이다.

이 상황 자체만으로 헤드헌터에 대한 공신력은 미루어 짐작할 수 있었다. 그리고 이렇게 활동량이 많은 헤드헌터들은 자신의 품위 유지는 물론이고, 헤드헌팅의 인크루르트 사업에서의 영역 확보를 위해 전문성과 신뢰를 유지하기 위해 노력하고 있다는 것이다.

따라서 이왕이면 역량 있고, 활동량이 많은 헤드헌터를 통해서 환승 이직을 진행한다면, 그렇지 못한 헤드헌터와 진행하는 것보다 본인에게는 훨씬 유리하게 진행할 수 있다. 그리고 이런 좋은 헤드헌터와의 이직 진행이 해당 건에 대해 성공하지 못하더라도 다음을 기약할 수 있고, 멘토와도 같은 헤드헌터를 얻을 가능성이 높았다.

이러한 상황을 미루어 볼 때, 헤드헌팅 시장에는 '선(善)은 선(善)을 만들고, 악(惡)은 악(惡)을 만든다.'는 결론을 얻을 수 있다. 이왕이면 선(善)의 역량이 많은 헤드헌터와 시작할 수 있도록 본인이 부지런히 검토하고 검증하여야 하는 것이다.

세 번째는 제안을 해 준 헤드헌터가 소속한 회사인 서치펌을 확인하는 것이다.

연예인들이 각자의 재능이 중요한 것이 사실이지만 그 재능을 발전시키고 역량으로 이끌어 올려주는 곳이 소속사이다. 연예계뿐만 아니라 헤드헌팅 시장에서도 헤드헌터가 몸담고 있는 소속사인 서치펌의 지명도와 규모 신뢰도, 전문성 등이 중요하다. 헤드헌터의 역량은 물론 환승 이직자의 이직 가능성도 높일 수 있기 때문이다.

국내에는 서치펌이 수백 개가 넘고, 서울의 강남에만도 백여 개가 넘는 서치펌이 존립해 있다고 한다. 어느 헤드헌터를 만나서 환승 이직을 준비하느냐도 중요하지만 그 헤드헌터가 소속하고 있는 서치펌을 확인하는 것 또한 중요하다.

필자의 경험으로는 훌륭한 헤드헌터, 성의 있는 헤드헌터, 전문성 있는 헤드헌터는 공통적으로 양질의 서치펌에 소속되어 있었다는 것이다. 여기서 말하는 양질의 서치펌이라는 것은 전문성, 업력(業力), 규모, 신뢰성을 모두 갖춘 서치펌을 의미한다. 양질의 서치펌에서는 전문성뿐만 아니라 회사의 신뢰 향상과 유지를 위해서 메뉴얼화된 이직 프로세스와 개인 신상의 철저한 보안을 유지하면서 진행하였다.

양질의 서치펌에 소속된 헤드헌터는 이직을 진행함에 있어서, 서치펌의 프로세스와 시스템에 따라 환승 이직을 제안하고 진행하여 마무리하였다. 만약에 헤드헌터의 수준이나 성의가 떨어진다 하여도, 서치펌 자체의 체크 시스템을 통하여 헤드헌터의 상급자나 경력이 더 많은 상사 헤드헌터까지 코칭을 진행해 주고, 과정을 체크해 주는 것이 다반사였다.

그러기에 양질의 서치펌에 몸담고 있는 헤드헌터는 서치펌의 메뉴얼과 시스템에 따라 전문성을 발휘하고, 신뢰를 잃지 않기 위해 업무를 진행함으로, 환승 이직을 준비하는 이직 희망자에게는 이직을 성공시킬 가능성이 높아지는 것이다.

모든 서치펌이 다 좋거나 나쁘지는 않다. 그러나 필자의 경우에는 헤드헌터의 성의나 업무 전문성이 떨어지는 경우에는 대부분 소속한 서치펌도 인지도가 낮거나 소규모의 아주 작은 서치펌이었다. 따라서 헤드헌터는 그가 소속하고 있는 서치펌의 수준과 신뢰도를 따라갈 수밖에 없다는 것을 알 수 있다.

따라서 헤드헌터도 좋고, 서치펌도 양질의 회사라면 금상첨화가 될 것이다. 그러나 모든 서치펌과 헤드헌터가 다 같지는 않으므로 진행하는 헤드헌터와 서치펌을 비교 분석해 보는 것을 권한다. 가장 중요한 것은 헤드헌터의 자질과 역량이 제일 중요할 것이다. 그리고 소속 서치펌은 헤드헌터의 신뢰도와 전문성을 부가가치 하는 수준에서 판단 근거로 활용하는 것이 좋다.

네 번째는 헤드헌터의 업무 주도력을 판단할 수 있는 협상력을 점검해 보는 것이다. 헤드헌터는 서치펌에 소속되어 있지만 사실상 프리랜서로 일을 한다.

따라서 헤드헌터의 협상력은 이직 희망자뿐만 아니라 구인을 요청한 고객사와의 관계에도 영향을 충분히 줄 수 있다. 구인을 요청하는 고객사에서 경력 인재를 요청하는 경우는 직접 진행하는 경우와 복수의 서치펌에 요청하는 경우, 그리고 수년간 함께 일해 온 서치펌이나 헤드헌터에게만 의뢰하는 경우가 있다. 직접 경력 인재를 수급하는 경우를 제외하고, 나머지 상황에서는 헤드헌터의 주도적 협상력이 높을수록 환승 이직의 성공도 높아진다는 것이다.

필자의 사례에서는 헤드헌터가 주 고객사와 전문적으로 경력 인재를 수급할 경우에는 최소한 서류인 이력서 합격의 가능성도 높았으며, 면접 진행까지 올라가는 성공율도 높았다. 그리고 복수의 헤드헌터나 서치펌에 진행할 때도 협상력이 높고, 업무를 주도적으로 진행하는 헤드헌터일수록 이직 가능성이 높아진다는 것이다. 그리고 이때에 헤드헌터는 이직 성공을 높이기 위한 다양한 노력을 경주하였다.

고객사의 경력 인재 요청에 대해 메일 하나 달랑 보내서 이력서 보내 달라고 하는 헤드헌터보다는, 상세한 설명과 함께 이직 희망자의 의욕을 불러 일으키고, 고객사와의 소통을 협상력으로 잘 진행하는 헤드헌터와는 비교가 되지 않는 것이다. 환승 이직 시장에는 의외로 날로 먹으려는 헤드헌터도 많다는 것을 냉정하게 깨달아야 한다. 그만큼 협상력을 기반으로 한 업무 주도를 잘하는 헤드헌터를 만나는 것이 어렵고도 중요한 것이다.

필자의 경험에 의하면 열 번의 이직 제안을 받았다면, 그중에 두 번 정도가 업무를 주도적으로 했다. 그리고 업무를 주도적으로 진행하는 헤드헌터는 협상력도 좋아서 이직 희망자인 필자와 경력 인재를 원하는 고객사 사이에서 열심히 가교 역할을 하였고, 그 결과는 최소한 면접까지는 이끌었다는 것이다.

따라서 헤드헌터의 말솜씨가 좋을수록, 즉 협상력이 좋을수록 이직의 성공 가능성도 올라가는 것은 당연한 것이다. 물론 헤드헌터의 협상력이 좋다는 것은 단순히 말만 잘한다는 개념을 넘어서서 일에 대한 주도적인 태도까지 가미된 것을 의미한다.

일에 대한 주도력이 좋은 헤드헌터는 이직 제안을 하는 단계에서부터 다르다. 그리고 이력서 접수 및 진행에서 코칭과 피드백을 다르게 한다. 이직 희망자가 귀찮음을 느낄 정도로 관심을 표출하며, 코칭을 한다.

심지어 고객사에서 진행되고 있는 진행 상황까지 정보를 제공하여, 이직 희망자가 다른 회사로의 이직을 하지 않도록 관심과 예방 조치를 하는 섬세함까지 보인다. 그럼으로 환승 이직 시장에서는 헤드헌터를 누구를 만나느냐가 인생의 배필을 정하는 결혼식과도 같이 중요하다.

마지막 다섯 번째로는 헤드헌터의 업무 역량을 간접적으로 파악하는 것이다. 헤드헌터의 업무 역량을 간접적으로 파악한다는 것은 헤드헌터가 진행하고 있는 다른 이직의 양을 알아보고, 헤드헌팅과 관련한 사내외 활동을 하고 있는지를 알아보는 것이다. 헤드헌터가 다루고 있는 이직의 다른 의뢰 건수가 많을수록 그 헤드헌터에 대한 고객사의 신뢰가 두터운 것임을 알 수 있다. 그리고 고객사뿐만 아니라 인력 풀도 양적, 질적으로 좋을 가능성이 높다.

따라서 이러한 헤드헌터와 인연이 되어 환승 이직을 진행한다면, 이직의 가능성이 높아질 뿐 아니라 향후 이직에 대한 이직에 대한 다양한 제안을 받을 가능성이 함께 높아지는 것이다. 물론 이직 희망자의 역량과 경력, 의지가 기반이 되어야 함은 당연한 것이다. 그리고 헤드헌터가 소셜 네트워크 활동이 많고, 기고나 전문적 글을 쓴 사례가 많을수록 전문성이 높음을 간접적으로 판단할 수 있는 것이다.

필자는 헤드헌터의 기고나 작성한 글, 서적 등을 통해 다양한 이직의 정보도 얻었고, 해당 헤드헌터의 이직 관련한 철학을 엿볼 수 있어서 직간접적으로 이직으로 인한 심리적 안정에 많은 도움을 받을 수 있었다. 그리고 소셜 네트워크에서 질의 응답을 통해 SNS상의 이직 멘토로도 활용한 경험이 있다.

Chapter 5.

헤드헌터의 코칭에 100% 의존하지 마라

환승 이직을 진행할 때 가장 친밀한 관계를 유지해야 하는 사람은 헤드헌터일 것이다. 그러나 반대로 너무 가까이하기 쉽지 않은 것도 헤드헌터이다. 즉 불가근불가원(不可近不可遠: 지나치게 가까워도 안 되고, 멀어도 안 되는)의 관계이다. 헤드헌터의 속성을 앞 장에서 설명하였지만 그 속성을 이해하면 헤드헌터에 대한 기대 이상의 기대는 하지 않으면서 이직을 진행할 수 있다.

헤드헌터에게는 이직 희망자가 희망자라기보다는 상품 또는 서비스 능력을 가진 사람이라고 할 수 있다. 왜냐하면 헤드헌터와 서치펌 회사의 고객은 사실상 구인을 의뢰한(요청한) 의뢰 회사가 고객사가 되는 것이다.

결국 고객인 구인 요청 회사의 경력 또는 신입 사원 구인 요청 의뢰에 대해, 헤드헌터는 인력 시장(헤드헌팅 시장)이라는 곳에서 찾아(서칭)서 연결해 주는 역할을 수행하고, 그 대가로 소정의 협의된 수수료를 받는 인력 거간이라 해도 지나침이 없는 것이다. 인력 거간이라고 하니 유럽의 고대 시대나 조선시대에 노비상처럼 표현이 된 것 같지만 헤드헌터의 역할을 설명하기에는 틀림이 없는 것 같다.

헤드헌터를 비하하거나 서치펌 회사를 풍자할 마음은 전혀 없다. 사실에 기반하여 설명을 하다 보니 이렇게 표현이 되는 것이다. 이러한 속성을 놓고 볼 때 이직 희망자의 위치와 속성을 알 수 있을 것이다.

이직 희망자는 사실상 헤드헌터에게는 구인을 요청한 고객사에 공급되는 인력, 그것도 능력과 역량, 고객사에서 요청한 스펙을 갖춘 상품력이 있는 인격체의 사람(자연인)이라 개념 정립할 수 있다.

환승 이직 시장에서의 이직 희망자는 상품력을 갖춘 사람이라는 것이다. 상품력은 고객사에서 희망하는 가격(연봉)과 그에 따른 능력(경력과 스펙, 개인 역량)을 확보한 이직 희망자인 것이다.

따라서 헤드헌터는 냉정하게 말해서, 고객사에서 합격할 수 있는 고객사의 요청에 합당한 '고객 맞춤형 인재'를 찾을 수밖에 없는 것이다. 그러므로 고객 맞춤형 인재를 서칭하는 헤드헌터에게 자신의 상품력을 저평가 당해서는 안 된다. 따라서 헤드헌터의 코칭 중에 받아들일 것과 버려야 할 것을 잘 선택하여야 하는 것이다.

고객사에서 원하는 사람을 찾아(서칭)서, 그 적합한 후보자(이직 희망자)를 고객사에 연결하여, 이직을 가교하는 역할은 정말 중요한 일이다. 그럼에도 불구하고 현재의 헤드헌팅 시장에서 헤드헌터의 사명감이나 전문성이 모두 높은 수준은 아닌 것이 현실이다. 헤드헌터 중에는 수수료에만 집중해 많은 수의 후보자를 섭외하여, 자신의 후보자가 고객사에 합격할 가능성을 높이는, 양적 접근을 위해 많은 헤드헌터들이 움직이고 있는 것을 볼 수 있다.

상황이 이렇다 보니 때로는 헤드헌터의 욕심이 과열되는 경우가 있다. 어떻게든 후보자를 고객사에 합격시키기에만 혈안이 되어 지나친 코칭이 일어날 수도 있다. 지나친 코칭이라는 것은 사안을 지나치게 확대하거나 필요 이상의 스펙(spec) 부풀리기를 제안하는 경우가 발생하여 후보자를 당혹하게 만드는 상황이 발생할 수 있는 것이다.

그리고 후보자의 합격 가능성을 높이기 위해 사실과 다른 면접 코칭을 하거나 과장된 면접 코칭을 하는 사례도 있다. 심각한 경우에는 후보자가 작성한 이력서의 내용이나 이직 사유 등에 코칭을 하면서 사실과 다르거나 과장하거나 과하게 축소하는 등의 코칭을 하는 경우가 있다는 것이다. 물론 과거의 이야기이긴 하다.

환승 이직에서 합격을 하기 위해서 수단과 방법을 가리지 않는 것은 후에 부메랑이 되어 자신에게 위해가 될 가능성이 높다. 따라서 헤드헌터의 이러한 과장한, 과축소한 코칭에 대해서는 본인이 객관적으로 판단하여 헤드헌터의 코칭을 적절히 받아들이고 결정하여야 한다.

다음으로는 헤드헌터의 코칭 중에 정말 한심한 실사례를 이야기하면서 헤드헌터의 코칭에 100% 의존하여서는 안 되는 이유를 알아보자.

필자가 50대 초반의 나이에 식품 대기업의 본부장 포지션 제안을 받았던 사례이다. 이 식품 대기업은 필자가 희망하는 회사였으며, 포지션도 탐이 나는 자리였다.

물론 연봉과 관련한 처우도 상당히 좋은 조건이었다. 그러나 헤드헌터와 인연이 없었는지 필자의 희망과는 달리 지원 후 20일 지났음에도 아무런 연락이 없었다.

심지어 문자로 해당 헤드헌터에게 문의를 하였음에도 이렇다 할 답변이 없었다. 자연스럽게 필자는 다른 헤드헌터를 통해 중견 식품회사의 본부장 포지션 제안을 받았다. 그리고 최종 합격하여 연봉 협상까지 완료하여, 출근 일자까지 확정을 하였다. 그런데 식품 대기업 본부장 포지션을 제안한 후 잠적한 헤드헌터가 느닷없이 연락을 해 온 것이다. 그러면서 그 회사에서 필자를 면접 진행한다는 연락이 왔다는 것이다. 그나마 솔직하게 이야기한 것이, 헤드헌터 본인이 고객사로부터 메일 받은 것을 놓쳐서 필자에 대한 면접 진행을 연락하지 못했다는 것이다. 그러니 자기 얼굴을 봐서 면접을 꼭 봐 달라는 요청이었다.

참으로 황당하고 어처구니없는 제안인 것이었다. 그리고 더 어처구니가 없었던 것은 그동안 전혀 신경 쓰지도 않았는데, 면접 유형과 고객사의 면접 임원진 특성까지 줄줄이 사탕을 꺼내듯이 코칭을 해 주는 것이다. 더하여 필자가 합격한 중견 식품회사와 비교하여 식품 대기업의 우월한 부분에 대해 입에 거품이 날 정도로 비교 코칭이라는 것을 수없이 해 대는 것이었다. 그 당시 서치펌 회사와의 인연을 생각하면 굳이 합격하지 않더라도 면접을 볼 수 있었을 것이다. 이러한 헤드헌터의 필요 이상의 코칭과 상황 판단을 못하는 자기 욕심에 가득한 태도를 접하면서, 그 헤드헌터의 어떠한 말도 필자의 귀에는 들어오지 못한 것이다.

아마도 여러분이 이러한 상황에 봉착하여도 필자와 다르지 않았을 것이라 생각한다. 평상시에 관심과 코칭이 중요한 것이지 상황이 급박하고, 자기가 불리한 상황에서 국면을 모면하기 위해 해 대는 말은 코칭이 결코 될 수 없는 것이다. 그러한 말들은 코칭이 아니라 감언이설이며 협잡꾼의 가치 없는 말과도 같은 것이다.

환승 이직을 하다 보면 다양한 형태의 헤드헌터를 만날 것이다. 그러나 어떠한 헤드헌터를 만나더라도 변하지 않는 진리는 있는 것 같다. 그 불변의 진리는 '과장하는 것은 없는 것이거나 작은 것을 크게 보이려 하는 것이고, 축소하는 것은 잘못되었거나 감추고 싶은 것을 위계한다.'는 것이다.

결과적으로 이 두 가지의 과장과 축소는 헤드헌터의 코칭에 일부 있었다 하더라도 궁극의 책임은 이직을 희망하는 후보자 본인의 몫임을 알아야 한다. 그럼으로 헤드헌터에게 정보와 경험은 의지하되, 경력의 과장과 축소에 대해서는 객관성을 잃지 않도록 하여야 한다. 따라서 헤드헌터의 코칭 중에서 본인에게 궁극에는 돌아오는 문제가 될 만한 것은 가려낼 필요가 있다.

환승 이직의 결과가 모두 합격만 될 수 없는 것이기에, 후일에 불합격하였을 경우나 합격 취소가 된 경우에, 이직 희망하는 후보자들이 가장 많이 헤드헌터에게 하는 말이, “코칭대로 했는데 아쉬움이 많다.”는 말이다. 그러나 이럴 때 헤드헌터의 답변은 대부분 “제가 그렇게 할 수도 있다는 것을 말씀드렸지 선택은 후보자가 하신 겁니다.”이다.

Part 3.

이직 성공을 위한 전략 수립과 실행

Chapter 1.

버릴 헤드헌터와 쌓을 헤드헌터 구분하기

환승 이직을 하고 싶은 만큼 할 수 있는 것은 아니다. 필자가 현업에서 느끼는 것 중에, 환승 이직을 너무 쉽게 생각하는 후보자들이 많다는 것이다. 심한 이직 희망자 중에는 이력서의 무게감이 지나치게 무거운 후보자들이 생각보다 많다는 것이다.

이력서의 무게감이 무겁다는 것은, 이력서상의 재직 회사의 숫자가 경력의 수에 비해 지나치게 많은 후보자들이 많은 것을 의미한다. 물론 이직을 못 하는 것도 능력이 없는 것으로 오해를 받을 수 있는 시대이다.

필자도 적정한 횟수의 이직은 자신의 발전은 물론 사회의 원활한 인적 교류를 위해서도 좋다고 생각한다. 문제는 지나친 이직이라는 것이다. 평균 1년에 한 개의 회사를 다닐 정도로 이직을 밥 먹듯 하는 것은 이직의 역효과를 온몸으로 받아들이는 것이나 다름없는 것이다. 이직의 적정한 횟수에 대해서는 뒤의 장에서 설명하겠지만 이 장에서는 헤드헌팅을 진행하는 과정에서 내가 버릴 헤드헌터와 인연을 쌓아 가야 할 헤드헌터를 구분하는 것에 주안점을 두고 이야기한다.

먼저 환승 이직을 할 때 버려야 할 헤드헌터의 유형에 대해 알아본다.

첫 번째 유형으로 정보 공개나 공유를 하려는 태도가 부족한 형이다. 이러한 형태의 헤드헌터가 의외로 많은데, 예를 들면 포지션 제안은 하면서 일정 회사에 대한 정보나 제반 처우 등을 공유하지 않는 유형이다. 이 경우는 의외로 많은데 필자의 경험에 의하면 두 가지 유형으로 세분할 수 있었다. 한 가지는 이미 합격 가능성이 있는 후보자의 제안 수락을 받았음에도 다수의 후보자를 확보하기 위해서 들러리 세우기 위한 허수의 제안일 가능성이 있다는 것이다. 다른 한 가지는 인력 풀을 채우기 위한 목적으로 이력서만 수집하려는 의도가 있었다는 것이다. 따라서 헤드헌터의 제안을 받았을 때 구체적인 정보를 제공, 공유하지 않는 헤드헌터는 멀리하는 것이 좋다. 하나를 보면 열을 헤아려 알 수 있는 것이다.

두 번째는 제안하는 회사의 정보에 대해 지나치게 장점만 부각시키는 헤드헌터이다. 장점만 부각시킨다는 의미에는 과대 포장을 하는 경우라 하겠다. 과대 포장을 하는 경우는 회사에 대한 과대 포장과 포지션인 직무와 직급에 대한 과대 포장이다. 회사를 과대 포장하는 경우는 인터넷의 해당 회사의 기사를 검색해 보거나, 잡포털 내의 합격자들의 직장평가 및 후기를 참고해 보면 충분히 파악할 수 있다. 그리고 사회생활 중에 알고 있는 해당 회사의 지인을 통해 회사 문화 및 조직 문화를 가늠해 볼 수 있을 것이다. 그리고 직무 및 직급에 대한 과대 포장은 문서화하여 받는 것이 좋다. 문서화하여 받는다는 것은 꼭 문서만을 말하는 것이 아니라 제안을 받는 직무, 직급, 해야 하는 일 등에 대한 JD에 준하는 메일이나 문자로 확보해 두는 것이 좋은 것이다.

헤드헌터 입장에서는 제안을 수용시키기 위해서 필요 이상의 과장을 하는 경우가 종종 있기 때문이다. 그리고 헤드헌터가 제안의 초기에 말한 것과 진행이 되면서 내용이 바뀌거나, 실체가 드러나는 과대 포장을 비교 분석하여 객관적 기준을 가질 수 있다. 이처럼 제안하는 회사에 대한 각종 정보를 원활히 제공하지 않는 헤드헌터도 일이 진행될수록 불성실해질 수 있다. 그리고 종국에는 한 입으로 다른 두 가지 말을 하는 경우가 있을 수 있으므로 주의하여 걸러 내야 한다. 무조건적으로 기업의 장점 부각만 하는 헤드헌터보다는 사실을 있는 그대로 이야기하면서 그 회사에서 제시한 비전을 있는 그대로 설명해 주는 헤드헌터의 코칭이 훨씬 설득력과 신뢰가 있다.

필자가 이직을 하면서 경험한 사례를 예를 들면, 현재 이직 제안하는 회사가 오너 리스크가 많이 있어서 외부로부터의 평가가 나쁜 것은 알고 있다. 하지만 그런 이유로 인하여 현재의 오너가 경영에서 물러나면서, 새로운 회사로 변화하기 위한 과정을 준비하고 있다는 제안을 했다. 그리고 이러한 새로운 회사로의 변화를 하는 과정에 후보자인 필자와 같은 경력과 역량이 적합하여 제안을 하게 되었고, 제안을 수락한다면 적극 추천하여 좋은 기회를 만들겠다는 것이다. 이 글을 접하는 여러분이라면 구구절절 해당 회사에 대한 장점만 이야기하고, 단점은 언급하지 않으며 숨기는 헤드헌터를 선택하지는 않을 것이다. 필자에게 제안한 헤드헌터처럼 장점과 단점은 물론이고, 후보자가 왜 적합한지에 대해 코멘트하여 정보의 객관성을 확보해 주는 헤드헌터를 선택하게 될 것이다.

세 번째 유형은 앞뒤 생략하고 이력서부터 보내 달라고 재촉하는 유형이다. 이러한 형태의 헤드헌터는 앞 장에서 충분히 설명하였지만, 필자의 경험으로 추정해 보면, 해당 포지션의 제안을 늦게 접했거나 마감 시한이 임박하여 제안을 하는 경우가 대부분이었다는 것이다. 상식적으로 생각할 때, 마감 시한이 임박하여서도 제대로 된 후보자를 찾지 못하고, 부랴부랴 이력서부터 전달받기를 희망하는 헤드헌터를 믿고 환승 이직을 진행할 수는 없는 것이다. 이력서를 원하는 것인지, 적합한 후보자를 찾는 것인지를 제안을 받은 이직 희망자 본인도 판단하여야 한다. 통상적으로 이러한 형태의 헤드헌터는 후보자의 적합성이나 합격 가능성을 염두에 둔 것이 아니다. 단지 고객사로부터 후보자 추천을 한 명도 못하는 헤드헌터라는 낙인을 모면하기 위한 방편으로 이력서부터 요청하는 유형일 가능성이 높다.

네 번째 버려야 할 헤드헌터 유형은 포지션 제안을 지속적으로 강요하는 유형이다. 이 유형의 헤드헌터는 이직 희망자인 후보자의 이익보다는 헤드헌터 본인의 이익에 집중하는 유형이라 할 수 있다. 이러한 유형은 집요하게 후보자가 본인이 제안하는 회사에 지원할 것을 강제하다시피 지속적으로 제안하는 유형이다. 이러한 유형이 찾는 후보자는 확실한 기술이나 자격을 보유한 경우이거나 고객사에서 요청한 스펙과 일치하는 것이 많은 후보자일수록 집착에 가까운 제안을 한다. 후보자 입장에서는 자신을 알아봐 주는 헤드헌터를 만났다고 생각할 수 있지만 헤드헌터와 다년간 관계를 유지해 온 경우가 아니라면 이런 유형의 헤드헌터는 유의해서 관계 형성을 진행할 필요가 있다.

이 유형의 헤드헌터는 마감이 임박한 상황에 직면하였음에도 적당한 후보자를 물색하지 못한 경우에도 고객사에 대한 최소한의 예우를 위해서 자신의 체면치레용으로 제안을 강요하는 경우도 적지 않게 경험하였다. 그리고 이러한 유형의 헤드헌터 특징은 제안을 줄기차게 하면서 후보자의 거절은 잘 받아들이지 않는다는 것이다. 그리고 설사 제안을 받아들였다 하더라도 제안을 집요하게 하던 초기와는 다른 무성의를 보이는 경우가 많다는 것이다.

헤드헌터 본인이 판단했을 때는 후보자가 적합하여 합격 가능성이 높다고 생각하여 제안을 진행하고, 이력서 등을 접수하여 진행하였으나, 예상외로 고객사의 반응이 좋지 못하면, 언제 그랬냐는 식으로 연락이 없는 경우가 대부분이었다. 개인적인 경험에 비추어 보면 후보자를 가장 화나게 만들고, 상식 없는 유형의 헤드헌터가 아닌가 생각한다. 이런 유형의 헤드헌터는 절대로 상종하지 말아야 하는 유형이다.

다섯 번째 유형은 상황에 따라 말이 바뀌는 헤드헌터이다. 이 유형은 신뢰도가 극히 낮은 경우이다. 환승 이직이 진행되면서 추기 제안, 이력서 접수, 면접 진행, 연봉 및 처우 협상 등을 진행하는 과정에서 순차적으로 말이 조금씩 바뀌거나 방임하는 유형의 헤드헌터는 버려야 한다. 합격 가능성이 점차 높아지면서 후보자에 대해 대부분의 헤드헌터가 밀착 코칭을 하게 된다. 그 이유는 합격 가능성이 높음을 알고 있기 때문이다. 그러나 반대로 구체적인 수치나 상황에 대해 말을 바꾸거나 확실한 수치를 회피하는 경향의 헤드헌터도 있게 된다. 이러한 사례는 직급이나 연봉, 처우 등에서 나타난다. 직급을 초기에는 과장~차장급이라고 했다고 하면, 통상의 후보자들은 차장을 생각하고 요청을 하지만, 실상은 과장급이고 역량이 아주 특별한 경우에만 차장급까지 가능할 수 있다는 식으로 말을 바꾸는 것이다. 직급의 범위가 넓을 경우에는 진행 전에 반드시 확실히 문의를 한 후에 진행하는 것도 필요하다.

그리고 경계가 애매모호한 헤드헌터는 조심해야 하는 유형이다. 그러한 애매모호함은 연봉 조건에서 특히 많이 나타나는 말 바꿈 내지 수치 개념이 없는 유형이다. 이 경우의 사례로는, 연봉을 표기할 때 '8,000만 원대'라고 표기하고 제안을 하는 경우를 가정해서 설명하면, 8,000만 원대에서 '대(臺)'라는 단어의 범위가 극히 모호하다는 것이다. 만약 이직 후보자가 현재 받고 있는 연봉이 8,800만 원이라면 통상적으로 자신과 비슷한 연봉이라고 오인을 할 수 있다는 것이다. 사람은 일반적으로 자신과 비슷한 환경, 상황을 비교하여 받아들이는 경향이 있다. 이렇다 보니 헤드헌터가 제안한 '8,000만 원대'의 범위가 최종 합격 단계에서는 딱 '8,000만 원'에 턱걸이한 경우이거나 '8,100만 원'처럼 '8,000만 원 초반대'의 연봉을 제안받는 경우가 적지 않다는 것이다. 이러한 상황은 '주는 사람은 적게 주면서 역량 있는 후보자를 얻고 싶은 심리이고, 후보자는 한 푼이라도 더 높은 연봉을 받고 싶은 심리적 마찰'이 문제이기는 하다. 그러나 중요한 것은 이러한 과정이 진행되면서 헤드헌터 중에는 말을 바꾸거나 애매모호한 답변을 하거나 책임을 회피하려는 유형의 헤드헌터가 있으므로 조심해야 한다는 것이다. 그리고 가장 심각한 유형은 괴변을 늘어놓거나 책임을 후보자에게 돌리려는 헤드헌터라는 것이다. 구체적인 처우 등에 대해서는 후보자가 섬세하게 잘 챙겨야 한다. 그리고 버려야 할 헤드헌터의 반응과 유형에도 신경을 많이 써야 한다.

여섯 번째의 유형은 후보자가 중요하게 생각하는 조건이나 걱정하는 항목이나 요소에 대해 공유해 주지 않고, 감추거나 회피하려는 헤드헌터이다. 후보자 고민거리를 해결하면서 제안을 하는 경우보다는 합격 가능성만 높여서 헤드헌팅 성공에만 중점을 두는 헤드헌터의 전형이라 할 수 있다. 이와 같은 헤드헌터를 통해 이직을 준비하면 좋은 이직의 결과를 만들기도 힘들지만 설사 합격하여 원하는 회사로 환승 이직을 하였다고 해도 문제는 발생되는 것이다.

후보자 본인이 생각했던 조건이 전달되지 못해서 연봉 협상이나 처우에 관련한 협상을 진행할 때도 문제가 발생하게 되는 것이다. 뿐만 아니라 업무와 관련된 부분과 직급과 직책에 관련한 문제도 야기될 가능성이 높다. 그리고 후보자 개인이 회사 생활 중에 개인적인 애로 사항이나 근무 환경 등에 대해 언급을 하였음에도, 헤드헌터는 그것이 문제가 되어 합격에 지장이 있을 것 같아 고객사에 알리지 않은 경우가 있다.

이런 경우에는 후보자가 이직 후 조직 생활에 적응하는 데에 문제가 발생하거나 연착륙이 길어지는 상황을 초래할 수 있다. 필자의 경험으로 미루어 볼 때 일반적으로 생각하는 것보다 헤드헌터의 전문성이 부족한 경우가 상당히 있다는 것을 염두에 두고, 이러한 내용과 조건들에 대해 공유하고 확인할 필요가 있다. 그리고 만약 이직 진행 중에 헤드헌터가 이런 문제들에 대해 소극적이거나 중요하게 생각하지 않는 것 같으면 그 헤드헌터와의 진행에 대해 재고해 보아야 한다.

헤드헌터라는 직업이 전문적 프리랜서로 보이지만 헤드헌터라는 직업의 전문성을 인정하는 그 어떤 자격 제도나 역량 강화를 위한 법적 제도 장치가 없는 것이 현재의 상황임을 주지할 필요가 있다. 사실상 직업소개소나 인력 구인 업체와 크게 다를바가 없는 조건임에도 헤드헌팅이라는 단어로 인해 전문성이 있는 프리랜서인 것처럼 느껴지는 것이다. 물론 직업상담사 자격증을 취득하면 헤드헌터와 관련한 인력 전문 소개업을 할 수 있다는 것과 현업에서 인사담당 업무를 수년간 진행한 경험이 있는 경우도 가능한 것이지만 이러한 조건은 꼭 헤드헌터에게만 국한된 것이 아니라 인력 소개업 전체에 해당되는 것이다.

일곱 번째 마지막의 버려야 할 헤드헌터 유형은 이력서를 받은 후 잠수타는 헤드헌터이다. 필자 개인적으로 가장 심각한 유형의 버려야 할 헤드헌터라고 생각한다. 30년이 넘는 직장 생활 중에 후반기 10년에 세 차례의 환승 이직을 성공적으로 할 수 있었지만 이런 유형의 헤드헌터는 마음에 상처를 남기는 헤드헌터였다. 특히 자존심을 많이 다치게 한다는 것이다. 그리고 환승 이직의 성공 실패와 관계없이 후보자의 시간과 성의를 갉아먹는 유형의 헤드헌터임에는 틀림없다. 그리고 사회생활의 기본 매너를 이해하지 못하는 아주 양식 없는 헤드헌터라는 것이다. 물론 많은 헤드헌터가 모두 이렇지는 않지만 일반적으로 사회생활 중에 관계를 맺는 사람과의 관계에서 있어서는 안 될 소식 단절, 연락 두절이 적지 않게 있다는 것이다. 연락 두절의 사유는 많이 있을 수 있겠지만 기본적인 매너를 익히지 못한 헤드헌터는 과감하게 관계를 단절해야 한다. 설사 관계를 맺었다 하더라도 과감히 쳐내야 한다.

일면식도 없는 후보자에게 어느 날 문득 메일이나 문자, 전화로 이직 제안을 한 후에 이력서를 받기 전까지는 귀찮을 정도로 연락을 한다. 그러나 이력서를 받은 후에는 진행 상황 모니터링은 차치하고라도, 일정 기간이 지났음에도 결과에 대한 연락조차 하지 않는 매너 없는 해드헌터는 반드시 피해야 한다. 필자의 경험에는 정말 한심한 헤드헌터가 있었는데 예를 들면, 연락이 없어서 전화 연락을 하니 받지 않는 유형, 메일과 문자를 보내니 읽어 보지도 않는 유형, 전화를 받았는데 처음에는 누군인지조차 모르는 유형, 바빠서 연락 못 드렸다며 대수롭지 않게 "불합격입니다."라며 응대하는 유형, "궁금하시면 일찍 연락하셨어야죠."라며 염장을 지르는 유형, 다른 서치펌으로 이직하여 신경을 안 쓴 유형, 개인적인 상황이 있어서 연락을 못했다는 유형 등등. 이러한 유형 외에도 다양한 상황의 매너 없는 헤드헌터는 잘 선구하여 버려야 한다.

버려야 할 헤드헌터도 있지만 환승 이직 과정 중에는 소중히 관계를 쌓아야 할 좋은 헤드헌터도 있다. 관계를 쌓아야 할 좋은 헤드헌터의 유형을 알아본다.

필자는 세 차례의 환승 이직을 성공하였지만 그 사이사이에 수많은 이직 제안을 받았다. 그중에서도 지금까지도 인생의 선배로 생각하면서 인연을 맺은 헤드헌터가 있다. 이제는 엄연한 서치펌의 대표이사로 계시면서 많은 환승 이직을 희망하는 후보자들에게 등대와 같은 역할을 하시는 분이다. 개인적인 생각으로는 환승 이직에서 개인적인 경력과 역량, 스펙 등도 중요 하지만 이직을 위한 헤드헌터와 사치펌을 잘 만나는 것도 가장 중요한 요소 중에 하나라고 생각한다. 대부분의 많은 헤드헌터들이 잘하고 있지만 개중에는 소양이 부족한 헤드헌터도 많았다는 감회이다.

관계를 쌓아야 할 좋은 헤드헌터의 첫 번째 유형은 최초의 제안을 전화로 하는 헤드헌터이다. 환승 이직 제안을 하는 연락 방법으로 문자나 메일로 하는 사례가 대부분이다. 그러나 제안 초기부터 전화(휴대폰)를 직접 걸어옴으로써 헤드헌터 본인에 대한 소개부터 시작하는 헤드헌터가 있다. 이러한 헤드헌터와의 환승 이직 시작은 성공 가능성이 높다. 그만큼 자신감이 있는 헤드헌터였고, 후보자에 대한 예의를 갖추고 있는 헤드헌터이다. 대부분의 헤드헌터들은 인면식이 없는 후보자와 소통하는 것을 편하지 않게 생각한다. 그러다 보니 유선 연락보다는 문자나 메일 등으로 모든 연락을 하는 경우가 많다. 하지만 제대로 된 헤드헌터의 경우는 자신을 먼저 알리고, 제안을 진행한다. 그리고 그러한 제안이 신뢰도가 높았으며, 이직의 성공을 위해 진심을 다해 노력해 주는 전문성을 보였다.

그리고 초기에 자신을 알리고 진행하는 헤드헌터는 결과에 대한 모니터링도 어김없이 완료한 후에 이직을 마무리한다. 심지어는 이직 후의 직장 내 연착륙을 잘하였는지를 연락하여 관심을 표명하는 헤드헌터도 있다. 그러한 헤드헌터를 필자는 현재도 인생의 멘토로 관계하고 있다. 이 글을 읽는 여러분들도 이런 헤드헌터와 인연이 되길 바라고, 여러분들도 그들의 좋은 후보자가 되기 위해 노력하길 바란다.

두 번째 유형은 이직을 제안하는 회사에 대한 정보를 객관적으로 제안하며, 이직의 장단점에 대해서도 상세하게 제안하는 유형이다. 이러한 유형의 헤드헌터는 한마디로 전문성이 아주 높은 유형이다. 헤드헌팅 시장 내에서 일정 수준의 위치도 확보하고 있었으며, 그들이 하고 있는 일에 대한 명확한 프로세스에 기반하여 환승 이직 제안을 하는 유형이다. 따라서 이러한 유형의 헤드헌터를 만나는 것도 행운이고, 환승 이직의 합격 가능성도 높아진다. 그리고 이러한 헤드헌터를 통해 사회생활의 일 처리 방식에 대한 많은 것을 배울 수도 있다. 이직하려는 회사의 장단점은 물론 그 회사가 현재의 위치에서 향후 도약할 단계에 대한 비전까지 설명을 한다. 그러면서 후보자가 그 과정에서 어떠한 역량을 가지고 기여할 수 있는지에 대한 설명을 첨가하여, 이직에 대한 의욕은 물론 자신감을 가지고 지원할 수 있도록 안내하고 제안한다.

세 번째로는 지원을 지속적으로 강요하지 않는다는 것이다. 헤드헌터 자신의 이익을 보지 않고, 이직 후보자의 의사와 상황에 대해 적극적으로 배려하는 유형이다. 이러한 헤드헌터는 후보자의 의사를 존중하면서도 현재보다는 미래에 대한 후보자의 육성을 통한 자신의 결과를 크게 만드는 과정을 알고 있는 헤드헌터이다. 당장 보이는 과일의 먹음직스러움보다는 향후 좀 더 숙성한 과일로 만들어서 후보자도 만족하고, 헤드헌터 본인도 만족하는 상호 만족의 결과를 만들 줄 아는 능력 있는 헤드헌터이다.

대부분의 헤드헌터가 기회만 있으면 이직을 시켜서 수수료를 얻으려고 한다. 그러나 능력 있고, 헤드헌팅 시장을 매니지먼트 하는 헤드헌터는 후보자의 가치를 꿰뚫어 보고 가치를 높여서 결과를 만들 줄 안다는 것이다. 이런 헤드헌터를 만나기는 정말 쉽지 않지만 만나기만 한다면 인생의 멘토로도 삼을 만한 가치가 있는 헤드헌터라는 것이다. 필자도 이런 가치 있는 헤드헌터를 만나는 복을 가질 수 있었다.

네 번째는 후보자를 리드할 만한 코칭력이 있다는 것이다. 이 말의 의미는 한 마디로 헤드헌팅뿐만 아니라 이직 시장에 대한 박식한 지식과 경력을 쌓았다는 것이다. 이직을 제안하는 회사의 채용 상황에 대한 충분한 이해는 물론이고, 동종 직군에 대한 통찰력도 겸비하고 있어서 후보자에게 많은 코칭을 한다는 것이다. 또한 동종 직군에 대한 헤드헌터의 통찰력은 후보자에게는 많은 제안의 기회가 있을 수 있다.

다섯 번째 유형은 오프라인 미팅을 할 수 있는 개방성이 있는 헤드헌터이다. 필자도 이런 유형의 헤드헌터는 두 분을 경험했을 정도로 희박한 유형이다. 하지만 이런 유형의 헤드헌터도 분명히 존재하며, 관계가 형성되면 후보자에게는 이직뿐만 아니라 정서적으로도 많은 도움이 되는 유형이나. 많은 헤드헌터는 바쁘기도 하지만 후보자와 직접 만나서 코칭하는 경우는 거의 없다고 해도 과언이 아니다. 그러나 필자는 헤드헌터 본인의 사무실이나 주변 커피숍 등에서 만남을 가졌고, 그 만남에서 후보자에 대한 사전 면접 형태로 후보자의 됨됨이를 살피는 헤드헌터이다.

한편으로 생각하면 후보자가 기분 나쁘게 생각할 수도 있지만, 결코 기분 나쁘게 생각할 상황이 아닌 것이다. 그 이유는 이러한 헤드헌터는 후보자를 미리 알아봄으로 해서 합격 가능성을 높이고, 이력서 상에서 보지 못한 장단점을 파악하여 코칭을 해 주는 것이다. 헤드헌터의 전문성이 높은 경우이고, 업력(業力) 또한 높은 헤드헌터의 특징이라 할 수 있다. 이런 헤드헌터는 구인을 의뢰한 고객사에서도 전문성을 익히 알고 있기에, 그 헤드헌터가 추천한 후보자에 대한 신뢰를 가지고 있었다.

만약 여러분이 고객사의 인사담당자라 하더라도 이처럼 오프라인 미팅을 통해 후보자를 직접 검증하고, 코칭하여 추천한 후보자라면, 그렇지 않은 서치펌에서 추천한 후보자보다는 우선하여 호감을 가질 수밖에 없을 것이다. 참으로 공통된 것이, 이러한 특징을 가지고 있는 유형의 헤드헌터는 쌓아야 할 헤드헌터의 특징을 모두 가지고 있다는 것이다.

필자는 이렇게 생각한다. '헤드헌팅이라는 직업이 따지고 보면 사람을 연결하는 직업이라 해도 과언이 아닌데, 사람에 대한 깊이 있는 성찰과 통찰을 가지고, 오프라인에서 만남을 통해 코칭하고 만들어 가는 헤드헌터야말로 진정한 역량이 있는 헤드헌터'라고 생각하는 것이다.

여섯 번째는 후보자를 리드하는 리더십(Leadership)이 있는 유형이다. 헤드헌터의 리더십(Leadership)이라고 하니 언뜻 머리에 떠오르지 않을 것이다. 그러나 헤드헌터 중에는 리더십(Leadership)이 높은 유형이 있다는 것이다. 헤드헌터의 리더십(Leadership)은 물론 후보자의 팔로워십(Followership)에 기반한다. 후보자가 헤드헌터에 대한 신뢰를 바탕으로 팔로워한다면 헤드헌터도 리더십(Leadership)을 제대로 발휘할 수 있다고 본다. 이러한 리더십(Leadership)의 기반은 상호 신뢰에서 오는 것이다. 필자의 경험상 적극적으로 제안을 진행하는 헤드헌터의 경우에 리더십(Leadership)이 높았다. 연령에 관계없이, 설사 헤드헌터의 연령이 후보자보다 많이 적었어도 환승 이직에서는 진행에 대한 리더십(Leadership)을 발휘하는 헤드헌터가 쌓아야 할 유형이 된다.

리더십(Leadership)이 강한 헤드헌터는 일에 대한 욕심도 많고, 후보자를 합격시키기 위한 다양한 방향을 모색하고 제안하며, 코칭한다. 그리고 설사 불합격하더라도 다른 직군 및 유사 직군에 대한 제안을 바탕으로 재도전하도록 코칭하고 제안한다. 그리고 리더십(Leadership)이 높은 헤드헌터도 업에 대한 전문성이 높았으며, 후보자의 관리에 대해 소중한 인적 자원으로 생각함을 알 수 있었다. 잠재적 이직 가능 고객으로 항상 자신의 인력 풀에 간직하면서 모니터링 하는 헤드헌터이다.

일곱 번째는 업의 경력이 높고, 전문적 지식을 구축한 헤드헌터이다. 우리는 이를 흔히 업력(業力)이라고 표현한다. 필자는 인생의 멘토로 모시는 헤드헌터가 있다. 지금은 국내 굴지의 서치펌의 대표이사이시다. 이분은 쌓아야 할 헤드헌터의 자질을 모두 갖추신 분이셨다. 특히 헤드헌팅 시장 내에서 이직은 물론이고 직업에 관한 다양한 기고와 전문적 연구의 결과물을 많이 가지고 계신다. 인사, 노무와 관련한 전문 도서를 지필 하였고, 전문적 강의를 통해 후보자와 고객사에 대한 올바른 취업과 이직의 방향을 제시한다.

이처럼 헤드헌팅의 업력(業力)이 높고, 전문성을 구축하여 온 헤드헌터 일수록 일에 대한 책임감이 강하다. 자신의 명예를 지키기 위해 전문성을 발휘하고, 이직 진행과 마무리까지 경험에 기반하여 실수를 최소화한다. 그리고 고객과 후보자를 만족시킬 줄 안다는 것이 가장 큰 장점이자 특징이다. 헤드헌터로서 업력(業力)이 많다는 것은 안정적인 수입을 얻고 있다는 것이며, 이직 제안의 성공율도 높다는 것을 추측할 수 있다.

확실한 전문성과 경력에 기반한 다양한 고객사의 요청을 수없이 오랜 기간 동안 진행했을 것이다.

그러므로 이러한 헤드헌터와 이직을 진행한다면 이직의 합격 가능성을 높임은 물론이고, 최종 연봉 협상까지 긍정적인 영향을 미칠 수 있는 것이다. 신뢰할 수 있고, 전문성이 있는 헤드헌터와 이직을 진행하고 싶다면, 헤드헌터의 업력(業力)과 전문성을 후보자가 먼저 검증해 보아야 한다. 그리고 그것이 어렵다면, 업계 베테랑을 먼저 찾아보는 것이 지름길을 올바로 걸어가는 것이 될 수도 있다.

마지막 여덟 번째 유형은 이직 진행의 결과 공유는 물론이고 이직한 직장의 연착륙까지 신경 써 주는 헤드헌터이다. 좋은 헤드헌터의 유형 중에 가장 인간적이면서도 헤드헌터로서 프로 근성이 있는 유형이다. 필자가 경험한 헤드헌터가 대략 80여 명이 넘는데, 그들에게 공통적으로 부족한 부분은 '유종의 미'를 거두지 못한다는 것이다. 화룡점정(畵龍點睛)에 약하다고 표현하는 것이 맞는 표현인 듯하다. 이직의 결과가 합격으로 이어지면 당연히 결과 통보가 될 수밖에 없는 구조이지만, 불합격되거나 이직 프로젝트 자체가 중단되는 경우에는 대부분의 헤드헌터가 결과를 연락해 주지 않았다. 이러한 유형은 버려야 할 헤드헌터 유형에 소개했듯이 후보자의 마음에 상처를 남기는 헤드헌터이다.

사회생활 중에 만난다면 뺨을 한 대 후려갈기고 싶을 정도로 무례한 사람이라고 할 수 있다. 이러한 헤드헌터가 적지 않으니 후보자들이 마음으로 스스로의 위안을 해야 하고, 이런 헤드헌터를 피하고 버려야 하는 것이다. 하지만 그러한 좋지 못한 헤드헌터 수만큼 결과 모니터링은 물론 이직 직장의 연착륙과 향후 재이직의 수요까지 감안한 헤드헌터도 있음을 알고 관계를 쌓아 가는 것도 중요하다.

이상 버려야 할 헤드헌터와 쌓아야 할 헤드헌터 유형에 대해 알아보았다. 헤드헌터의 많은 유형들이 있지만 좋은 헤드헌터이든 나쁜 헤드헌터이든 간에 '헤드헌터는 헤드헌터일 뿐이다.'는 것을 알아야 한다. 일반인들도 마찬가지이지만 헤드헌터들도 모두가 일정 수준 이상의 서비스 만족을 제공할 수는 없다. 그들도 후보자의 모든 진행 상황에 대해 일일이 모니터링 할 수 없는 한계도 있다. 중요한 것은 후보자와 헤드헌터를 갈라치기 하여서는 안 된다는 것이다. 헤드헌터에게 요청하고 질의할 것은 후보자도 적극적이고 명확하게 할 때에 비로소 헤드헌터의 좋고 나쁨을 구분할 수 있다는 것이다. 그리고 헤드헌터가 밥상을 차려서 숟가락으로 밥까지 떠먹여 주지는 않는다는 것도 알아야 한다.

후보자가 챙기고 확인할 것과 후보자가 헤드헌터에게 제대로 된 팔로워십(Followership)을 발휘할 때, 헤드헌터도 제대로 된 리더십(Leadership)을 발휘할 수 있다는 것을 이해하는 것이 필요하다.

Chapter 2.

헤드헌터 네트워크 구축과 활용 트리 구축하기

일본의 '인맥의 달인'으로 불리는 호리 고이치의 『인맥의 크기만큼 성공한다』는 책을 2005년에 차장 승진을 하면서 감명 깊게 읽은 기억이 있다. 당시에는 인맥 구축과 활용에 대한 붐(Boom)이 일었을 정도로 인맥 관리에 대한 중요함이 공유된 시기였다.

환승 이직을 위해서는 무엇보다도 헤드헌터의 제안과 지원이 절대적으로 필요한 것이 사실이다. 물론 직접 지원을 하는 경우도 있을 수 있지만 직접 지원에 대한 문호는 좁다는 것이 현실이다. 직접 지원의 문호가 좁은 이유는, 경력 사원을 원하는 회사에서 보안을 유지하기 힘들고, 현재 재직하고 있는 직원들에 대한 보안과 배려 차원에서도 대부분의 환승 이직이 서치펌을 통해 헤드헌터와 연계되어 진행되는 것이 대부분이다.

따라서 헤드헌터와의 인맥 개척과 관계 유지는 환승 이직을 위한 '데이터베이스(Data base)'로 생각하고, 평소에 잘 구축해 놓는 것이 환승 이직을 위해 유리하다. 인맥 관리에 대해서는 시중에 수많은 도서와 강연이 있어서 일반적인 인맥 관리 노하우는 여기서는 언급하지 않는다. 헤드헌터와의 관계 형성과 유지를 위한 필자만의 특별한 노하우를 공유하도록 한다.

인맥 구축의 큰 범위라고 할 수 있는 사회 연결망 이론(Social Network Theory)에는 강한 연대(Strong tie)와 약한 연대(Weak tie)에 대한 이론이 있다. 이 사회 연결망 이론(Social Network Theory)에서 강조하고 있는 것이 약한 연대(Weak tie)의 중요성이다. 이 이론은 조 앤 버틀러 포드 인문과학대학 교수이며 사회학자인 마크 그란베터(Mark Granovetter)가 주장하였다.

네트워크상에서는 강한 연대(Strong tie)와 약한 연대(Weak tie) 둘 다 정보 교환 역할을 수행하고 관계를 구축한다. 그러나 사회 연결망에서는 강한 연대(Strong tie)보다는 약한 연대(Weak tie)가 더 의미 있다고 주장한다. 그 이유는 강한 연대(Strong tie)보다 약한 연대(Weak tie) 관계에서 정보 전달력이 높고 강한 연대를 이어 주는 가교 역할을 수행하기 때문이다.

마크 그란베터(Mark Granovetter)의 주장에 의하면, 관계를 형성하는 데 소비되는 시간, 관계의 정도, 친밀함 등이 관계의 강도를 결정 짓는 척도로 보았다. 가족이나 친척, 친한 친구는 강한 연대(Strong tie) 관계로 보았다. 그리고 직접적인 관계가 아닌 건너서 아는 사람과 우연한 기회에 알게 된 사람들을 약한 연대(Weak tie) 관계로 정의하였다. 약한 연대(Weak tie) 관계에 있는 사람과는 정보 공유의 양이 풍부하기 때문에 공유와 확산이 상대적으로 쉽다는 것이 마크 그란베터(Mark Granovetter) 주장의 핵심이다.

강한 연대(Strong tie)는 그들이 속한 네트워크의 한정된 정보만 공유할 수 있다는 한계를 가지고 있다. 하지만 약한 연대(Weak tie)에 있는 사람들은 그들이 개별적으로 속한 다른 네트워크상의 정보까지 공유할 수 있다는 장점이 있는 것이다.

헤드헌터와 관계를 구축하는 것의 출발점도 마크 그란베터(Mark Granovetter) 교수의 사회 연결망 이론에 기반하여 출발하면 좋을 것이다. 즉 헤드헌터와 고객사, 후보자는 모두가 강한 연대(Strong tie)는 아니고 약한 연대(Weak tie)의 관계를 구축하고 있는 것이다. 하지만 각자가 원하는 환승 이직에 대한 정보를 다양하게 공유할 수 있는 장점이 있기 때문에 처음의 관계 형성은 약한 연대(Weak tie)로 시작하는 것이다.

헤드헌터와의 관계 구축의 시작은 다양하게 이루어질 수 있다. 가장 직접적인 방법이 잡포털이나 서치펌 회사에 소속한 헤드헌터에게 직접 연락을 하는 것이다. 개인 신상 정보 관리 차원에서 인터넷상에서는 연락처를 알 수 없지만 서치펌과 잡포털에는 해당 헤드헌터와 직간접적으로 소통할 수 있는 창구가 있다. 이 외에는 헤드헌터의 제안을 받았을 때 후보자의 관계 구축에 대한 준비성이 필요하다.

요즘은 각종 잡포털뿐만 아니라 리멤버와 같은 명함 관리 앱에서도 고급 경력 인재를 연결하는 서비스를 진행할 정도로 다양한 창구가 있음을 알아야 한다.

외국계 환승 이직을 전문으로 하는 링크드인(Linkedin) 같은 창구에서의 헤드헌터와의 교류와 제안도 진행할 수 있다. 이때 헤드헌터의 이직 제안에만 몰두해서는 안 된다. 헤드헌터의 제안을 받거나 연결이 되면 그 헤드헌터와의 평상시 커뮤니케이션 유지가 가장 중요하다. 이직을 위한 헤드헌터와의 인맥을 양적, 질적으로 쌓아 가는 것이 중요하다. 헤드헌터의 환승 이직 제안이 마음에 들지 않더라도 정중히 거절 사유를 밝히고, 다음을 기약하는 자세가 필요하다.

헤드헌터의 양적, 질적 관계 구축은 환승 이직을 위한 다양한 정보원이 됨은 물론이고, 환승 이직을 위한 다양한 길을 만들어 두는 것이다. 환승 이직은 어느 날 갑자기 나무에서 감이 떨어지듯이 일어나지는 않는다. 물론 제안은 생각지도 못했는데 받을 수 있지만 합격까지 가는 것은 우연히 이루어지지는 않는다는 것이다.

'부자가 되려면 부자의 줄에 서라.'는 말처럼 환승 이직을 준비하려면 환승 이직의 가능성이 많은 헤드헌터를 많이 알아 두는 것이 관건이다. 그 후 질적으로 버려야 할 헤드헌터와 쌓아야 할 헤드헌터를 관리하는 선구안을 길러 가는 것이다. 우리는 헤드헌터에게 끌려 다니는 경향이 있다. 왜냐하면 그들이 환승 이직의 정보와 제안을 하기 때문이다. 하지만 필자의 경우에는 관계가 형성된 헤드헌터에게 구인이 필요한 고객사의 입장에서 요청도 하였고, 경우에 따라서는 헤드헌터에게 구인과 이직에서 발생한 미흡했던 부분에 대해 서로 진솔한 이야기를 나눔으로써 더욱 돈독한 관계를 만들었다. 이처럼 헤드헌터와의 관계 구축을 위해서는 처음에는 약한 연대(Weak tie) 이론을 활용하여 헤드헌터의 양적 구축에 우선순위를 두어서 많은 양의 환승 이직 정보를 획득하는 창구를 만드는 것이 필요하다. 그 후에 일정 기간이 지나고 양적인 헤드헌터의 구축이 완성되었다고 판단되면 강한 연대(Strong tie)로 만들어 가는 것이다.

강한 연대(Strong tie)의 헤드헌터를 만들어 가는 것은 후보자의 개별적인 노력이 수반되어야 한다. 현재 필자는 Strong tie의 강한 연대를 형성하고 있는 헤드헌터가 5명 정도 된다. 이 5명의 헤드헌터는 사실상 필자의 환승 이직을 성공시켰던 사람들이다. 그리고 지금은 후보자와 헤드헌터의 관계를 넘어서 사회의 선후배, 인생의 선후배, 인생의 멘토로 관계 구축되었다. 이들과 강한 연대(Strong tie) 관계 구축에서 그 헤드헌터들의 질적인 수준이 높았음은 당연하다. 가장 중요한 것은 후보자인 필자의 노력이 이러한 관계의 강한 연대(Strong tie)를 만들어 냈다는 것이다. 그리고 이들과 강한 연대(Strong tie)를 만들었던 몇 가지 노하우를 소개한다.

첫 번째가 환승 이직 제안에 대해 성공과 실패에 관계없이 직접 전화하여 감사의 말을 전하는 것이다. 이것이 무엇이 대단하고 특별하냐고 의아해할 수 있지만 우리는 감사함의 표현을 직접 찾아가서 하는 것에 극히 어려움을 느끼고 있다는 것이다. 대부분의 사람들이 메일, 문자, SNS 메시지 등을 통해 얼굴 없는, 마음 없는, 소리 없는 감사함을 표현하는 데 익숙하다는 것이다. 직접 찾아가지는 못하더라도 자신의 육성을 통해 감사한 마음을 전해 보라. 그러면 그 헤드헌터는 수많은 후보자들과 다른 면을 보게 되고 감동할 것이고, 향후 진행될 환승 이직에 반드시 후보자를 추천하게 될 것이다.

환승 이직을 진행하는 후보자 중에도 버려야 할 헤드헌터보다 많은 수의 비매너의 후보자들이 있다고 헤드헌터들은 말하기도 한다. 그런 후보자들과 비교하여 본인이 이런 매너 있는 자세로 헤드헌터와의 관계를 정립해 간다면 당장의 환승 이직 합격과 불합격을 넘어서 사회생활에서의 좋은 선후배 관계까지 발전할 수 있을 것이다. 그리고 그러한 관계는 후보자에게는 든든한 지원군처럼 작용할 가능성이 높다.

두 번째는 환승 이직이 진행되는 중에 헤드헌터가 잊어버리고 있거나 알면 좋은 정보들에 대해 제공하라는 것이다. 최근 시사나 인력 정보는 물론이고 다양한 트렌드 자료 등을 메일이나 SNS를 통해 전달하고 교류하면 시나브로 돈독한 관계 구축이 이루어진다.

필자의 경우에는 인력 문제에 관련한 시사 정보나 뉴스, SNS 정보를 수시로 공유하였다. 그러한 과정 중에 자연스럽게 소통하였고, 환승 이직의 노크를 하는 관계를 형성하였다. 한 번 관계를 형성한 헤드헌터와는 이렇듯 자연스럽게 돈 안 드는 정보 제공의 과정을 통해 자연스럽게 후보자 본인을 부각시키는 것이 필요하다.

아무런 연락도 없다가 어느 날 문득 연락을 하게 되면 연락을 하는 후보자도, 연락을 받는 헤드헌터도 겸연쩍을 수 있다. 헤드헌터와 관계가 형성되어 있다고 하더라도 후보자에 대해 항상 신경을 쓸 수 없는 것이 헤드헌터의 상황이다. 그럼으로 후보자 본인이 이직을 지금도 준비하고 있고, 헤드헌터의 고객사 제안에 대해 자신에게 해당하는 것이 없는지를 넌지시 알아보는 과정이 된다.

세 번째는 '좋고 싫음에 대해서 후보자가 헤드헌터에게 명확하게 표현하는 것이 필요하다.' 표현할 것은 표현하고, 요청할 것은 해야만이 상호 간에 오해의 소지가 없는 관계를 구축할 수 있다는 것이다. 대부분 헤드헌터와의 관계 구축이 원활하지 못한 이유가, 서로 '이 정도면 이해했겠지.'라는 상대에 대한 막연한 기대감 또는 추측성 마음을 가지고 있는 경우가 많다. 누구나 자기가 편한 대로 생각하고, 자기가 불편한 것은 확인하지 않는 습관에서 오해가 싹 트고, 그 오해로 인해 관계가 무너지게 되는 것이다. 따라서 당돌하지 않게 정중한 확인과 생각의 표현을 하는 것은 상호 관계 구축과 유지를 위해 반드시 필요한 것이다.

네 번째는 때가 되면 '밥 한 번 먹으라.'는 것이다. 인간관계의 심리학에도 많이 나오는 이론 중에 '밥 한 번 먹자.'는 이야기가 있다. 흔히 쉽게 하는 말이지만 그 말 속에는 정말 친해지고 싶다는 의미가 숨어 있는 것이다. 같이 밥을 먹는다는 것은 서로 전쟁을 하는 적이라 하더라도, 그 순간만큼은 무기를 내려 놓고 상호 식사를 위해 수저와 술잔을 맞대며 마음을 교류할 수 있는 것을 의미한다.

필자의 경험에서 가장 강력한 효과를 발휘했던 것이 음식을 함께하며 여러 가지 가벼운 주제들에 대해 이야기하며 서로를 알아가는 것이었다. 물론 음식과 술을 할 때 정도가 있어야 함은 당연한 것이다. 헤드헌터 중에 강한 연대(Strong tie) 관계 구축이 필요한 경우에는 음식을 함께 나누는 시간을 보내서 돈독한 관계 구축을 하는 것이다. 이런 경우는 반드시 이직 프로젝트가 완료되지 않더라도 후보자에게는 큰 힘이 되는 헤드헌터를 얻는 과정이다. 술을 함께하지 않아도 좋다. 가볍게 커피나 차 한잔하는 미팅을 하는 것도 좋다. 상담 차원에서 점심 식사를 가볍게 제안하는 경우도 좋은 것이다.

다섯 번째로는 서로 기억할 만한 기념일에는 챙겨 주는 매너를 가지자는 것이다. 거창하게 기념일을 챙기라는 의미는 아니다. 이 경우는 환승 이직을 성공시켜 준 헤드헌터에게 하면 좋은 방법이다. 사람은 받는 것에 익숙하다. 그리고 누군가 나에게 선물을 챙겨 준다면 그 마음까지도 고맙게 받는 것이 인지상정(人之常情)이다. 환승 이직에서는 한 번 이직하였다고 해서 그 헤드헌터를 다 쓴 건전지 버리듯이 해서는 안 된다. 환승 이직을 한 번 성공시켜 준 헤드헌터는 그만큼 실력과 성의가 있는 헤드헌터이다. 그 시장 내에서는 전문성을 입증받은 사람일 가능성이 훨씬 높다. 그리고 재이직의 경우에 가장 편하게 상담을 할 수 있는 헤드헌터이다. 따라서 최초 이직한 해의 명절에는 가벼운 선물로 서로를 기억시키는 정성을 보여 주면 좋다. 이 방법은 사실상 헤드헌터를 위한다기보다는 후보자 본인의 다음을 기약하는 약 처방을 하는 것과 같다.

마지막 여섯 번째는 직장 생활 중에 힘든 일이 있을 경우에 멘토 또는 코치로 자문하라는 것이다. 대부분의 사람은 인정받고 싶어 하는 성향이 있다. 본인이 조금은 귀찮더라도 누군가가 자신에게 상담을 요청해 오거나 자문을 구해 오면, 귀찮음보다는 마음에서 우월한 의식이 생기게 되고, 그 우월한 마음은 곧 배려로 전환되어 나타난다. 그리고 후보자의 애로나 고충을 상담해 주는 상대방으로 인정해 준 것에 대한 보이지 않는 고마움도 가질 수 있다. 이러한 과정을 통해 헤드헌터와 후보자의 관계는 자연스럽게 사회의 선후배로 발전하게 된다. 사람은 대부분 상대의 솔직 담백한 상담 요청에 대해 비밀을 유지함으로써 자신을 더 좋은, 더 믿을 수 있는 사람으로 만들고 싶어 한다. 이러한 관점에서 헤드헌터와의 관계 쌓기를 해 나간다면 많은 수의 헤드헌터와 관계 구축이 가능할 것이고, 강한 유대(Strong tie)의 관계 구축까지 가능할 것이다.

Chapter 3.

이직을 위한 헤드헌터 어디까지 활용할 것인가?

필자는 1993년 11월부터 직장 생활을 시작하였다. 그 당시만 하더라도 대기업에 입사하는 것이 많은 대학생과 취업 준비생들의 로망(Roman)이었다. 운 좋게도 식품 대기업 영업직군에 입사할 기회가 주어져서 586 세대였던 필자에게는 부모님 앞에서 자식 노릇할 수 있는 계기가 되었던 기억이 아직도 생생하다.

그 후 총 30년의 직장 생활을 하면서 약 15년 차가 되었을 때부터 환승 이직에 대한 헤드헌터의 연락을 받게 되었다. 2000년대 초반만 하더라도 헤드헌터의 활동이 지금처럼 확대된 상황은 아니었고, 헤드헌터를 통한 이직에 대해 문호가 많이 열려 있지도 않던 시기였다. 그럼에도 차장 직급이었을 때 처음으로 헤드헌터의 환승 이직 제안을 받았다. 첫 제안을 받았을 때의 감정은 아직도 기억하는데, 마치 듣거나 봐서는 안 될 소식이나 장면을 본 것 같은 조심스러움과 두려움이 있었다. 지금 생각하면 웃지 못할 상황이었던 것이다.

한 회사를 잘 다녀서 정년 퇴임을 하는 것이 당시의 직장 문화이다 보니 헤드헌터에게 이직 제안을 받은 것이 '무슨 잘못을 한 것 같은 죄스러움'을 가졌던 기억이 있다. 첫 이직 제안을 받고는 다음 날에 퇴근하는 시간에 맞추어서 헤드헌터에게 연락을 하였다. 그리고 '나라는 존재를 어떻게 알았는지'가 가장 궁금하여 헤드헌터에게 질문을 하였다. 그런데 헤드헌터에게 돌아온 답변은 내가 생각한 이상의 답변이어서 놀라기도 했고, 세상에는 생각지도 못한 정보의 창구들이 있다는 것을 알게 되었다.

큰 두각이 없었던 필자를 헤드헌터가 알게 된 내용을 소개하면 다음과 같다. 당시 회사에서 업무 성과가 남달라서 회사사보(會社社報)에 인물 취재 기사가 실렸다. 그리고 사보가 전자사보의 형태로 몇몇 기업 및 관공서에 제공이 되었고, 우연히 헤드헌터가 이를 보고, 성공 스토리를 가지고 있는 영업의 인재라고 생각하여 이직을 추천한 것이다.

필자로서는 감히 상상조차 할 수 없었던 상황이었다. 그리고 재직하고 있는 회사에서 업무 역량을 인정받아서 포상도 받고, 직급 승진도 하여 사보에 성공 스토리가 실린 사람에게 환승 이직을 제안하는 상황이 벌어졌으니, 그 당시에는 많이 당황할 수밖에 없었다.

헤드헌팅의 시장에서 바라보는 관점은 이 사례처럼 일반적인 관점과는 많이 다르다. 물론 당시에 헤드헌터의 제안을 도저히 받아들일 수 없는 상황이어서 정중히 사양을 하였지만 그 헤드헌터의 수차례 제안을 뿌리치는 데 힘이 들었던 것 같다. 여기서 우리는 이 상황을 냉정히 한 번 살펴보고 고민을 해 볼 필요가 있다. 만약 여러분이 이 상황에 직면한다면 어떤 결정을 할 것인지에 대해 지금부터 생각해 보기 바란다.

희망하던 회사에 입사하여, 15년 정도 경력도 쌓고, 실력도 쌓아서, 그 역량을 인정받아 회사로부터 연봉 상승과 직급 승진의 혜택을 입었다. 그런데 그 영광스러운 결과가 헤드헌터에게는 정말 좋은 후보자를 확보할 수 있는 순간이 되는 것이다. 물론 후보자에게는 나쁠 것이 없는 상황이라 할 수 있다. 그러나 후보자를 육성하고 평가해 준 회사 입장에서는 날강도와 같은 헤드헌터가 될 수 있지 않겠는가? 그러나 헤드헌터 입장에서 보면 후보자를 무조건 이직시키는 것도 아니고, 본인에게 좋은 이직 포지션을 제안만 하는 것이고, 제안의 수락과 진행 및 결과는 후보자의 몫이라는 객관적 태도를 견지한다면 문제가 될 수는 없는 것이다.

이처럼 환승 이직의 상황은 본인이 먼저 지원을 하지 않는 경우를 제외하고는 본인이 예상하지 못한 시기와 상황에서 올 수 있다는 것이다. 이제는 과거와는 달리 이직에 대해 관점이 많이 변화된 것 같다. 환승 이직은 자신의 발전을 위한 방편으로 생각하는 문화도 많이 형성이 된 듯하다.

그리고 필자도 현업에서 환승 이직을 통해 실력 있는 후보자를 입사시킨 경험이 많고, 같이 일하는 조직 내에서 융화가 어렵거나 조직의 특성에 적응하지 못하는 직원에 대해서는 무조건 퇴사를 강요하는 것보다는 적성과 업무 특성이 일치하는 직장으로의 환승 이직을 제안하는 경우도 있었다.

남들이 볼 때는 회사 고위 임원이 자기 회사 직원에 대해 이직을 제안한다는 것이 이상하게 보일 수 있다. 하지만 필자의 경험으로 판단하건데, 이제는 변화해야 한다고 본다. 자기 조직에서 적응하지 못하고 힘들어하는 직원을 방치하거나 퇴사를 통해 해결하려는 단계는 일차원적 해결이라고 생각한다. 좀 더 합리적이고 문제를 해결할 의식이 있는 조직의 리더라면 퇴사만이 답이 아니라 진중하게 자기 적성과 역량, 정서에 어울릴 만한 다른 직장으로의 이직에 대해 고민할 수 있는 여지를 제공하는 리더가 되어야 한다.

환승 이직은 사회적인 문제로 생각하고 인력의 적정한 자원 재배치 개념으로 접근해야 한다. 이제는 회사의 임원급 리더라면 우리 회사에 입사하는 환승 이직자와 퇴사하여 다른 회사로 이직하는 환승 이직자를 균형 잡힌 사고로 대해야 할 시기가 되었다.

이제 환승 이직에 대한 열린 마음으로 헤드헌터와의 관계 형성을 통해 어떻게 상호 시너지를 낼 수 있는지에 대해 알아본다. 즉 헤드헌터를 어떻게, 어디까지 활용할 것인가에 대해 알아보는 것이다.

헤드헌터, 헤드헌팅, 서치펌에 대한 일반인의 생각은 이직을 위한 창구 또는 조력자 정도로 생각할 것이라는 것이 필자의 개인적인 생각이다. 앞에서도 간략하게 언급하였듯이 이제는 환승 이직에 대해 사회적 관점의 변화가 일어나고 있다고 해도 과언이 아니다. 이직 희망자 본인은 물론이고, 환승 이직자를 충원하는 회사의 인력 충원, 인재 충원의 관점이 많이 변한 것은 사실이다.

환승 이직은 대부분의 회사, 즉 고객사들이 대외비로 진행하는 경우가 많으므로 보안을 중요시한다. 그러하다 보니 공개된 환승 이직의 경우보다는 비공개된 환승 이직 충원이 많다. 이 과정을 효율적으로 진행하고 관리하며, 지원하기 위해 헤드헌터가 존재하게 되는 것이다. 따라서 헤드헌터의 주요 업무의 핵심은 인재가 필요한 고객사(인재 요청 회사)의 요청에 대해, 적정한 인재를 찾아서(서칭, Searching), 적정한 후보가 고객사에 이직하는 과정을 제안, 지원, 코칭, 피드백하는 업무를 전문적으로 하는 것이다. 그러면 이직을 희망하는 후보자는 헤드헌터를 어떻게 활용하여야 할까?

헤드헌터 활용의 가장 첫 번째이자 궁극적인 목표는 환승 이직의 전문가 역할이다. 이것은 가장 근본적이고 당연한 역할을 활용하는 단계이다. 앞 장에서 설명하였듯이 함께 진행할 수 있는 헤드헌터인지를 판단하여 활용하는 것이 좋을 것이다.

두 번째는 다양한 정보원으로 활용하는 것이다. 헤드헌터는 환승 이직에 대해 많은 정보를 가지고 있다. 물론 헤드헌터의 전문성의 수준에 따라 다를 수는 있다. 하지만 대부분의 헤드헌터가 환승 이직, 인사, 노무 등에 대한 정보와 구인을 원하는 고객사의 정보에 대해서는 후보자에게 정보의 원천으로의 역할을 충분히 할 수 있는 것이다. 물론 헤드헌터와의 친분의 차이에 따라 얻을 수 있는 정보의 차이는 있을 수 있다. 그러나 첫술에 배부를 수는 없듯이 헤드헌터를 통한 다양한 정보의 습득이 가능하기 위해서는 후보자 본인의 노력과 시간 투자도 병행하여야 한다.

필자의 경우는 10년 이상 관계를 형성하면서 인생의 멘토로 모시는 헤드헌터 대표가 두 분이나 있다. 그분들의 서치펌 안에는 최소한 10명 이상의 헤드헌터가 있으며, 각 헤드헌터는 자신이 현직에서 근무한 경험이 있는 직군에 대해 헤드헌팅을 진행한다. 예를 들면, 식품회사 출신이면 식품회사 이직을 담당하는 경우가 많다. 그리고 인사노무 담당 출신은 전반적인 직군 카테고리를 아우르며 담당을 하는 경우가 많았다.

헤드헌터의 시장도 전관예우와 비슷한 구조가 있는 것 같다. 헤드헌터가 재직했던 회사나 인연이 있는 회사를 고객사로 관리하는 경우가 많은 것이다. 이렇다 보니 헤드헌터를 어떻게 잘 알고, 관계를 형성하느냐에 따라 후보자에게는 영향 정도가 달라진다.

필자는 최초 환승 이직을 2014년에 성공하였다. 2000년 초반에 받은 이직 제안은 고사하였지만 그 후 상황이 변하고, 필자의 신분 상승 욕구와 연봉 상승 욕구가 맞물려서 2014년에 처음 이직에 성공했다. 이때는 서치펌 회사에 필자가 먼저 이직 희망을 요청하였다. 몇몇 헤드헌터의 제안을 받았지만 지금 관계를 형성하고 있는 인생의 멘토 헤드헌터를 선택하여, 처음 이직을 아주 성공적으로 진행하였다.

책임감이 있는 전문성이 투철한 헤드헌터는 많은 정보를 가지고 있다. 그리고 그 정보가 고객사는 물론이고 후보자의 이직을 성공시킬 수 있는 자원이 되는 것이다. 따라서 이직을 희망하는 후보자는 헤드헌터의 많은 정보를 습득하고, 활용할 수 있는 관계 형성이 되도록 노력해야 한다. 하찮은 소리로 들릴 수 있지만 필자가 인생의 멘토로 따르는 헤드헌터는 이직 면접장에 갈 때 그날의 날씨에 따른 양복의 색상, 넥타이의 색상과 디자인까지 코칭을 해 주셨다. 물론 그 코칭이 합격에 어떠한 영향을 미쳤다고 단정 지을 수는 없지만 환승 이직을 진행하는 과정에 이러한 헤드헌터를 만난다면 여러분들의 이직은 70% 이상은 성공해 둔 것이라고 해도 과언이 아니다.

그리고 또 한 분의 헤드헌터는 대학 시절에 부전공으로 동향철학을 공부하셨는데, 후보자인 필자가 대기업 본부장 최종 면접을 들어갈 때, 고객사의 최종 면접 결정권자의 면접 성향과 선호 인물 성향에 대해 코칭해 주셨다. 그리고 심지어 동양철학에 기반한 명리학적 준비 사항에 대해 코칭을 해 주셔서 마음에 둔 회사의 본부장으로 이직할 수 있었다. 물론 모든 헤드헌터가 동양철학적 관점의 코칭을 하는 것은 아니다. 그리고 이러한 명리학적 코칭을 받아서 합격했다고 단언하기도 어렵다.

하지만 헤드헌터의 활용이라는 관점에서 놓고 볼 때 일반적이지 않은 부분까지 적극적이고 세심한 코칭을 받을 수 있다는 것을 말해 주고 싶다. 이러한 활용의 과정을 여러분들이 생각할 때, 과연 헤드헌터를 잘 만나기만 하면 가능한 것인가? 그렇지 않다. 헤드헌터를 잘 만나기 위해서는 이직을 준비하는 본인인 후보자의 역량과 마음가짐 또한 진실하고, 적극적이여야 한다.

헤드헌터를 통해서 배움을 가지고, 이직뿐만 아니라 인생의 선배로서 좋은 사람을 만나야겠다는 마음가짐이 좋은 사람은, 좋은 헤드헌터를 만날 가능성이 더 높아지는 것이다. 헤드헌터는 사람을 상대로 하는 직업을 가지고 있고 사람의 가치를 중개하는 가교꾼이다. 그런 관점에서 보면 사람에 대한 이해가 남다르다 할 수 있다. 좋은 후보, 나쁜 후보는 물론이고, 오래 알고 싶은 사람인지, 한 번의 인연으로 끝내야 할 사람인지는 서울 강북의 미아리 고개에서 사주점을 봐 주는 점쟁이 보살 이상으로 잘 본다고 해도 과언이 아니다. 그럼으로 가장 중요한 것은 좋은 헤드헌터를 만나고 싶으면, 후보자 본인부터 좋은 후보자가 되어야 가능하다는 것을 알아야 한다. 그리고 좋은 후보가 된다는 것은 진실성 있게 헤드헌터를 대해야 한다. 이직에 대해서도 간절하고 진중하게 접근해야 한다. 정보에 대한 요청과 공유를 진행하면서 마음을 나누다 보면 관계의 발전 속도가 빨라질 수 있는 것이다.

세 번째는 좀 더 구체적인 활용이라 할 수 있는데, 이직 진행의 과정과 과정에 헤드헌터의 조언을 구하고, 조력자 및 판단의 객관적 증인으로 활용하는 것이다. 이 과정의 활용은 시행착오를 축소하기 위한 과정이다. 그리고 진행 과정 중에 발생할 가능성이 있는 문제에 대한 객관화를 위해서도 필요한 가정이다. 방임하는 태도의 헤드헌터와는 관계 형성을 할 이유도 없지만 좋은 헤드헌터, 즉 믿을 만한 헤드헌터와 이직을 진행하더라도 과정 과정에서 발생할 수 있는 상황들이 많다.

이직을 희망하는 후보자와 헤드헌터만을 상정해 놓고 관계를 보고 있지만, 이직에는 가장 중요한 고객사의 상황과 진행 과정의 영향이 중요하게 작용한다. 필자의 경우에도 고객사의 최초 환승 이직 계획이 수시로 변동하여 후보자의 상황을 어렵게 만들거나 헤드헌터의 사정을 어렵게 만드는 경우가 비일비재했다. 이렇게 수시로 경력 수급에 대한 계획이 변하는 회사는 환승 이직처로 좋지 않지만 불가피하게 계획이 지연되거나 취소되는 경우의 영향을 받지 않도록 해야 한다.

그러므로 최초 제안을 받았을 때, 이직을 할 회사에 대한 정보는 물론이고 경력자를 원하는 사유와 향후 조직을 구상하고 있는 구도까지 헤드헌터를 통해 확인하고 검증한 후에 제안의 수락을 검토하는 것이 좋다. 특히 직급이 높은 환승 이직일수록 이 과정은 필수적이다.

다음으로는 이직이 별 문제없이 진행이 되더라도 과정, 과정에 후보자에게 결정을 요하는 상황이 발생하게 된다. 이 과정에서는 반드시 헤드헌터에게 객관적인 상황에 대한 정보 요청을 하고, 본인의 결정이 미칠 영향에 대해 상담 형태의 코칭을 받는 과정을 만들어야 한다.

이 부분에 대한 예를 들면, 간혹 발생하는 상황으로 후보자의 희망 직급과 희망 연봉에 대해 두 가지 모두를 수용할 수 없을 경우가 있다. 이 경우에 고객사 입장의 제안으로, 직급은 이직 단계에서 올려 줄 수 없지만 연봉은 조건은 수용할 수 있으니 선택하라는 상황이다. 이 상황은 고객사에서 협상 또는 쇼당을 하는 경우로 볼 수 있다. 물론 두 가지 모두를 충족해 주는 것이 가장 완벽한 이직 조건 수용일 것이다.

만약 여러분이 이런 상황을 헤드헌터로부터 전해 들었을 때 어떻게 할 것인지 생각을 해 보아야 한다. 고민이 많을 것이다. 필자의 실사례를 소개하면 필자는 우선, 헤드헌터의 생각을 물어보았다. 이 정도의 단계가 진행되었으면 이직이 거의 후보자로 확정된 상황의 예이다. 이러면 대부분의 헤드헌터는 사실상 굳히기를 하기 위해서 직급보다는 현실적인 연봉을 택하라고 제안을 할 것이다. 그러나 필자가 믿고 진행했던 헤드헌터는 좀 다른 코칭을 해 주었다. "선택은 후보자가 하여야 한다. 하지만 현재 이직을 하는 회사의 조직 체계상 후보자가 요청하는 직급은 당장은 다른 직원이 맡고 있어서 줄 수 없는 실정이다. 그러니 우선은 연봉 조건을 올려 준다는 것은 해당 직급의 연봉 수준을 인정하는 것이니, 수용을 하고, 조직 내에서 현재 맡고 있는 직급의 조직 개편이 내년에 이루어진다고 하니, 이직 조건을 수용하는 방향으로 검토해 보는 것이 좋을 듯하다."는 코칭이었다. 이 내용의 코칭은 고객사의 상황, 고객사의 향후 조직 계획, 현재 수용한 후보자의 연봉 수준이 희망 직급과 동일함을 안내하는 코칭이다.

이 과정과 내용을 통해 헤드헌터의 진실한 업무 태도를 볼 수 있고, 현실적인 선택의 객관적 기준을 코칭받을 수 있었다. 이처럼 이직 과정 중에 발생할 수 있는 결정 사항에 대해 혼자 고민하지 말고 헤드헌터에게 적극적으로 질의하고, 코칭받아서 결정하는 태도를 유지해야 한다. 이 정도 과정이면 이직의 합격이 거의 완료된 상태임으로, 헤드헌터가 무성의하게 후보자가 알아서 결정하라고 해도 자신감 있게 결정해야 한다. 그러나 합격, 불합격을 떠나서 무성의한 헤드헌터는 향후 함께 관계를 형성하기 어려운 헤드헌터의 유형임을 알아야 한다.

네 번째는 이직 회사의 연착륙을 위한 코치로 활용하는 것이다. 좋은 헤드헌터와 관계 형성이 되고, 인연이 계속 이어지면 사회생활 중에 얻게 되는 그 어떤 인맥보다 좋은 관계를 유지할 수 있다. 그리고 그 관계는 이직한 회사에서의 연착륙을 위한 코치로 활용이 가능하다는 것이다.

어느 집단이나 마찬가지이듯이 그 조직을 구성하는 구성원들은 좋고 나쁨이 있다. 헤드헌터의 집단에도 이와 같은 좋고 나쁨은 상존한다. 필자는 환승 이직을 하는 과정 중에 운이 좋았는지 모르지만 나쁜 헤드헌터보다는 좋은 헤드헌터를 많이 만났다. 이직의 목적에 따라 좋고, 나쁨에 대한 판단 기준도 다를 수 있을 것이다. 일반적으로 상대에게 피해를 주지 않고 이득이 되는 방향으로 제안하고, 코칭하는 헤드헌터를 좋은 헤드헌터라고 정의한다면, 필자는 좋은 헤드헌터를 더 많이 만났다.

이직을 고민하는 이유 중에는 자기개발, 자기 발전이라는 것과 신분 상승, 대우의 상승이라는 것도 있지만, 가장 많은 이유 중에 하나가 조직 내에서 발생하는 관계의 불합리나 조직 생활의 마찰을 회피하기 위한 수단으로 이직을 진행하는 사례도 많다는 것이다. 이러한 원인이든 다른 원인이든지 간에 이직을 하고 나면 이직한 회사에서의 안정적인 정착이 관건이 된다. 수년 또는 수십년을 몸담아 온 회사에서 환승 이직을 한 회사에서의 회사 생활은 심리적인 부담감을 가지고 출발을 할 수밖에 없는 구조이다. 흔히 말로는 "부담감 갖지 말고 회사에 정을 붙이라."고 쉽게 말을 하지만 그것이 그리 쉬운 일은 아닌 듯하다.

필자도 조직에서의 경험도 많고 업력(業力)도 많아서 이직을 한 후에 심리적 부담감을 갖지 않을 것이라고 생각했지만 막상 이직을 하고 나니 밀려오는 심리적 부담감은 언제나 있었다. 이직을 한다는 것은 일정 부분의 경력을 가지고 가는 것이다. 차라리 신입 사원이라면 앞만 보고 열심히 걸어간다는 마음가짐을 가지면 쉬울 수 있다고 하겠지만, 경력은 그렇지 않다는 것이다.

특히 경력이 일정 수준 이상 있을수록 눈치 보고, 살펴야 할 주변이 더 많은 것이 현실이다. 필자가 영업본부장으로 환승 이직을 처음 하였을 때가 경력 21년차 부장에서 이사급 임원으로 포지션 이동을 할 때였다. 직원에서 임원으로 신분 상승하는 자체가 좋았던 시기였다. 그러나 21년이 넘는 경력과 업력(業力)을 가지고 있었지만 이직한 회사에서의 환경과 조직 내에서의 융화는 심리적으로 쉽지 않았다. 밑으로 함께 일하는 부하 직원과 후배 팀장들에게 약점 보이지 않기 위해 노력했고, 옆으로는 동급 타 부서의 본부장들에게 쉽게 보이지 않기 위해 노력했다.

그리고 위로는 상사 임원과 대표이사에 이르기까지 신경을 곤두세워 연착륙에 고민했던 기억이 생생하다. 이처럼 환승 이직은 이직한 후가 더 중요한 것 같다. 이직을 한 후 회사 내에서 초기에는 마음을 함께 나누며 이야기할 사람을 찾기가 쉽지 않다. 이 경우에 흔히 말하는 '군중 속의 고독'을 느끼게 된다. 이러한 과정이 길어지면 이직한 회사에서의 정착이 문제가 될 수 있는 것이다. 이럴 때 가장 힘이 되었던 사람은 이직을 연결한 헤드헌터였다.

제대로 된 헤드헌터라면 이직을 주선한 후보자가 이직 회사에서 잘 정착하도록 신경을 많이 써 준다. 이직한 회사의 인사담당자와 헤드헌터가 친분이 있기에 상호 이직자에 대해 관심을 가져 줄 것을 이야기하는 것이다. 그리고 이직 회사의 인사 담당자에게 직접적으로 하지 못하는 이야기도 헤드헌터를 통해 간접적으로 전달해서 애로 사항을 전하는 소통 창구로 활용 가능한 것이다.

특히 필자의 경우는 직급을 높여 이직을 하다 보니, 인사담당자에게 직접 말하기 곤란한 이직 초기의 문제에 대해서는 헤드헌터를 통해 간접적으로 전달하여 해결을 모색한 경험이 많다. 물론 이 경우에는 헤드헌터와 회사의 인사담당자가 친분이 있을 경우여야 가능하다는 것이다. 그렇지 않을 경우에 활용한다면 서로가 낭패를 경험할 수 있다.

헤드헌터는 이직 회사의 조직에 대해 업무 기간 중에 많은 것을 경험하였고, 이직을 수차례 가교하였기에 누구보다 이직한 회사의 문화와 조직 상황에 대해 많은 것을 알고 있다. 그러므로 헤드헌터와 마음을 터놓고 초기 안정적인 정착을 위한 심리적 조언이나 조직의 문제 등에 대해 정보를 습득하고, 처신의 방향을 코칭하는 조언자로서 활용이 가능한 것이다.

다섯 번째는 재이직은 물론이고, 내 인생 전체의 이직을 설계할 수 있는 환승 이직 코디네이터(Coordinator)를 만들라는 것이다. 헤드헌터와 이러한 관계를 형성하기에는 정말 쉽지 않은 것이다. 그러나 불가능한 관계 형성도 아니다. 필자의 경험으로는 직장 생활 전체의 환승 이직을 설계해 주는 코디네이터(Coordinator)와 같은 헤드헌터를 한 분 이상은 만들었다고 생각한다. 이러한 관계를 형성하기 위해서는 여러 가지 조건과 노력이 있어야 가능하다. 그중에서 가장 중요한 것이 이직을 희망하는 후보자의 진정성 있는 마음과 자세, 그리고 관계 형성을 위한 노력이 지속해야 가능하다는 것이다. 흔히 선천적으로 천사와 같은 헤드헌터가 있을 것이라는 생각을 힐 수 있다.

그러나 태어나면서부터 천사와 같은 헤드헌터로 태어나는 사람은 없다. 또한 태어나면서부터 천사와 같은 이직 후보자로 태어나는 사람도 없다. 모두가 자신의 이익과 생계, 신분 상승, 직급 상승, 자기 만족을 위해 진행하는 과정에서 서로가 진정을 다해 노력하는 과정에서 합치되는 점을 만들게 된다. 그 합치점에서 이직 후보자와 헤드헌터의 관계 형성이 시작되는 것이다. 그리고 상호 이직과 직장 생활에 대한 커뮤니케이션 과정에서 신뢰와 관계의 성숙이 되는 것이다.

필자의 경우에는 직장 생활 30년 중에서 21년 차부터 헤드헌터와 관계가 시작되었다. 그 전에도 몇 차례 이직 제안을 헤드헌터로부터 받기는 하였지만 관심이 없는 시기라서 별다른 반응을 보이지 않았다. 환승 이직을 진행한 10여 년간 이직과 이직 후 안정을 하는 과정 중에서 헤드헌터와 관계의 숙성이 되었다. 그 후 이직은 물론이고 인생 전반에 함께 마음을 터놓고 의논할 수 있는 관계 형성이 가능했다.

그 과정 중에 가장 중요했던 것은 마음의 진정성이었다. 마음의 진정성이라는 것은 후보자가 좋게 생각하는 헤드헌터를 자신의 이직을 설계해 주는 사람으로 먼저 정하는 것이라 할 수 있다. 후보자가 여러 헤드헌터와의 관계 속에서 경험을 해 보면서 환승 이직을 믿고 의논할 수 있는 코디네에터로 만들어 가는 것이다. 이 관계는 법적으로 관계를 형성하는 과정이 아니라 후보자가 사회에서 좋은 선배를 찾아서 자신의 인생 선배로 모시고 가는 과정과 비슷한 개념이다.

필자의 예를 들자면, 21년간 다니던 회사에서 자기 발전의 한계를 느낀 상황에 봉착하였다. 이때 서치펌을 통해 이직을 노크하였다. 이 과정에서 알게 된 헤드헌터를 통해 처음으로 원하던 회사의 직급과 대우에 맞춰 이직에 성공을 하였다. 그리고 그 헤드헌터를 지금까지 10년이 넘게 인생의 선배님처럼 관계 형성하면서 환승 이직은 물론이고, 다른 헤드헌터를 통해 이직 제안을 받을 때면 가장 먼저 의논을 하는 관계로 발전이 되었다. 이러한 관계 형성은 단순하게 접대를 한다고 형성되는 관계도 아니다. 헤드헌터와 함께 이직을 준비하는 과정에서 진정성 있게 소통하고,

사실에 기반한 경력 이력과 역량으로 헤드헌터의 제안을 받아들이고, 이직을 함께 준비하면서 많은 질문과 협의를 하는 과정이 전제가 되었다.

그리고 가장 중요한 과정 중의 하나인 것은 이직 후에 헤드헌터에게 대하는 후보자의 자세에서 헤드헌터를 재이직의 협력자, 조언자로 관계할 수 있고, 직장 생활 중에 일어나는 이직의 상황에 대해 의논하는 진정한 파트너로 만들 수 있는 것이다. 이직 후에도 정기적이며, 지속적으로 다양한 정보를 교환하였다. 그리고 명절이나 기념일 등에는 과하지 않는 선물을 교환하였다. 항상 어떤 상황이든지 먼저 연락을 하고 정기적으로 소식을 전하게 되면, 그 정도만으로도 헤드헌터에게는 다른 이직 후보자들과 비교될 수밖에 없는 관계로 인식할 수 있다는 것이다. 나를 이직시켜 준 헤드헌터를 나에 대해 그 어떤 헤드헌터보다 잘 알고 있다. 그러한 헤드헌터와 관계만 잘 맺어 놓는다면 그렇지 않은 후보자보다는 훨씬 많은 관심과 코칭을 받을 수 있다.

관계 형성에서 가장 중요한 것은 '준 만큼 받는다.'는 것이다. 많은 이직을 권하는 필자는 아니다. 그러나 이직을 한 번 경험하거나 성공적으로 이직을 하였다고 해서 그것으로 환승 이직을 더 이상 안 한다는 보장은 없다. 이직 후에 새로운 회사와 조직에서 적응하지 못하고 이직하자마자 재이직의 마음을 먹게 되는 사례도 비일비재하다. 이직을 함께 의논하고, 이직 후에도 정착을 위해 헤드헌터와 의논하는 관계만 형성하더라도 좋은 관계를 유지해 두는 것이다. 헤드헌터를 후보자 자신의 코디네이터(Coordinator)로 만드는 것은 후보자의 진정성과 지속적인 관계 형성의 커뮤니케이션 노력과 기술이 병행해서 만들어 가는 것이다. 이직은 나름 상황과 시기에 따라 일정한 트렌드의 변화를 가지는 속성이 있다. 물론 경제적 상황이 환승 이직에 가장 많은 영향을 미친다. 흔히 경기가 좋지 않으면 환승 이직 시장에서의 경기도 좋지 못한 것이 일반적이다. 이처럼 민감한 경제 상황이나 인력 시장에서의 좋지 못한 상황 속에서도 나름 경쟁력을 가질 수 있는 환승 이직의 후보자가 될 수 있는 여러 가지 조건들을 설계해 주는 헤드헌터를 만들어 갈 수 있는 것이다.

결론적으로 후보자의 경력을 설계해 주는 코디네이터(Coordinator)와 같은 헤드헌터는 '만나는 것이 아니라 후보자의 진정성과 커뮤니케이션 역량, 지속적 관계 형성의 노력을 통해 만들어 가는 것'이라는 것을 알아야 한다.

여섯 번째는 주로 경력의 연수가 일정 수준 높은 시니어 경력자들이 활용 가능한 것인데, 이직한 회사에서 새로운 조직을 구성할 때 필요한 인력을 소개해 주는 헤드헌터로 활용하는 것이다. 이 경우에는 회사 인력 담당 부서나 의사결정권자의 사전 내부 조율이 필요하다. 이직한 후보자 자신의 조직 활성화를 위한 환승 이직 수급 필요시에 관계가 형성된 헤드헌터를 통해 필요한 인재를 소개받는 것이다. 이 경우에는 후보자가 구성하고자 하는 조직의 특성을 빨리 파악할 수 있고, 후보자의 조직 운영 컨셉을 공유한 상태에서 그에 합당한 인재를 소개할 가능성이 높아진다. 이럴 경우 업무에 즉시 역량을 발휘할 수 있는 인재 수급이 가능하고, 조직 운영 방향에 맞추어진 능력 있는 인재를 소개받을 가능성이 높다.

필자의 경험으로는 영업본부장으로 이직한 후 이직을 가교한 헤드헌터와 서치펌을 회사의 인재 소개하는 서치펌으로 등록하였다. 물론 이 과정에서 회사의 인사 담당 부서의 협의가 사전 전제가 되어야 함은 당연한 것이다. 그 후 관계를 통해 구성하고자 하는 조직의 컨셉과 업무 특성에 적합한 환승 이직 및 신규 인력을 소개받을 수 있었다. 이러한 과정을 통해 얻을 수 있는 가장 좋은 장점은 커뮤니케이션이 원활하고, 신규 조직장(이직한 조직장)이 구성하고자 하는 방향에 적합한 인재의 추천을 헤드헌터와 서치펌에서 적절하게 진행해 줄 수 있다는 것이다.

마지막 일곱 번째는 헤드헌터를 시장 상황의 척도로 활용이 가능하다는 것이다. 관계 형성이 잘되었고, 환승 이직 시장에서 역량이 높은 헤드헌터는 이직 시장을 통해 경기를 가늠하는 역량이 뛰어나다는 것이다. 즉 환승 이직 시장은 경기가 활성화되었을 때와 그렇지 못한 경우에 시장의 경기 활성화를 알 수 있다는 것이다. 그리고 산업 전반에 돌아가는 많은 정보들을 많이 알고 있다는 것이다. 경력자가 필요한 회사들은 저마다 산업적 필요와 조직적 필요에 의해서 인력을 수급하고자 한다. 그러한 산업적 조직적 수요는 경영 정보로서의 가치도 많은 것이다. 헤드헌터들은 저마다 산업 군별로 특화된 경우가 대부분이다.

필자의 사례는 식품 제조, 유통을 기반으로 하는 이직을 진행하다 보니, 이 카테고리에 특화된 헤드헌터를 많이 알게 되었다. 그리고 그들과 자연스럽게 커뮤니케이션을 이어 가고 관계를 형성하면서 식품 제조 산업 내에서 일어나는 산업적 조직적 정보에 대해 시나브로 자연스럽게 많이 접할 수 있는 것이다. 그리고 경력 인력이 필요한 회사의 수요를 확보하기 위해 헤드헌터가 역으로 후보자에게 정보를 제공하면서 필요 인력을 추천해 줄 것을 역제안하기도 한다. 이러한 관계와 정보의 교류는 양질의 정보 습득을 통해 조직과 신사업 추진을 위한 각종 정보로 활용할 수 있다.

그리고 예측이 어려운 위험과 경쟁의 상황에 대한 예측 정보를 공유한 경우도 적지 않았다. 물론 각 회사별로 대외비성이 높은 정보 단계까지는 공유하기 쉽지 않았지만 남들에 비해 정보를 빨리 취득할 수 있는 기회가 훨씬 많았다. 헤드헌터와의 좋은 관계 형성은 헤드헌터를 업계의 정보원으로 활용이 가능하게 하였다.

Chapter 4.

이직의 세계도 약육강식의 세계임을 철저히 알아야 한다

'헤드헌팅'이라는 단어를 가만히 생각해 보자. 여러분들의 머릿속에 떠오르는 개념들이 있을 것이다. 필자는 이 단어를 생각하면 가장 먼저 떠오르는 느낌이 '야생(野生)'이다. 그리고 '야생(野生)'을 떠올리면 연상하여 생각나는 것이 '약육강식(弱肉强食)'이다. 사자성어 그대로의 의미는 '약한 자의 고기는 강한 자가 먹는다.'이다. 강자가 약자를 지배하고 다스리는 자연의 이치라 할 수 있다. 약육강식은 오로지 힘의 논리만이 작용하는 야생의 세계에서만 가능한 것이라 생각할 수 있지만 의외로 사회생활 중에도 많은 상황에서 발생할 수 있는 것이다. 인간의 사회가 자본주의화되면서 야생 외에도 사회 관계 전반에 걸쳐 이 논리가 많이 적용된다.

그중에서도 환승 이직의 시장, 세계에도 약육강식은 그대로 적용된다고 할 수 있다. 환승 이직 시장에서 약육강식은 힘이 세다는 육체적 물리적 상황은 아니다. 헤드헌팅이 진행되는 환승 이직의 세계에서의 약육강식은 '경력이 강한 자가 약한 자보다는 환승 이직에 성공할 가능성이 높다'는 것이다. 그리고 대우와 처우에 있어서도 좋은 조건으로 성공할 가능성이 높다. 최근의 기업 인력 수급의 상황이 예전과는 다르게 급속하게 변화하는 것을 알 수 있다. 그 변화 중에서 가장 눈에 띄는 것이 대규모로 공채하여 직원을 육성하던 시스템에서, 필요한 인력만큼 교육을 잘 받은 경력 인재를 뽑아서 즉시 업무에 투입 가능한 환승 이직자를 선호하는 경향이 늘어난 것이다. 신입 사원을 선발하여 내부와 외부 교육을 투자하여 육성하는 인력 육성의 개념이 환승 이직자를 선발하여 인력의 수급을 해결하는 형태로 변화하고 있는 것이다. 이러한 환승 이직을 선호하는 추세는 이미 경력자들은 이전의 회사에서 소양과 기본에 대한 교육이 형성되었고, 업무를 통해 역량이 쌓였으며 자연스럽게 그 역량을 객관적으로 측정할 수 있는 장점이 있는 것이다.

흔히 직원을 내부에서 육성하는 이유 중에 능력 있는 직원을 육성하여 해당 회사에서 오래 종사하게 하는 충성심을 갖춘 직원을 육성하는 것이라면, 현재의 추세는 조직 내에서의 충성심보다는 인력 육성에 대한 비용 우위와 역량 있는 직원을 데려다 활용하는 개념으로 전환되고 있는 것이다. 상황이 이러하다 보니 환승 이직뿐만 아니라 헤드헌팅 세계에서는 '능력 있는 강한 자만이 선택을 받을 수 있다.'는 논리가 형성된 것 같다. 즉 '다른 후보자와 차별화된 경력과 역량, 스펙을 보유한 후보자만이 선택을 받아 이직을 성공할 수 있는 것'이다. 이것이 헤드헌팅, 환승 이직 세계에서의 생존 원리인 '헤드헌팅의 약육강식'이다.

실제 사례를 들어서 설명해 보면, 헤드헌터가 이직을 제안하는 회사의 포지션은 하나임에도 1명의 헤드헌터가 제안하는 이직 후보자는 최소 2명 정도에서 많게는 5명 이상인 경우가 대부분이었다. 물론 5명 이상을 추천하는 헤드헌터는 발이 넓거나 역량이 높은 헤드헌터일 가능성이 높다. 중요한 것은 환승 이직을 선호하는 회사인 고객사는 1명의 헤드헌터, 또는 1개의 서치펌에만 의뢰를 하는 경우는 매우 드물다는 것이다. 대부분이 복수 이상의 서치펌이나 많은 수의 헤드헌터에게 의뢰를 하는데, 그 헤드헌터들의 후보자도 양적으로 적지 않다는 것이다.

이를 바탕으로 생각해 보면, 이직 후보를 1명 선발하는데 수십 명에서 많게는 백여 명 이상의 후보자를 추천하는 상황도 있을 수 있는 것이다. 1차 서류 전형인 이력서를 중심으로 추천을 한다고 해도 수십 명에서 수백 명의 환승 이직 희망자들이 경쟁을 벌이는 것이다. 그런데 이 과정에서 후보자들은 그 경쟁의 강도를 전혀 알 수 없기 때문에 물밑에서 일어나는 보이지 않는 약육강식의 세계를 이해하지 못하는 경우가 대부분이다.

그리고 헤드헌터들이 경쟁의 상황에 대해 대부뷰이 공유해 주지 않기 때문에 헤드헌터에게 제안을 받으면 대부분의 후보자가 합격의 가시권에 있다고 착각을 하는 경우가 많다. 필자도 처음에 제안을 받았을 때, '나를 알아준다.'는 막연한 마음이 먼저 앞섰고, 헤드헌터의 제안이 마치 합격이 다 된 것처럼 착각을 하였었다. 그러나 현실은 냉혹하다. 앞 장에서 이야기한 것처럼 들러리로 이력서가 제출될 수도 있는 상황임에도 후보자는 이직에 대한 막연한 희망으로 가슴 설레고, 시나브로 시간이 흘러서 연락이 두절된 헤드헌터에게 마음의 상처를 받는 경험을 하는 것이 대부분의 첫 헤드헌팅 제안이라는 것이다.

이처럼 헤드헌팅의 세계는 하나의 먹잇감(고객사의 이직 제안 포지션)이 던져지면, 마치 먹이를 기다린 굶주린 야수처럼 우르르 몰려들어 그 먹잇감을 차지하려는 세계와 같다. 그러나 분명히 알아야 할 것은 약하면 못 먹는 것이고 강한 자만이 먹잇감을 차지할 수 있는 야생의 세계가 헤드헌팅의 세계라는 것이다. 그러므로 환승 이직을 준비하는 헤드헌팅 세계에 발을 들여놓은 후보자는 자신의 강함을 만들어 가는 것에 게을러서는 안 된다. 그리고 자신의 강함이라는 것이 자신이 혼자 만족하는 기준이 아니라 객관적인 경력과 역량, 스펙을 쌓아 가면서 준비해야만 약육강식의 헤드헌팅 세계에서 강한 자로 살아남을 수 있다는 것을 인식해야 한다.

'물고기는 물속에서 잠을 잠면서도 눈을 뜨고 잔다.'고 한다. 물고기가 잠을 자는 것인지 아니면 잠을 자지 않는 것인지에 대한 생물학적 지식에 대해서는 관심이 없다. 하지만 중요한 것은 어떠한 환경에서도 잡아먹히지 않기 위해 경계를 게을리하지 않는다는 것은 확실하다. 헤드헌팅의 세계에서 선택이라는 살아남음을 하기 위해서는 후보자 본인의 경력 쌓기, 역량 쌓기, 스펙 쌓기를 객관적인 기준과 비교하여 경계하면서 쌓아 가야 하는 것이다. 한순간의 게으름은 다른 환승 이직 희망 후보자들이 자신보다 차별화되는 경쟁력을 갖추는 상황이 됨을 철저히 인식해야 한다.

하나의 회사에 충성심을 가지고 종사하는 것도 아름다운 직장 생활의 한 유형이다. 그리고 그렇게 하나의 직장에서 평생 근속한 사람은 그 자체로 존경받아 마땅하다. 그러나 자신의 경력 발전과 자기 발전을 위해 환승 이직 세계에 뛰어든 이상, 스스로 포기하기 전까지는 보이지 않는 경쟁이 연속되는 약육강식의 헤드헌팅 시장에서 경쟁을 하고 있음을 자각해야 살아남을 수 있다. 이처럼 강한 경쟁 의식과 생존을 위한 스스로의 자기 주도력이 부족한 사람은 헤드헌팅 세계의 환승 이직에 대해 쉽게 생각하고 뛰어들어서는 안 된다.

스스로 환승 이직을 결정하였다면 자신을 늘 강하게 담금질하고, 이직을 위한 역량을 차곡차곡 쌓는 부지런함을 보유해야 한다. 그리고 경쟁에서 뒤쳐지지 않을 경계심을 항상 보유해야 한다. 이 부분의 보강과 차별화는 이력서 준비 부분에서 상세하게 알아보도록 한다.

Chapter 5.

지원 회사의 인사담당자를 적극 활용하라

환승 이직에서 가장 많이 형성된 주된 관계는 헤드헌터(서치펌), 이직 희망자(후보자), 환승 이직 인력 요청 회사(고객사, 구인 회사)의 삼각 구도이다.

그런데 이 장에서는 처음으로 '지원 회사의 인사담당자'가 등장을 한다. 이직 희망자인 후보자 입장에서 이직을 진행하다 보면 대부분 헤드헌터와의 관계가 주가 된다. 고객사와의 관계는 사실상 면접 단계에서부터 시작되는 것이다. 만약 면접 단계에 가지 못하는 후보자가 된다면 헤드헌터와의 관계만 경험하고 환승 이직이 중단되는 것이라 할 수 있다. 그렇다 보니 대부분의 후보자들은 고객사의 인사담당자와의 관계 형성에 대해서는 전혀 생각을 하지 못한다. 몰론 인사담당자와의 관계 형성도 전혀 염두에 두지 못하는 것이 현실이다. 고객사의 인사담당자와의 관계 형성을 감히 할 수 있는지에 대한 의문이 있을 것이고, 그를 활용한다는 말 자체에도 궁금함이 있을 것이다.

필자의 경험에 의하면 조심스러운 접근이기는 하지만 고객사의 인사담당자와 관계를 형성할 수 있었고, 그 관계를 통해 이직하려는 회사의 진입을 위한 초기 정보를 얻을 수 있었다. 그리고 그렇게 얻은 정보는 면접을 진행하는 데 도움이 되었다. 그리고 이직에 성공한 후 인사담당자와의 친분을 더욱 확대하여 연착륙을 위해 활용하기도 하였다.

필자의 경험을 중심으로 고객사 인사담당자와의 관계 형성과 활용에 대해 소개한다.

인사담당자와의 커뮤니케이션에 대해서는 헤드헌터 입장에서는 그리 반기는 상황은 아니다. 심한 경우의 헤드헌터는 고객사의 인사담당자와의 커뮤니케이션에 대해 극도로 금기시하는 경우도 많다. 물론 상황이나 헤드헌터가 금기시하는 경우에는 자제하는 것이 맞는 상황이다. 하지만 그렇지 않은 경우에는 고객사의 인사담당자와의 가벼운 커뮤니케이션을 통해 관계를 형성하는 것을 권한다.

인사담당자와 커뮤니케이션을 통해 관계를 형성하는 장점으로는 첫 번째가 현재 진행되고 있는 포지션에 대한 정보를 얻을 수 있다. 그리고 두 번째로는 면접을 진행하는 입장에서 겪게 되는 긴장을 완화할 수 있다. 세 번째로는 이직을 성공한 후에 연착륙을 위한 동반자나 애로 사항이 발생했을 때 지원자로 활용이 가능하다는 것이다.

첫 번째인 현재 진행되고 있는 포지션에 대한 정보를 얻을 수 있는 경우의 활용은, 면접 대기 중에 진행하는 것이 가장 부드럽게 진행되는 상황을 연출할 수 있다. 그러기 위해서는 면접 시간보다는 약 10분 정도 이상 빨리 가는 것이 필요하다. 대부분의 환승 이직의 경우는 지원한 후보자의 신상에 대해 보안을 유지하기 때문에 1인 면접을 주로 진행한다. 그러므로 면접 대기 장소에 약 10여 분 정도 일찍 도착을 하면 인사담당자가 안내를 하게 되고, 그 인사담당자에게 가볍게 인사를 하면서 면접 대기 중에 가벼운 질문을 할 수 있는 기회가 가능하다는 것이다. 이 짧은 시간을 지혜롭게 활용하는 후보자와 그렇지 못한 후보자 간에는 많은 차이가 있음을 경험하였다.

먼저 면접 대기 장소에서 인사담당자에게 질문할 수 있는 내용을 소개하면 다음과 같다. 경력 채용에 대해 헤드헌터가 제안한 내용과 진행되고 있는 포지션이 일치하는지에 대해 떠보는 것이다. 즉 채용의 목적이 단순하게 대체 인력을 채용하는 것인지, 신규 채용인지에 대해 질의해 보는 것이다. 기존 포지션을 대체하는 채용과 신규 조직을 구성하여서 신규 인력으로 경력자를 선발하는 것은 차이가 크다.

만약 새로운 조직 구성을 통해서 새로운 포지션이 생긴 경우에 해당한다면 신규 조식이 생성하게 된 배경 정도를 질문하여 신규 조직의 향후 지속 가능성에 대해 가늠해 보는 것도 중요하다. 그리고 기존 인력을 대체하는 경우라면 너무 깊이 있는 질문은 삼가고, 기존 인력 대체 사유 정도만의 질문으로도 상황을 파악할 수 있을 것이다.

만약에 기존 인력의 심각한 문제로 채용을 진행하는 경우에는 인사담당자가 언급을 회피하려는 경향이 많다. 그러나 그렇지 않을 경우인 자발적 퇴직이나 이직으로 인해 기존 인력 대체 채용이 진행된다면 인사담당자는 그 정도의 질문에 대해서는 자연스럽게 대답을 하는 경향이 있다. 그리고 이 단계에서의 질문이 후에 진행되는 연봉 협상에서도 중요한 단서로 작용한다.

만약에 기존 인력 대체 채용으로 진행한다면 연봉 협상의 여지가 기존 인력의 연봉 범위 내에서 제안이 시작될 가능성이 높으므로 이를 미리 알고 협상의 베트나(BATNA: 협상 결렬 시 가지고 있는 차선책)를 준비할 수 있는 것이다.

다음으로는 기존 인력의 대체 사유에 대해서도 질문할 수 있는 상황이 된다면 질의해 보는 것을 권한다. 기존 인력이 사내 영전을 한 경우라면 그 부서에서의 기회가 많이 있을 수 있음을 추정할 수 있다. 그러나 자진 퇴사나 좌천된 경우에는 반대로 부서의 업무 특성이 그리 녹록하지 않을 수 있음을 짐작할 수 있는 것이다. 이 모든 것에 대해 인사담당자가 모든 대답을 해 주는 경우는 필자도 경험하지 못했다. 그러나 수차례 이직을 진행하면서 다른 후보자보다는 시간을 아껴서 먼저 면접 대기 장소에 도착하였고, 안내를 하는 인사담당자에게 호감가는 말투와 매너로 자연스럽게 위와 같은 상황에 대한 질문들을 통해 이직하는 회사의 해당 포지션에 대한 많은 정보를 얻을 수 있었다. 그리고 그 정보들은 연봉 협상과 최종 이직 결정을 하는 것에 적지 않은 정보로 활용할 수 있었다. 그리고 이직을 제안한 헤드헌터가 제안한 내용을 비교 검증할 수 있는 정보로도 활용하였다.

두 번째로 면접을 진행하는 입장에서 겪게 되는 긴장을 완화할 수 있다는 것은, 자칫 딱딱할 수밖에 없는 면접의 상황에서 긴장을 완화하는 대화를 나누는 것이다. 환승 이직에서의 면접은 포지션에 따라 차이가 있지만 보통 실무자 면접이나 최종 면접 단계로 마무리를 한다. 면접의 특성 자체가 후보자에게는 긴장을 유발한다. 그렇기에 대부분의 후보자는 말을 처음부터 하지 않는 경향이 있다. 그렇다 보니 막상 면접장에 들어가면 대기 시간 동안 지나친 침묵이 화로 변하는 경우가 있는데, 이를 완화해 주기 위한 방편으로 인사담당자와의 가벼운 대화를 진행하여 워밍업을 하는 것이다.

가벼운 대화의 주제는 면접 진행하는 면접위원이 누구인지에 대해 가볍게 질문하면 대부분의 인사담당자는 안내를 해 준다. 그리고 심지어는 면접위원이 면접에 대한 특장점을 이야기해 주는 경우도 있다. 그리고 앞에 진행된 면접의 분위기도 질문해 볼 수 있다. 이를 통해 면접위원과 면접의 분위기를 미리 알고 들어가면 많은 도움이 된다.

다음은 면접에 대한 정보를 얻지 않더라도 인사담당자와 가벼운 일상의 대화를 통해 목소리를 준비할 수 있고, 인사담당자의 태도를 통해 회사 전반의 문화를 간접적으로 측정해 볼 수도 있는 것이다.

필자의 경험에 의하면 조직 문화가 위축되거나 지나치게 보수적인 성향이 강한 회사일수록 인사담당자의 대하는 태도도 소극적이고 위축됨을 알 수 있었다. 그 회사의 조직 문화는 인사담당자를 통해 가장 먼저 가늠해 볼 수 있는 것이다. 회사 문화가 명랑하고 밝을수록 인사담당자나 인사 부서의 조직원들이 가장 먼저 활발하였다는 경험이다. 이처럼 인사담당자와 가벼운 일상의 대화, 즉 그날의 날씨나 면접 장소까지 오는데 있었던 교통 상황 등을 가볍게 대화하면서, 인사담당자와 가벼운 대화를 통해 면접을 위한 워밍업을 하면 한결 긴장이 완화되고, 경우에 따라서는 면접에 도움이 되는 정보도 얻을 수 있는 것이다.

세 번째는 이직을 성공한 후에 연착륙을 위한 동반자나 애로 사항이 발생했을 때 지원자로 활용이 가능하다는 것이다. 이직을 하는 회사에서 가장 처음으로 알게 되는 사람은 면접을 진행하기 위해 안내하는 인사담당자이다. '초두효과(初頭效果)'라는 것이 있다. 심리학에서 나오는 단어인데, 처음으로 제시된 정보나 인상이 나중에 제시된 정보나 인상보다 기억이나 호감도에 더 큰 영향을 미치는 현상을 말한다.

이 초두효과처럼 이직을 진행하는 상황에서 알게 되는 최초의 사람이며, 초두효과를 형성하는 관계가 인사담당자이다. 만약에 최종 면접에서 합격을 하게 된다면 이 인사담당자의 입사를 위한 코칭이 진행되는 경우가 대부분이다. 최종 면접에 합격하고 나면 통상적으로 고객사의 인사담당자와의 입사 일정 조율 등이 이루어지기 때문이다. 이직하는 과정에서 관계를 잘 쌓아야 할 최초의 사람이며, 향후 완전히 이직한 후에 연착륙을 위해 각종 지원과 사내 정보를 지원받아야 할 사람임으로 관계 형성뿐만 아니라 첫인상을 좋게 형성해 두는 것이 후보자에게는 큰 지원군을 얻는 것과 같은 것이다.

그리고 연봉 협상을 진행하는 과정에도 적지 않게 관여가 되는 인물임으로 협상을 위한 분위기와 정보를 얻을 수 있음을 기억하고 좋은 초두효과를 형성하도록 노력하는 것이 필요하다.

앞의 과정들을 보면서 후보자 중에는 고객사의 인사담당자와 관계를 형성하고, 활용하는 것이 가능한 것인지에 대한 의문을 가지는 경우도 있을 것이다. 그러나 중요한 것은 관계 형성이 가능하고, 관계 형성이 되면 실보다는 득이 훨씬 많았다는 것이다.

그리고 지원하는 회사에 면접을 진행하는 짧은 시간에 저러한 것들이 가능했냐는 의문도 가질 수 있다. 그러나 그 또한 가능했다는 것이다. 우리는 해 보지도 않고 지레짐작으로 불가능할 것으로 생각하는 경향이 많다. 그러나 중요한 것은 그 짧은 시간에도 관계 형성이 가능했다. 그리고 위에 나열한 인사담당자에게 하는 질문은 이직을 위해서는 후보자도 반드시 확인하고 검증을 하는 성향을 길러야 하는 것이다.

그리고 가장 중요한 것은 수많은 후보자들이 하는 것처럼 똑같이 해서는 더 많은 정보를 얻을 수 없다. 그리고 자신을 차별화시킬 수 없다는 것을 명심해야 한다. 남들이 하지 못하는 것을 하고, 남들이 보지 못하는 것을 볼 줄 알아야 하며, 남들이 꺼려 하는 것을 당당하게 할 줄 알아야 하는 것이 환승 이직을 준비하는 후보자의 차별화 태도이다.

필자는 이직 면접을 진행하면서 단 한 번도 인사담당자와 침묵 속에서 대기한 적이 없다. 그리고 가볍게 나눈 대화 속에서 생각하지 못한 정보를 얻었다. 지나치게 경직될 수 있었던 자신을 유하게 해서 면접에 유리한 환경을 만들었다. 물론 지나친 수다스러움과 고압적인 자세로 질문을 하거나 집요하게 캐내는 식으로의 접근을 해서는 안 된다.

균형감 있는 커뮤니케이션 스킬과 적당히 자신을 드러낼 줄 아는 '삐에로 근성'을 가져 보는 것을 권한다. 여기서 말하는 '삐에로 근성'이라는 것은 먼저 자신을 가볍게 드러내는 기법을 말한다. 이직을 준비하는 과정에서 인사담당자와의 관계가 시작되면, 먼저 자신을 가볍게 소개하면서 그에게 접근하고, 대화를 가볍게 나누어 봐라. 그러면 후보자에게 득이 되었으면 되었지 실이 되는 경우는 극히 드물 것이다.

그리고 필자의 경험으로 이런 과정에서 인사담당자가 대화를 회피하거나 조용히 침묵할 것을 강요하는 사례는 단 한 번도 없었다. 대부분의 후보자가 이렇게 하지 못할 것이다. 그러나 필자는 환승 이직을 하면서 지원하는 회사의 인사담당자에게 현 재직 회사의 명함까지 전하면서 자신을 소개했다. 여러분은 과연 조금은 엉뚱하면서, 적극적인 태도를 할 수 있겠는가?

수많은 후보자를 대하는 인사담당자의 면접 후의 후보자에 대한 측면에서의 지원평(支援評)이, 혹여 후보자를 더욱 빛나게 할 수도 있는 것이다. 그리고 합격을 하였다면, 이 인사담당자가 후보자의 정착을 위해 얼마나 헌신적으로 지원해 주는지 경험해 보는 기회를 만들길 바란다.

Chapter 6.

소셜 네트워크를 구축하고 적극 활용하라

현대 사회는 혼자 고립되어서는 생활을 하기 불가능한 시대라 할 수 있다. 대중 속의 고독은 당연한 것이고, 상호간에 네트워크에서 배제되는 기분을 느끼면 심한 불안감을 가지는 것이 현재를 살고 있는 우리들의 모습인 것이다. 그리고 그 활용 수단인 휴대폰을 기반으로 한 쇼셜 네트워크(Social Network System, SNS)에서 배제되는 상황은 상상하기 불가능한 것이 현실이 되었다. 이처럼 현재는 관계를 형성하고 유지하며, 활용하는 것이 차별화된 사회생활의 한 방식으로 자리잡았다.

환승 이직의 환경도 이와 다르지 않다고 생각한다. 어찌 보면 환승 이직의 환경에서의 네트워크 형성과 활동, 발전은 중요한 부분이 되었다. 과거에 일방적으로 잡포털이나 서치펌에 등록하여 자신을 알리고, 이직의 기회를 찾는 시대는 아닌 듯하다. 아마도 향후 환승 이직의 환경에서의 쇼셜 네트워크 형성과 그를 기반으로 한 이직과 후보자 검증, 고객사 검증, 헤드헌터 및 서치펌에 대한 검증까지도 진행될 것으로 예상된다. 아니 지금도 진행되고 있음을 알 수 있다.

이직을 목적으로 하여 그 목적을 달성한 후에 흔히 하는 후보자들의 행동이 아쉬움을 많이 남긴다. 이직을 성공하고 나면 해당 헤드헌터나 서치펌과의 관계를 소홀히 생각하거나 씹던 껌을 버리듯 쉽게 생각하는 후보자들을 쉽게 볼 수 있다. 물론 필자가 헤드헌터로 경험한 것이 아니라 직장 생활 중에 회자되는 이직 스토리나 후배들의 이직 경험담에서 어렵지 않게 볼 수 있다.

필자는 이런 회자되는 이직 후의 헤드헌터와의 관계를 버리거나 소원하게 생각하는 태도를 보면서, 요즘 시대를 살아가는 젊은 사람들의 행태로 한정하기에는 한계가 있다고 생각한다. 젊은 사람들 즉 'MZ세대'뿐만 아니라 환승 이직의 시니어 세대라 할 수 있는 '586세대'들도 동일한 행태를 보이는 사람들이 많다는 것이 놀라웠다.

이직을 희망하는 후보자들 대부분이 헤드헌터의 양식 없는 행동에 대해 질타를 하면서도 정작 자신들의 양식 없는 행태에 대해서는 관대한 것을 볼 수 있다.

환승 이직을 하는 과정을 한 번 생각해 보길 바란다. 그 과정을 필자의 경험을 통해 바라보면, 참으로 간절하고 정성을 많이 들여서 준비를 했던 기억이 생생하다. 저마다의 사연이 모두 다르게 이직을 준비하지만 이직을 위한 절박한 마음, 간절한 마음은 하나같이 비슷하지 않을까 하는 생각을 한다. 이러한 간절하고 절박한 마음으로 진행한 이직에서 제안해 주고 코칭해 준 헤드헌터와의 인연을 쉽사리 생각한다면, 그것은 무엇인가 부족한 사람들이 하는 행태인 것이다.

사람과의 관계에서 한 번 인연 맺는 것이 쉬운 것은 아니다. 즉 현재의 단어로 설명하면 네트워크를 형성하기가 쉽지 않다. 특히 이직이라는 목적을 염두에 둔 상태에서 제대로 된 헤드헌터를 만나서 이직에 성공하였다면, 그와의 네트워크를 귀하게 여기고, 시너지가 날 수 있는 관계로 상향하여 관리하는 마음의 자세가 필요하다. 이처럼 이직을 희망하는 후보자에게 관계 형성을 준비하는 마음과 자세는 무엇보다 중요한 것이다. 이 중에 한 사람으로 헤드헌터도 존재하는 것이다. 이직을 준비하는 과정에서 구축하여야 하는 쇼셜 네트워크의 중요성도 간과하여서는 안 된다.

필자가 신입 사원이던 시절이 1993년이다. 대학을 졸업하기 전에 대기업 식품회사에 합격하였으니 운이 좋았다고 할 수 있다. 그 당시에 신입 사원 연수를 하면서 중점적으로 학습한 내용이 인맥 형성의 중요성과 기술이었다. 물론 필자의 직군이 영업직군이라서 인맥에 대한 중요성이 더 했던 것이지만 예나 지금이나 인맥의 중요함은 변함이 없는 듯하다. 그리고 사회생활과 직장 생활에 중요한 자산이기도 하다. 사회에서 성공한 사람들의 공통적인 특징을 꼽으라면 늘 나오는 것이 인맥이다. 과거에는 혈연, 학연, 지연 등이 인맥의 중요한 역할을 해 왔다. 하지만 급속한 사회 발전과 관계의 다변화는 인맥의 내용도 변화시키고 있다. 정보통신(IT) 기술의 발전은 우리의 생활을 편리하게 함은 물론이고, 상호 관계의 질서마저도 재정립을 하고 있다. 그리고 이 과정에서 인맥 관계에 대한 개념도 바꾸게 되었다. 그중에서도 TGIF(트위터, 구글, 아이폰, 페이스북)로 일컬어지는 쇼셜 네트워크서비스(이하 SNS)가 인맥의 개념을 확실히 바꾸고 있다. SNS는 학연과 지연 등에 기반한 폐쇄적이면서 강한 관계의 인적 관계를 개방적이고 느슨하지만 정보를 공유할 수 있는 실시간 관계로 발전시키고 있다.

환승 이직을 염두에 둔 후보자 입장에서는 이러한 SNS 채널을 활용하는 관계 형성의 중요성이 더욱 높아졌다. 헤드헌팅 관점에서의 SNS를 통한 관계 형성은 단순한 인적 관계의 형성뿐만 아니라 가장 중요한 정보와 경험의 공유가 가능하다는 것이다. 정보와 경험이 공유된다는 것은 이직을 함에 있어서 기회를 다양하게 만들 수 있는 것이며, 시행착오를 줄여서 시간적, 비용적 리스크를 예방할 수 있는 것이다. 필자가 이직을 경험하면서 가장 활발하게 정보의 습득 창구로 활용한 것이 SNS를 통한 것이다. 그리고 SNS를 통해 경험이 공유되고 그 경험을 바탕으로 동일한 사안에 대해 비교 검토하여 시행착오를 줄이는 학습의 활동이 가능했다. 이처럼 시행착오를 줄이는 학습 효과는 돈으로는 환산할 수 없는 소중한 '리스크 테이킹(Risk Taking)'과 같은 것이다.

환승 이직을 염두에 둔 SNS로는 기존의 트위터와 페이스북 등으로 대표되는 것이 기본이라 할 수 있다. 이 채널들은 환승 이직을 위하는 구체적인 내용들에 대한 정보를 얻는 것보다는 헤드헌터나 서치펌과 관련한 인맥 형성을 진행하는 창구로 활용하였다. 평상시에 돈독한 일상의 유대를 쌓아 놓고 이직의 순간이나 정보가 필요할 때는 개별 인맥에 대해 요청을 하여 이직에 대한 준비를 할 수 있었다. 그리고 이 외에도 온라인을 통해 관계를 형성해 주는 카페, 블로그, 밴드 등의 활동을 통해 관계 형성과 정보 교류가 가능하다.

'부자가 되고 싶으면 부자의 줄에 서라.'는 말이 있다. 환승 이직을 잘하기 위해서는 서치펌과의 연결을 통한 헤드헌터의 코칭도 중요하지만 결정을 내리고 선택하기 위한 다양한 경험의 정보가 공유되는 것도 중요하다. 그러기 위해서는 부자가 부자의 줄에 서는 것처럼 환승 이직을 잘하기 위해서는 환승 이직에 관심이 많은 사람들이 모이는 곳에 가야 한다. 그러한 것이 환승 이직의 정보와 경험 공유, 인맥 형성을 위한 다양한 SNS 활동이 전제가 되어야 하는 것이다.

현재의 활성화된 SNS 체계의 가장 큰 장점은 다양한 정보가 큰 물이

흐르듯이 돌고 도는 것이다. 필요한 정보, 차별화된 정보, 경험에 의해 검증된 정보가 공유됨에도 대부분의 정보가 무료라는 장점 또한 가지고 있다. 따라서 환승 이직 시장의 문을 두드리는 후보자에게는 SNS를 통한 다양한 정보의 접근과 공유를 위해 자신의 정보를 교류하는 태도가 우선되어야 한다. 받기 위해서는 갈구해야 하지만 우선 내 것을 먼저 공유해야 한다. 자신의 경험을 공유하고 관계를 형성한 타인의 객관화된 경험을 공유받아서 활용하는 것이 현재를 살아가는 환승 이직 후보자의 SNS를 기반으로 한 사회생활, 직장 생활의 모습이라고 생각한다.

하나의 직장에서 평생 고용을 자랑하며 살아가기에는 시대가 너무나 다변화되었다. 그리고 성장하기 위해서는 변화해야 하고, 변화하기 위해서는 이동해야 한다는 필자의 확고한 직장 생활에 대한 관념이 있다.

최신 유행어 중에 '스몸비(smombie)'라는 단어가 있다. 스마트폰을 들여다보며 길을 걷는 사람을 의미하는 단어이다. 즉 '스마트폰(smart phone)과 좀비(zombie)'의 합성어이다. 이들은 스마트폰을 손에서 놓지 않고 심지어 걸어가는 중에도 스마트폰에서 눈을 떼지 않는다. 그만큼 관계 형성과 정보 탐색에 혈안이 된 현재의 사람들 트렌드를 대변하는 단어일 것이다. 스마트폰 등장과 트위터를 중심으로 한 SNS 열풍은 실로 대단하다. 실제로 대부분의 직장인들이 트위터, 페이스북과 같은 SNS를 이용하고 있고, 심지어는 카톡을 통한 커뮤니케이션이 일상화되었다. 그리고 카페는 물론이고 블로그, 밴드 등을 통해 직장 및 개인 동호 단체들의 커뮤니케이션은 활발하다. 그리고 이러한 SNS 매체들을 통해 상호 커뮤니케이션은 물론이고 교류와 네트워크를 구성한다.

환승 이직에 대한 마음이 정해지고 나면 여러 가지로 많은 준비를 치밀하게 하여야 한다. 그중에서도 가장 중요한 것 중에 하나가 헤드헌터를 기반으로 하는 인맥 네트워크를 구성하는 것이다. 필자의 경험상으로는 최초에 헤드헌터와 인연을 맺는 것이 가장 어려웠던 기억이다. 인연을 맺는다는 개념은 헤드헌터와 처음 알게 되는 것을 말한다. 자연스럽게 헤드헌터가 후보자의 정보를 알음알음 알아서 연락을 하는 경우도 있겠지만 이 경우는 상당히 희소한 경우라 할 수 있다. 즉 '아니 땐 굴뚝에 연기 날 리 없는 것이다.'

헤드헌터와의 관계 형성을 위해서 필자가 가장 추천하는 네트워크 경로는, 일상의 생활 중에서 커뮤니케이션하면서 접근하고 구축하는 것을 추천한다. 가장 적극적으로 먼저 해야 할 것이 명함 관리 앱으로 잘 알려진 '리멤버(Remember)'를 통한 일상 속의 업무 과정에서 자연스럽게 사회 인맥을 관리하면서 이직과 관련된 정보와 그와 관련한 인맥을 만들어 가는 것을 추천한다.

리멤버 서비스는 최초에 명함 관리 앱 서비스로 시작하였지만 현재에는 본래의 서비스 기능에서 확장한 개념으로 인맥을 기반으로 한 다양한 이직 정보, 스카우트 제안, 직장 내에서 발생하는 여러 문제에 대한 상담 및 코칭 등 다양한 서비스를 제공하고 있다. 리멤버 서비스는 최초에 시작할 때는 단순한 명함 관리 앱 서비스로 시작하였지만, 2018년에는 경제 뉴스레터 '나우'를 출시했다. 그리고 2019년에는 환승 이직 스카우트 서비스를 선보였고, 누적 300만 건 이상의 환승 이직 스카우트 제안이 이루어졌으며, 현재도 진행 중이다. 또한 2020년에는 동종업계 인맥들끼리 지식과 정보를 소통하고 공유하는 커뮤니티도 시작해서 종합 비즈니스 플랫폼으로서의 면모를 갖추고 있다. 2022년 1월부터는 리멤버는 확장되는 서비스와 비전을 제대로 담을 수 있는 새로운 브랜드 아이덴티티를 찾기 위해 다양한 실행을 진행하고 있다.

창업 초기부터 '일하는 사람과 기회를 연결하여 성공으로 이끈다.'는 기업 미션과 함께해 왔다. 하지만 성공은 리멤버가 보장할 수 없고 성공을 돕기 위한 '양질의 기회'를 이어주는 가교 역할을 진행하고 있다. 리멤버는 환승 이직과 창업의 성공을 위한 다양한 정보 제안에 이르기까지 그 영토를 확장하고 있다. 그리고 이직을 준비하는 후보자와 창업을 준비하는 후보자들에게 "기회가 열리는 리멤버"를 알리고 있다. 리멤버의 다양한 비즈니스 플랫폼 서비스의 다양화를 위해 브랜드 리뉴얼도 적극적으로 진행하였다. 경력 명함을 연상시키는 기존 사각 테두리 모양을 벗어나, 조금 더 기회를 떠올리게 만드는 이미지를 구현하였다. '문(Door)'을 형상화한 스퀘어(Square)로 진화시켰다. 그리고 이 스퀘어(Square)가 리멤버 'R'의 한 획을 든든하게 받쳐 주면서 대표성 있는 새로운 심볼로 변경하였다.

리멤버 운영사 드라마앤컴퍼니는 연봉 1억 원 이상 채용만 취급하겠다며 관련 서비스 출시와 함께 300여 명의 개인정보를 유출해 논란을 일으키는 시행착오를 발생하기도 했다. 그러나 리멤버는 환승 이직의 다양한 기회 제공을 위해 임원급 헤드헌팅을 전문으로 하는 서치펌 회사 '브리스캔영'을 2023년 2월 3일에 인수하여 환승 이직의 서비스를 확대하고 있다. 브리스캔영은 1996년 설립된 국내 1세대 서치펌이다. C레벨(특정 영역의 전문 경영인) 기업 경영진 등 임원급 인재를 추천하는 헤드헌팅 회사였다. 리멤버의 브리스캔영 인수는 억대 연봉 채용관 '리멤버 블랙' 출시 이후 임원 레벨에 해당하는 최상위 인재들의 이직 수요에 대응하는 차원이라 할 수 있다.

또한 리멤버 블랙 출시 3일만에 억대 연봉 채용 공고가 1,000여 개, 지원 수 2,000여 건을 돌파했다. 리멤버는 진화를 거쳐 확대되고 있는 것이다. 그 진화는 리멤버의 명함 관리 서비스보다 헤드헌팅 서비스를 더 확대하고 있는 것이다. 2023년 1월 기준으로 리멤버의 헤드헌팅 중개 서비스는 직장에 재직 중인 경력직만 400만 명 이상이 이용하고 있다. 필자가 앞 장에서도 강조하였듯이 헤드헌팅의 트렌드가 변화하고 있다. 그리고 '부자가 되고 싶으면, 부자의 줄에 서라.'는 것처럼, '환승 이직을 잘하고 싶으면 현재 활성화되고, 다양한 서비스를 제공하는 곳에 줄을 서라.'는 말을 강조하고 싶다.

환승 이직은 신입 채용과 많이 다르다.

리멤버 자체 설문조사에 의하면, 경력직의 85%가 적극 구직 활동을 하지 않는다는 조사가 있다. 그러나 좋은 이직의 기회나 정보가 있으면 이직을 하려고 한다는 조사 결과이다. 리멤버는 이러한 고객사(기업)와 이직 희망을 원하는 후보자를 서로 연결해 주는 서비스를 활발히 진행하고 있다. 전문적인 이직 제안과 진행을 위한 다양한 서비스가 플랫폼 내에서 진행되고 있다. 즉, 리멤버 앱 서비스가 헤드헌터의 역할을 하는 것이다.

리멤버는 헤드헌팅 서비스를 진행하는 과정에서 발생할 수 있는, 고객사와 후보자가 진행하는 이직 내용을 철저하게 비공개 원칙으로 진행하는 것이다. 즉, 이직 희망자인 후보자들은 이직을 원하는 사실을 현재 회사에서 모르기를 원한다. 이를 감안해 리멤버는 이용자의 이직 정보를 소속 회사가 보지 못하도록 막아 놓았다. 즉 이용자의 소속 회사가 개인 정보를 열람하지 못하도록 차단하는 기능을 사용하는 것이다. 즉 후보자가 차단 회사를 선택할 수 있는 것이라서 이직에 대한 진행 내용의 비공개가 가능하다는 장점이 있다.

그리고 경력 채용을 원하는 기업은 확실한 인증 절차를 거쳐야 이직을 위해 정보 제공에 동의한 직장인들 정보를 열람할 수 있다. 명함과 사업자등록증 등 서류를 확인한 기업의 인사 담당자들만 관련 정보를 볼 수 있는 것이다. 2023년 1월 기준으로 약 1만 3,000개 기업이 리멤버로 경력직 채용을 하였다 한다. 그리고 리멤버를 통한 이직 제의 건수는 300만 건이며, 월 20만 건 이상 이직 제의가 나갔다. 또한 환승 이직 제안을 받기 위해 약 120만 명 이상의 이용자가 상세 이력 사항을 등록하였다. 이러한 각 개인의 상세 이력 사항을 기업 인사팀 인사담당자와 리멤버에 가입한 헤드헌터들이 열람을 하여 환승 이직 제안을 진행하는 것이다.

필자는 개인적으로 리멤버 회사와는 아무런 관계가 없다. 회사를 홍보하고 싶은 마음도 전혀 없다. 하지만 리멤버 서비스를 통해 진행되고 있는 다양한 구인구직의 헤드헌팅 서비스가 타 서치펌에 비해 활성화가 잘 되어 있고, 그 발전 속도와 인력 풀의 깊이와 양이 급속도로 확대되는 것에 환승 이직을 희망하는 후보자에게는 가장 확실한 활용 서비스앱이 될 것이라는 생각이다.

리멤버 헤드헌팅 서비스의 비용은 2023년 기준으로 기업 회원의 경우는 정액형 연 1,000만 원이다. 채용될 때만 돈을 내는 성사형은 채용 1건당 약 400만 원이다. 그리고 기업이 헤드헌터를 이용하면 채용자 연봉의 15%를 수수료로 내야 함으로 여러 명 채용하면 수천만 원의 비용이 들어가는 단점이 있다. 그러나 다양한 인재가 있고, 즉시 업무와 연동하여 업무를 진행할 수 있는 경력직을 채용할 수 있다는 강점이 있다.

리멤버 정액형은 채용 인원에 상관없이 연간 1,000만 원이니 경력직을 많이 뽑는 회사라면 비용을 절약할 수 있는 장점이 있다. 이와 같은 장점이 많은 리멤버 서비스는 경력직 채용을 원하는 약 1만 3,000개 기업이 리멤버의 경력 채용 서비스를 이용한다. 그리고 향후 지속적으로 리멤버 서비스를 이용하는 회사의 숫자는 증가할 것이다. 리멤버의 경력 채용 서비스는 기업 인사담당자와 직접적인 인맥 형성을 할 수도 있을 것이고, 헤드헌터를 통한 인맥 형성도 가능할 것으로 보인다. 그리고 리멤버는 향후 경력 채용을 리멤버에서 끝내는 것을 목표로 진행하고 있다.

리멤버는 초고액 연봉자(1억 이상)를 대상으로 한 '리멤버 블랙' 서비스도 시작했다. 즉 억대 연봉을 받는 직장인을 대상으로 한 경력 채용 서비스이다. 연봉 1억 원 이상의 채용 정보를 한곳에 모아 제공하는 것이다. 기업 인수를 통한 다양한 생애 주기 기회들을 만들어 가고 있다. 그 대표적인 사례로 자소설닷컴과 슈퍼루키를 인수하였고, 임원급 전문 헤드헌터업체 브리스캔영을 인수한 것이다.

국내 주요 대학생들이 이용하는 자기소개서 전문 사이트가 자소설닷컴이다. 그리고 자소설닷컴 회원과 리멤버 회원을 통합하여 대학생의 취업 희망 단계에서부터 취업의 기회를 다양화하는 계획을 실행 중이다. 즉 유망한 신입 사원을 자소설닷컴을 통해서 찾을 수 있는 서비스를 연계하는 것이다. 이러한 비즈니스 서비스를 통해 생애 주기 전반의 신입부터 환승 이직에 이르기까지 생애 주기 채용 서비스를 제공하는 비즈니스 서비스가 리멤버이다.

리멤버 이용자의 연령대 분포를 알아보면 전체 이용자 중 30대가 30%, 40대가 36%, 50대 이상이 24%를 차지하고 있다. 그리고 이용자의 직급

별 분포는 사원·대리급 15%, 과·차장급 22%, 부장급 21%, 임원급 20%, 대표급 21% 등 전 직급에서 골고루 사용하고 있음을 알 수 있다. 리멤버를 통한 환승 이직의 인맥 및 정보를 구축하는 방법을 직접 경험해 보면서 만들어 가는 것을 권해 본다.

SNS 공간을 통해 알게 된 디지털 인맥의 성향은 대체적으로 자발적이고 수평적인 성향이 많다. 그렇기 때문에 인맥의 지속성이 일회성으로 끝나는 경우가 대부분이다. 환승 이직을 준비하는 후보자들은 오프라인 모임을 연계하고, 지속적인 정보 공유를 통해 관계를 형성하여 좋은 인맥을 구축할 수 있다. 디지털 인맥을 잘 구축해 놓으면 좋은 이유 중에 다른 하나로는, 기업(고객사) 인사 담당자 대부분이 환승 이직 후보자들이 사용하고 있는 SNS에 활발하게 접속하는 것으로 조사됐기 때문이다.

국내 잡포털 대표 회사인 인크루트가 국내 기업 인사담당자 539명을 대상으로 '채용과 관련한 SNS 실태 파악'에 관한 설문조사를 실시하였다. 이 조사 결과에 따르면 응답자의 입사지원서에 SNS 주소를 기재하도록 하고 있다고 답한 경우가 21.5%였다. 복수 응답을 전제로 SNS 주소를 적도록 한 이유에 대해서 '실제 생활 모습이나 사회성 등을 파악하기 위해서'라는 응답이 68.1%로 가장 많았다. 그리고 '지원자의 신상을 자세히 보려고'가 40.5%, 'SNS를 활용하고 있는지를 알아보기 위해서'가 35.3% 등의 답변이 나왔다. 그리고 실제로 지원자의 SNS를 확인한 적이 있다고 답한 응답자는 전체의 19.5%에 달했다. 이 설문조사 결과가 충격적인 부분은 응답자 가운데 53.3%가 'SNS를 통해 지원자에게 부정적인 인상을 받은 경우 당락에 중요한 영향을 미친다.'고 답한 것이다. 그리고 더욱 충격적인 부분은 'SNS에서 지원자가 취업을 위해 노력한 점이 발견

되면 지원자에 대한 인상이 좋아진다.'고 답한 비율도 69.5%에 달했던 것이다.

앞에서 설명한 리멤버처럼 '비지니스에 특화된 인맥관리 서비스(BNS: Business social Network Service)' 사용이 활발해지고 있다. 사생활 공유나 광고와 홍보가 대부분인 기존의 SNS의 한계를 극복하고, SNS 이용자들이 인맥 구축과 경력 개발에 도움이 되는 다양한 정보와 이직 등의 채용 서비스까지 제공하는 비즈니스용 SNS로 이동을 하고 있다. 이처럼 다양한 정보와 인맥관리, 채용 정보 등에 대한 다양한 서비스로 비즈니스 서비스를 확대하고 있는 것이 앞에서 설명한 리멤버이다. 리멤버가 국내를 중심으로 한 비즈니스 서비스를 진행한다면, 국내는 물론이고 글로벌 인맥관리와 채용 서비스 등의 비즈니스 서비스를 진행하는 것이 '링크드인(Linkedin)' 비지니스 플랫폼이다.

링크드인 비즈니스 SNS의 부상은 미국에 기반을 두고 출발하였다. 세계 최대 비즈니스 인맥관리 서비스를 제공하는 링크드인은 2022년 12월 기준으로 가입자가 5억4,600만여 명을 돌파했다. 전년 동기 대비 37% 성장한 수치다. 월간 순 방문자는 200여 개국에서 1억 명 이상이라 한다. 필자도 링크드인에 형성한 1촌 인맥의 수가 14,000명을 보유하고 있다. 물론 이 중에는 국내 헤드헌터가 약 140여 명, 해외 헤드헌터가 40여 명 1촌으로 형성되었다. 그리고 그들과 환승 이직에 대한 제안과 정보 교류, 이직과 관련한 코칭을 진행하였다. 이 외에도 링크드인을 통해 비즈니스 인맥을 늘리는 것은 물론이고 글로벌 비즈니스 트렌드와 각 국가별, 지역별 산업에 대한 교류와 정보 공유도 활발히 하였다. 그리고 지금도 진행형이다. 이따금 보이스피싱 형태의 나쁜 제안을 받는 사례도 적지 않지만 그것은 링크드인을 활용하는 본인의 검색 및 검증 능력을 높여 가면 분별할 수 있는 리스크라고 생각한다.

링크드인에 가장 많은 가입자가 밀집된 곳은 미국이다. 미국에서는 2022년 기준으로 총 1억 4000만 명 이상이 링크드인을 사용하는 것으로 나타났다. 이 수치를 놓고 추정한다면 미국에서는 직장인 인구의 약 70%가 사용하고 있는 것으로 추정할 수 있다. 미국을 제외한 나머지 국가로는 인도(4500만 명), 중국(4000만 명), 브라질(3200만 명), 영국(2200만 명)도 링크드인을 활발히 사용하는 나라들로 볼 수 있다.

해외에 비해서 국내의 링크드인 사용자가 상대적으로 적은 것이 사실이다. 그 이유로는 리멤버와는 반대로 '본인의 비즈니스 이력이 불특정 다수에게 공개된다.'는 것이다. 개인의 이력사항을 등록하고 나면 전 세계의 불특정 다수가 본인의 이력을 조회할 수 있는 장점과 단점을 보유하고 있다.

필자는 최근에는 국내의 리멤버를 적극 활용하여 비즈니스 인맥과 환승 이직에 대한 활용을 하였지만 2017년부터는 링크드인을 적극적으로 활용하여 비즈니스 인맥의 폭을 넓혔다. 리멤버가 직접적인 경력 채용에 대한 주선 서비스를 진행하고 있다면, 링크드인은 간접적으로 환승 이직에 대한 서비스를 제공한다고 표현하는 것이 맞는 것 같다. 그리고 링크드인은 전 세계의 수많은 인사담당자와 헤드헌터들이 함께 커뮤니케이션을 하는 플랫폼이다. 그러다 보니 국내는 물론이고 국제적인 채용의 트렌드를 한 눈에 볼 수 있는 곳이기도 하다.

링크드인에는 자신의 이력 사항을 촘촘히 작성한 후에 이직 및 구직 희망을 등록하면 채용과 관련한 서비스를 제공받을 수 있다. 필자가 다년간 경험하면서 링크드인에서 얻을 수 있었던 가장 막강한 경험으로는 많은 수의 비즈니스 인맥을 형성할 수 있다는 것이다. 비즈니스 인맥의 종류는 현직에서 몸담고 있는 산업군의 글로벌 1촌 형성은 물론이고, 해당 비즈니스와 관련한 헤드헌터와의 1촌 형성도 가능했다는 것이다. 링크드인에 가입하고 활동하는 헤드헌터들은 각 서치펌에 소속한 경우가 대부분이지만 링크드인에서의 활동을 살펴보면 그 헤드헌터의 전문성을 쉽게 파악할 수 있어서 가장 큰 장점이었다. 그리고 링크드인에서 제안을 하는 헤드헌터들은 일반적인 헤드헌터에 비해 비즈니스 매너에서도 기본기를 잘 갖춘 사람들이 많았다는 것이다. 글로벌 비즈니스 매너를 겸비한 헤드헌터들이 많이 가입하여 있음을 알 수 있었다.

링크드인 활용을 통한 국내와 해외 이직을 준비하는 방법에 대해서는 『링크드인 취업 혁명』이라는 책을 보면 잘 알 수 있다. 이 책의 내용 중에 가장 흥미가 있는 것 중에 하나가 이직을 준비하는 후보자의 학벌은 해외에서는 별로 의미가 없다고 말한다. 그리고 외국어는 커뮤니케이션만 문제없이 할 수 있는 수준이라면 전혀 걸림돌이 되지 않는다는 것이다. 필자도 사실 외국어인 영어에 대해 실력이 높은 편이 아니었지만 국내와 글로벌 네트워크를 형성하는 데는 크게 지장이 없었던 것이 사실이다.

환승 이직을 준비하는 데서 가장 중요한 것은 '이직을 위한 다양하고, 시기적절한 정보와 그 정보를 이직으로 실현시킬 수 있는 인맥'이다. 링크드인을 활용하는 글로벌 기업들은 리크루트 업체나 서치펌을 통하지 않고 회사의 인사담당자가 직접 링크드인을 통해 채용한다. 직접 대면하지 않더라도 클릭을 통해 어느 국가와 지역이든 원하는 전문가를 찾을 수 있다. 그리고 헤드헌팅을 통한 비용 절감의 효과도 무시할 수 없다. 링크드인은 실제로 국내와 해외의 직접적인 인력 채용이 이루어지는 비즈니스 플랫폼이다. 그리고 링크드인의 강점 중 하나인 전문성을 갖춘 경력자들과 다양한 커뮤니케이션을 할 수 있는 것이다. 링크드인에서의 커뮤니케이션은 전문성과 글로벌 트렌드에 바탕하고 있기 때문에 이직 정보는 물론이고, 업무 전문성과 관계 형성을 위한 다양한 비즈니스 정보가 교류되고 있다. 그리고 여기서 공유하고 습득한 정보는 업무의 다양한 과정에서 폭넓게 활용할 수 있다.

필자는 해외 이직에는 관심이 없었지만 국내의 환승 이직과 관련한 관계 형성의 인맥을 구축하였다. 그리고 업무적으로는 글로벌 비즈니스 트렌드를 구축하는 데 활용하였다. 각 분야별로 구축된 다양한 인맥은 무궁무진한 정보원이 되었고, 때로는 다정한 코치가 되어 주었다.

링크드인에는 이직과 직접적으로 관련된 헤드헌터가 많아서 인맥을 형성하고 그들이 게재하고 공유하는 전문적 헤드헌팅 관련 글을 많이 접할 수 있다. 그리고 또 하나의 차별화된 점으로 다양한 직업군의 선후배를 인맥으로 쌓을 수 있는 것이다. 이들은 정보 공유와 지식 나눔의 상대가 되기도 하였지만 환승 이직이라는 작은 틀에서 보면, 현업에서 얻은 경험을 바탕으로 자문을 구할 수 있다. 그리고 이직의 목표가 되는 기업에 대해 자문을 구할 수 있는 멋진 정보원과 선배가 되어 주었다. 한마디로 말해서 몇백만 원의 정보 비용을 지불해도 얻을 수 없는 '살아 있는 이직 정보'들을 다양하게 얻었고, 검색하며 비교할 수 있게 코칭해 주었다는 것이다.

『링크드인 취업 혁명』이라는 책에서 소개하는 링크드인 활용법을 소개해 보면, 링크드인에 가입한 후 가장 처음으로 하는 것은, 원하는 포지션과 비슷한 일에 종사하고 있는 사람들 중에서 3~5명의 롤 모델을 만드는 것이다. 그들의 프로필을 심도 있게 관찰한 후 장점과 단점을 찾아서 비교 분석하며 연구하다 보면, 본인의 프로필에도 적용할 수 있는 스토리와 강점을 찾을 수 있는 것이다. '성공적인 창조는 모방에서 시작한다.'는 말처럼 롤 모델로 삼은 전문가들의 프로필에서 자신에게 자연스럽게 적용할 수 있는 포인트들을 찾아낼 수 있다. 그리고 이러한 과정을 통해서 얻어 낸 차별화는 환승 이직 시장에서 특히 중요한 퍼스널 브랜딩의 토대가 된다. 다음으로는 롤 모델의 프로필에서 차별화된 부분이 무엇인지를 살펴보면서, 자신이 강화해야 할 경험과 스펙 항목을 잡아내어 보강하는 것이다. 이러한 분석이 완료되었으면, 이를 바탕으로 프로필을 완성한다.

첫인상을 좋게 하고, 찾아보는 프로필이 되게 하기 위해서는 자신을 돋보이게 하는 것이 중요하다. 그러기 위해서 직종에 어울리는 전문가적인 느낌이 나는 프로필 사진과 커버 이미지를 구성하여야 한다. 첫인상이 중요한 선택을 하게 만든다. 여기서도 초두효과가 중요하다. 링크드인 통계 결과에 따르면 사진이 없거나 전문가처럼 보이지 않는 경우의 사람에게는 1촌 신청을 하지 않는 경우가 50%가 넘었다고 한다. 그리고 설사 그러한 사람으로부터 1촌 신청이 들어왔어도 신청 수락을 하지 않는 경우가 높다고 하였다. 필자의 경험으로는 짧은 동영상을 자기소개 프로필에 추가할 수 있는데, 이를 활용하면 프로필의 신뢰도를 높일 수 있고, 전문적이면서도 차별화된 자신을 만들 수 있었다.

링크드인에서는 기본적으로 1촌의 수가 많아야 검색을 통한 노출 확률이 올라간다. 따라서 1촌은 많을수록 좋다. 온라인으로 친분을 쌓고 만남을 요청하는 것이 쉬운 일은 아니다. 그러나 상호 긍정적인 시너지를 만들 수 있는 관계 형성이 가능함을 알려 주면 한층 쉽게 유대감이 충만한 비즈니스 네트워크를 구축할 수 있다. 필자의 경우 자신의 강점을 살려, 도움을 주는 사람들에게 그들의 사업이나 환승 이직, 비즈니스 제휴의 가능성을 제시하였다.

이상의 내용을 응축해 보면, 링크드인의 핵심 활용 방법은 '다양하면서도 많은 수의 1촌 인맥을 구성하는 것'이 관건이다. 그렇기 위해서는 업무 시간을 제외한 자신만의 시간에 링크드인에서의 활동과 교류를 양적으로도 질적으로도 많이 하면서 1촌의 네트워크를 쌓아 가야 한다. 무엇이든지 하루 아침에 이루어지는 것은 없다. 링크드인 비즈니스 플랫폼에서 자신이 원하는 환승 이직을 만들어 내기 위해서는 인맥의 양적, 질적 구축에 적극적으로 투자를 해야 한다. 하루하루 일정 시간을 투자하면서 교류도 하고, 정보를 탐색하고, 학습하다 보면 시나브로 구축된 인맥의 수에 놀라게 될 것이다. 그리고 쌓인 인맥의 양적, 질적 네트워크는 후보자를 빛나게 하는 전구의 플러스 단자와 마이너스 단자의 역할을 하여 환승 이직의 성공적인 불빛을 밝힐 것이다.

마지막으로 환승 이직을 위한 비즈니스 네트워크를 구축하는 방법은 서치펌과 잡포털을 통한 방법이다. 이 방법은 환승 이직뿐만 아니라 많은 수의 취업을 희망하는 사람들이 찾는 방법이고 창구이다. 그러나 환승 이직을 준비하는 후보자라면 일반적인 서치펌과 잡포털 내에서도 환승 이직에 한해 접근하여야 한다. 먼저 서치펌을 통한 접근 방법으로는 가장 중요한 것은 신뢰할 만한 서치펌인가이다. 만약 신뢰할 만한 전문성과 규모가 있다면, 업력(業力)이 어느 정도인지를 기본적으로 파악해 보아야 한다.

서치펌 회사는 필자의 경험으로는 업력(業力)이 길수록 전문성과 규모가 비례하여, 환승 이직의 양적, 질적 관리 수준도 높았다는 것이다. 서치펌과 헤드헌팅의 특성상 오랜 기간 동안 업(業)을 유지하기가 쉽지 않다. 그럼에도 업력(業力)이 최소 10년 이상 유지되었다면, 헤드헌팅 시장 내에서 생존력과 역량이 있는 서치펌으로 추정할 수 있었다. 서치펌의 전문성은 한 사람의 헤드헌터를 통해서 알아 내기에는 한계가 있다. 가장 좋은 방법은 인터넷상에서 검색을 해 보는 방법이었다. 업력(業力)이 길고 전문성이 있는 서치펌은 인터넷 뉴스나 블로그, SNS 글 등에서 부각된다. 특히 칼럼이나 연재를 진행하거나 했던 경험이 있는 서치펌이라면 업세에서의 전문성을 간접적으로 인정받은 것으로 보아야 한다.

다음으로는 해당 서치펌의 헤드헌터 종사자 수가 많으면 많을수록 전문성과 안전성이 확보된 것으로 추정할 수 있다. 서치펌에서 종사하는 헤드헌터의 수가 많다는 것은 그 서치펌이 업계에서 안정적인 사업을 유지하고 있으며. 헤드헌터들이 많음으로 의뢰된 이직의 양적인 기회도 많다는 반증이 되는 것이다.

마지막으로는 서치펌의 홈페이지를 검색하여 학습하라는 것이다. 해당 서치펌의 홈페이지 관리 상태를 보면 서치펌의 헤드헌팅 진행 상황, 양적, 질적 수준을 한 눈에 볼 수 있다. 그리고 각 카테고리별 헤드헌팅 진행의 최근 시사 내용이 잘 관리되고 있으면, 그만큼 양적인 활동도 많은 것으로 추정할 수 있고, 후보자에게는 기회가 많을 수 있는 것이다. 이러한 검색과 비교의 과정을 통해 서치펌을 결정하고, 결정된 서치펌으로 3~5개 정도의 회사를 선별하여 홈페이지에 자신의 이력서를 등록하여 헤드헌터에게 네트워크 형성의 알림을 시작하는 방법으로 접근을 하는 것이다. 이 과정에는 기다릴 줄 아는 끈기가 조금은 요구된다. 해당 포지션이 바로 생기는 경우는 운이 좋은 사례이지만 등록된 이력서에 맞는 포지션 제안이 있을 때까지는 기다림이 필요하다. 이 과정에서 자신을 차별화할 수 있는 부분은 해당 서치펌 홈페이지에 문의를 통해 자신을 부각시키는 방법도 있으며, 가장 적극적인 것은 이력서의 리뉴얼을 최소 2개월 내에 한 번씩 진행하여 적극적인 이직 의사를 알리는 방법도 좋다. 이러한 노력의 과정을 통해서 시나브로 헤드헌터와의 관계가 형성될 수 있다.

잡포털을 통한 관계 구축 방법도 서치펌을 통한 관계 구축 방법과 크게 다르지는 않다. 국내에는 다양한 잡포털이 있다. 대표적인 것이 인쿠르트, 잡코리아, 사람인 등이다. 필자가 직장 생활을 처음 시작하던 1990년대만 하더라도 인력 채용의 수단은 대부분 신문, 잡지였다. 그 후 인터넷으로 이력서를 등록해 취업 지원을 했던 잡포털의 등장은 인력 채용 방식의 혁신으로 보였다. IT 기술의 발전과 컴퓨터 보급률 상승, 인터넷의 확대와 빠른 속도의 발전으로 2000년대 들어서면 잡포털의 인기는 치솟았다.

국내 잡포털의 역사를 보면, 1990년 스카우트와 리쿠르트가 시초였다. 그 후 1998년 인크루트와 잡코리아가 사업을 시작하였고, 2002년에는 사람인이 사업을 시작하며 잡포털의 전성기를 이루었다. 그리고 알바몬과 알바천국 등의 아르바이트 전문 잡포털까지 사업을 시작하면서 잡포털의 춘추전국시대를 만들었다. 최근에는 숙박, 배달, 판매, 방송, 보안 등 업종별 잡사이트가 생겨 구직자들의 구직수요를 충족시켜 주고 있는 실정이다.

환승 이직을 준비하는 후보자의 경우에는 이러한 잡포털 중에서도 환승 이직의 역량이 있는 몇몇 잡포털을 중심으로 이직의 네트워크를 형성하는 것이 좋다. 사실상 아르바이트 전문 취업포털은 환승 이직을 진행하는 전문성과 헤드헌터의 접근성에서 미흡한 채널임에는 분명하다. 필자의 잡포털을 활용한 헤드헌터와의 인맥 형성 방법을 소개하면 두 가지로 요약해 볼 수 있다.

첫 번째가 잡포털과 제휴 관계를 형성한 서치펌의 헤드헌터 서비스를 직접적으로 신청하여 인맥을 형성하는 것이다. 이 방법은 사실상 유료로 진행하는 잡포털의 서비스이다. 그만큼 헤드헌터에게 직접 이력서를 전달할 수 있는 방법이다. 각 잡포털의 환승 이직을 관리하는 창구에서 헤드헌터에게 직접 이력서 전달하기 서비스를 활용하여 헤드헌터와의 관계를 형성하고, 이직의 기회를 만드는 방법이다.

두 번째는 잡포털에서 개별 헤드헌터나 개별 서치펌에서 공고한 환승 이직 제안을 일일이 찾아내서 메일링 하는 방법이다. 이 방법은 직접 손품과 눈품을 인터넷상에서 팔면서 하는 것이기에 비용은 들어가지 않는다. 그러나 시간의 투자와 후보자의 노력의 투자는 들어간다. 잡포털에 공지된 이직 제안을 일일이 찾아서 노트하고, 해당 포지션에 대한 내용뿐만 아니라 각 헤드헌터의 연락처와 메일 등을 찾아서 구축해 가는 것이다. 이러한 방법으로 얻어진 헤드헌터 연락 정보를 바탕으로 개인의 이력서를 메일링 하고, SNS 커뮤니케이션을 쌓아 가면서 양적, 질적인 관계를 구축해 기는 것이다.

예전에는 인맥이라는 개념이 연줄이나 배경처럼 부정적으로 인식될 때도 있었다. 그러나 인적 자산에 대한 중요성이 높아지면서 최근 직장인들 사이에서는 인맥이 하나의 능력으로 인식되고 있다. 직장 생활에서 인적 네트워크가 중요해지면서 인맥에 대한 필요성을 느끼고 있는 직장인은 많지만 구체적인 관리 방법에 있어서는 알지 못하는 경우가 대부분이다.

인맥도 이제는 자기계발만큼이나 중요한 전략 가운데 하나이다. 특히 환승 이직을 준비하는 후보자라면 업무적인 인맥은 물론이고 환승 이직을 위한 인맥 네트워크 구축에도 투자를 하여야 한다. 이처럼 자신의 분야뿐만 아니라 환승 이직을 준비하는 과정에서 인맥 네트워크의 힘을 키울 수 있는 몇 가지 일반론에 대해 이야기한다.

첫 번째는 무엇보다도 환승 이직을 위한 업무의 전문성을 갖추는 것이다. 좋은 인맥과 능력 있는 인맥과 관계를 형성하기 위해서는 그들의 수준만큼 자신의 수준도 끌어올려야 하는 것이다. 즉 유유상종의 법칙이다. 능력 있고 전문성 있는 자신을 만들면 그에 상응하는 인맥은 만들어지는 것이다. 따라서 좋은 인맥을 구축하고 싶으면 우선 자신의 능력과 역량을 전문성 있게 끌어올리는 노력을 하라는 것이다. 능력과 실력이 되지 않는 사람이 인맥을 활용하려 드는 것은 자칫 청탁이나 로비로 비춰질 수 있다. 인맥 네트워크 구축의 기본 중의 기본은 자기 역량 향상이라는 것을 기억하고, 좋은 사람 만나고 싶으면 자신을 잘 가꾸라는 것을 명심해야 한다.

두 번째는 다양한 정보를 먼저 공유하는 것이다. 이 방법은 필자가 가장 잘 활용하는 방법이다. 먼저 각종 정보와 자료에 대한 수집하는 습관을 들여야 한다. 그리고 시나브로 형성된 정보와 자료를 시의적절하게 필요한 사람, 즉 인맥에게 공유해 주는 것이다. 이 방법을 통해 정보를 공유받은 인맥은 점점 관계의 정도가 높아지고, 커뮤니케이션의 양도 함께 늘어나게 된다. 이러한 인맥 중에 헤드헌터나 기업의 인사담당자도 포함되는 것이다.

정보는 일상생활의 소소한 정보에서부터 직장 생활, 금융, 투자, 취미 등의 직장인이 관심을 가질 만한 정보를 공유하는 것이다. 물론 종교나 정치적 정보는 보이지 않는 마찰을 야기할 수 있으므로 삼가는 것이 좋다. 상대에게 호감을 주는 사람과 기억에 남는 사람이 되는 방법 중에 가장 좋은 방법이 작은 정보라도 상대방에게 필요한 정보를 알려 줄 수 있는 감각이다. 상대가 미처 알지 못하거나 꼭 알고 싶어하는 정보를 알려준다면 자신의 존재감을 크게 각인시킬 수 있는 것이다.

세 번째는 명함 관리는 기본 역량이다. 많은 직장인이 명함 관리에 소홀한 것을 자주 목격한다. 명함은 환승 이직을 준비하는 후보자에게는 인적 자산을 쌓아 가는 과정이다. 일반적인 명함 관리에 대한 기법은 여기서 이야기하지 않겠지만 앞에서 설명한 명함 관리 앱을 사용하여 관리하는 습관을 들이는 것이 중요하다. 이처럼 명함 관리를 하는 마음이 형성되면서부터 명함 관리 서비스 등을 찾게 되는 것이고, 자연스럽게 비즈니스 서비스 앱에서 제공하는 환승 이직의 다양한 서비스와 자연스럽게 접하게 되는 것이다.

네 번째는 다양한 디지털 인맥을 형성하는 것이다. SNS를 기반으로 하는 커뮤니티와 동호회 등을 통해 디지털 인맥을 형성하면서 네트워크를 쌓는 것이다. 디지털 인맥은 쉽게 만들 수 있다는 장점이 있다. 그러나 관계 형성의 지속성을 위해서는 오프라인 모임에 참여하고 자신의 의견을 표현하는 등 적극성이 있어야 인맥 유지가 가능하다. 마지막 다섯 번째는 자신만의 인맥 트리(Tree)를 만드는 것이다.

인맥 트리를 구축하는 것은 다양한 인맥을 직업군별 또는 자신의 활용

목적에 적합하게 구분하여 관리하는 것이다. 필자의 경우에는 친밀함의 정도에 따라 3단계로 구분하여 인맥 트리를 구축하였다. 인맥에도 '파레토의 법칙' 즉 '20:80의 법칙'이 존재한다. 자신의 경력개발과 발전을 위해 중요한 영향을 미칠 수 있는 상위 20%의 인맥 트리를 구축해 가는 습관을 들이도록 하는 것이 좋다.

우리가 살아가고 있는 시대를 흔히 'VUCA시대'라고 표현한다. 변동적이고 복잡하며 불확실하고 모호한 사회라는 것이다. 변동성(Volatility), 불확실성(Uncertainty), 복잡성(Complexity), 모호성(Ambiguity)의 약자이다. 상황이 제대로 파악되지 않아 즉각적이고 유동적인 대응 태세와 경각심이 요구되는 상황을 나타내는 군사 용어로 사용되었지만, 상황이 빠르게 바뀌는 현대 사회 및 불안정한 고용 시장 상황을 표현하는 용어로 대변되고 있다.

환승 이직도 이 관점에서 바라보면 변동성(Volatility), 불확실성(Uncertainty), 복잡성(Complexity), 모호성(Ambiguity)으로 대변된다. 기업은 물론 환승 이직을 희망하는 개인이 이러한 상황에서 살아남기 위해서는 기업 혁신과 개인 혁신을 진행해야 함은 당연한 것이다. 기존의 지식과 경험에서 탈피해 새로운 도전의 방법을 찾아야 한다. 그리고 환승 이직 후보자에 한정한다면 개인의 환승 이직을 위한 인맥의 양적, 질적 수준을 높이고, 이직을 위한 네트워크를 항상 구축해 가야 하는 것이다. 각 개인과 상황에 적합한 이직을 위한 인맥 구축 네트워크 채널들을 찾아야 한다.

Chapter 7.

평생 함께할 만한 인생의 멘토 같은 헤드헌터를 정해서, 집중 투자하라

2022년 4월의 봄날, 코로나가 지속적으로 감염 확산의 맹위를 떨치던 시기였다. 사무실에서 우편물을 전달해 주는 관리부서 여직원이 필자에게 도착한 우편물을 전해 주었다. 봉투를 뜯어 보니 예쁜 청첩장이 들어 있었다. 청첩장의 결혼 당사자는 이름이 익숙하지 않은 사람들이었으나 이내 인생의 멘토처럼 모시는 선배님의 딸이 결혼을 하는 청첩장임을 알 수 있었다. 축하할 일이고 경사였다. 딸의 혼사를 앞두고 청첩장을 보내온 선배님은 직업이 서치펌 회사의 대표이사이다. 대기업에서 인사담당 임원으로 재직 후 퇴사하여 헤드헌터로 직장 생활을 20여 년이 넘게 하신 후에, 서치펌을 창립하여 독립하신 분이다. 서치펌과 헤드헌팅 시장에서는 전문가로 명성이 자자한 그런 분이다.

필자는 30여 년간 식품회사에서만 재직을 하였다. 처음 입사한 국내 굴지의 식품회사인 N사를 제외하고 3개의 식품회사와의 인연은 이 선배님의 직간접적 연결이 있었기에 가능했다. 그리고 이직한 각 회사마다 빠른 시간 안에 연착륙할 수 있었고, 심지어 능력을 인정받아 임원 승진과 성과급, 연봉 상승을 가질 수 있었던 것도 이분의 코칭과 관심 덕이 많았다.

첫 번째 이직을 원하는 포지션과 원하는 만큼의 연봉 대우를 받으면서 성공할 수 있게 한 은인(恩人)인 헤드헌터이다. 물론 이 선배님의 인성과 능력, 전문성이 선배님을 이직의 신(神)으로 떠받들면서 기댈 수 있었던 가장 중요한 요소이다. 하지만 그와 병행하여 필자의 '인생 멘토 만들기'의 노력도 결코 무시할 수 없다. 이제는 서로 격이 없이 자녀들의 청첩장까지 편하게 주고받을 수 있는 관계가 형성되었지만 필자 나름의 노력과 정성, 관심이 없었다면 불가능했을 것이다.

환승 이직을 준비하는 후보자들은 자신의 목표인 이직을 성공하고 나면, 대부분이 헤드헌터와의 관계를 정리하거나 소원해지는 것을 주변에서 자주 접하게 된다. 그러면서 후보자 자신에게 섭섭하게 한 헤드헌터를 입 속의 껌 씹듯이 씹는 사람들이 많다. 특히 사회 생활 중에 알게 된 동호회 후배나 커뮤니티 후배들의 술자리에서 나오는 편한 말 속에서, 이직을 준비하면서 경험한 나쁜 헤드헌터의 기억을 술안주로 삼는 후배들이 많았다. 그럴 때마다 필자는 "자네는 그런 헤드헌터를 욕하면서 자네를 이직 성공시켜 준 헤드헌터와의 지금 관계는 어떤가?"라고 물으면, 대부분의 후배들이 말을 못 이어 갔다.

우리는 흔히 자신에게 상처를 주거나 피해를 준 것에 대해 극도로 민감하게 처신하는 경향이 있다. 그러나 자신에게 도움을 주거나 협력이 되어 준 사람들에게는 마음으로는 고마워하면서도 그 고마움을 표현하는 것에 상당히 인색함을 볼 수 있다.

필자는 후배들과 편한 술자리를 하면 자주 하는 말이 있다. 그것은 "내가 죽으면 가족과 친지를 제외하고, 자발적으로 내 관을 들어줄 수 있는 6명의 진실한 인간관계를 맺는 것이 내 인생의 목표다."고 이야기한다. 각자 인생의 소중한 목표가 있겠지만 필자의 인생 목표는 평범한 듯하지만 결코 쉽지 않은 것이다. 왜 이런 인생의 목표를 세웠냐고 물으면, 수많은 장례식에 조문하여 보면서 인간의 삶이 참으로 허망하다는 것을 알게 되었다. 그리고 그 깨달음 속에서 한 사람이 세상을 떠나는 마지막 장례식에서, 그 사람이 지금까지 어떻게 살아왔는지를 여실히 볼 수 있었다. 세상을 아무리 멋지게 살았다고 해도 장례식에서 가족과 친지를 제외하고, 고인의 관을 자발적인 추모의 마음으로 들어서 발인해 주는 6인을 다 갖춘 사람을 아직은 보지 못했다.

죽으면서 발인을 멋지게 하고 싶어서 이런 6인을 만들고 싶은 것은 아니다. 설사 6인을 만들지 못하더라도 죽어서 찾아오는 사람도 없는 인생을 살지 않기 위한 필자만의 각오로 생각해 주길 바란다. 이러한 마음으로 인생에서 진실하고, 사람과의 관계를 소중히 만들어 가려고 노력한다. 그 노력의 한 가지 중에 있는 사람도 '나의 환승 이직을 신경 써서 잘 코칭해 준 헤드헌터와의 관계를 소홀하게 하지 않는 것'이다.

생각을 한번 바꾸어 보자. 환승 이직을 준비하는 후보자인 여러분은 헤드헌터에 대한 마음이 어떤가? 환승 이직을 성공해 본 여러분은 도움을 준 헤드헌터와 지금 어떤 관계를 유지하고 있는가?

환승 이직도 수많은 경쟁자들과 펼치는 엄연한 경쟁의 관계이다. 그 경쟁의 틀 속에서 나를 코칭해 준 헤드헌터와 관계를 소홀히 하는 후보자는 성공적인 이직은 물론 향후 이직과 관련된 직장 생활에서 외로운 경쟁을 하게 될 것이다.

이제는 환승 이직에서 헤드헌터와의 관계 정립에 대한 마음부터 바르게 정립할 필요가 있다. 필자처럼 꼭 인생의 멘토와 같은 헤드헌터 관계가 아니더라도 '고마운 것은 고맙다고 표현하고, 부족한 것은 보강하여 헤드헌터의 든든한 후보자가 되어 주겠다.'는 마음가짐의 변화부터 있어야 한다. '이직에 성공하면 자신의 능력과 경력, 스펙 덕분이라고 하고, 이직에 실패하면 헤드헌터의 전문성과 역량, 관심이 부족하기 때문'이라는 관념부터 버려야 한다. 그리고 이런 관념적인 사고로 환승 이직을 진행하는 후보자일수록 결과의 뒤끝은 안 좋다. 그리고 헤드헌터도 그에 상응하게 응하기 때문에 '인생의 멘토'와 같은 헤드헌터를 만날 가능성은 거의 제로(0)에 가깝다.

헤드헌터도 감정을 가진 인간이고, 베푸는 것에 대해 감사할 줄 알고, 자신을 대우하는 사람에게 대우하는 자세를 대부분이 가지고 있다. 후보자가 헤드헌터를 잘근잘근 씹는다면, 우선하여 후보자 자신은 헤드헌터에게 잘근잘근 씹힐 만큼의 허물이 없는지부터 살펴보아야 한다. 자신을 돌아보고 상대를 배려하는 마음에서부터 '인생의 멘토 같은 헤드헌터와의 관계 형성하기'가 가능해진다.

헤드헌터 업계에서 다년간 경험을 구축한 헤드헌터일수록 경륜이 높고 인품 또한 높다. 이런 분은 이직뿐만 아니라 후보자의 평판 및 사람 됨됨이까지 잘 살핀다. 그리고 제대로 된 사람을 후보로 추천한다. 헤드헌터를 함부로 생각하고, 이직이라는 목표만 완성되고 나면 인간 관계를 소홀히 생각하는 후보자이면서, 헤드헌터에게 대우받고 인정받으려 해서는 안 된다. '헤드헌터에게 대우받고 관심받고 싶은 만큼 후보자도 똑같이 헤드헌터에게 해야 한다.' 이것이 필자가 다년간 환승 이직을 통해 경험한 진리이다.

헤드헌터와의 관계는 최초 이직 제안부터 시작해서 이직 진행 단계마다 코치가 되어 주고, 면접과 심지어 연봉 협상에서 든든한 정보원과 백그라운드가 되어 줄 수도 있는 것이다. 그리고 가장 중요한 '인생의 멘토 역할'은 이직 후의 새 직장에서 안정적으로 정착할 수 있는 도움까지 받을 수 있는 관계 형성이 가능하다. 그 후에는 필자처럼 서로 1촌처럼 더 가까이 정보와 마음을 나눌 수 있는 든든한 '인생의 멘토'로 자리매김할 수 있다.

환승 이직에 성공과 실패가 후보자에게는 중요한 것임에는 틀림없다. 그러나 가장 중요한 것은 이직 또한 경쟁이다 보니 후보자가 원하는 만큼 쉽게 성공하지 못하는 경우가 더 많을 수 있는 것이다. 모든 성공의 시작은 이직을 실패한 후에 어떻게 처신하는가에 따라 결과가 달라진다. 한 번 맺은 헤드헌터와의 관계를 단순히 이직에 실패하였다고 해서 접어 버리는 경우 없는 후보자가 되어서는 안 된다.

환승 이직에 실패했다고 손가락질을 헤드헌터에게 하면, 다섯 손가락 중에 한 개 정도의 손가락은 그 헤드헌터를 비난하고 있을 수 있지만 나머지 3개 이상의 손가락은 실패한 후보자 본인을 가리키고 있음을 알아야 한다. 환승 이직 시장에서 실패의 가장 근본적인 원인은 최우선으로 후보자 본인으로부터 출발함을 냉정하게 알아야 한다. 그 후에 헤드헌터와의 관계, 역량, 전문성, 관심 등을 체크하는 것이다.

인생의 멘토와 같은 헤드헌터를 만드는 것은 환승 이직을 진행하는 후보자에게는 중요한 부분이다. 설사 한 번 이직을 실패하더라도 그 헤드헌터에게 더 깊은 감사를 표현하고 때마다 인사를 전해 보라. 그 노력과 관심은 다시 후보자에게 다른 포지션 제안이라는 결과로 돌아올 것이다. 그리고 한 발 더 나아가 많은 고민을 의논할 수 있는 '인생의 멘토'를 형성하는 관계로 발전할 수 있을 것이다.

필자는 헤드헌터와의 관계를 '인생의 멘토'처럼 만들었다. 운도 좋았지만 그만큼 노력도 많이 했음을 자랑하고 싶다.

Chapter 8.

헤드헌터에게 매력 있는 사람이 되어라

언젠가 동아일보 기사 중에 "20~40대 절반 연봉 줄어도 조직문화 맞으면 이직… 휴가 최우선"이라는 기사를 읽고, 변화하는 직장 가치관에 대해 생각을 한 적이 있다.

기업의 리스크로 작용하고 있는 조기 퇴사와 이직에 대한 문제를 다룬 기사였다. 이 기사 내용을 보면, 60%에 가까운 직장인이 조직 문화가 맞지 않아서 퇴사나 이직을 고민하고 있다. 직장 선택과 이직 고려의 요건에서도 연봉보다는 기업 문화를 중시하며, 개인시간 투자와 합리적 업무 강도를 중요시하였다. 심지어 이 기사에 의하면 잘 다니던 회사에서 연봉을 줄여 가면서까지 이직을 하는 사례자도 있다.

필자가 직장 생활을 시작하던 1990년대에의 직업 가치관과는 판이하게 다른 지금의 20~40대의 가치관을 엿볼 수 있는 것이다. 직장인의 60%가 기업 문화가 마음에 들지 않으면 퇴사를 고민하거나 실제 실행에 옮긴 적이 있는 것으로 나타났다. 그리고 어렵게 발탁한 인재들을 조직 문화와 융화되지 않아서 놓쳐야 하는 것이 기업들의 관리 리스크로 작용하고 있는 현실이다. 이만큼 직장 생활에 대한 가치 기준이 많이 다름을 알고 퇴사는 물론이고 이직에 대한 관점도 달라져야 한다.

다니던 직장에서 조직 문화가 맞지 않든 아니면 다른 이유가 있어서 환승 이직을 진행하는 경우에는 단순하게 경력과 스펙만 확보하면 가능한 것이 아니다.

환승 이직은 객관화된 요소외에도 무엇인가 끌리는 것이 있어야 한다. 그 무엇인가 끌리는 것은 헤드헌터와 고객사(이직 회사)에서 후보자에게 끌리는 매력이다. 이러한 끌리는 매력을 가지기 위해서는 헤드헌터 기준에서 끌리는 후보자와 끌리지 않음은 물론이고 절대로 추천하고 싶지 않은 후보로 나눌 수 있을 것 같다. 환승 이직은 객관화된 경쟁 요소 외에도 사람 대 사람의 관계에서 일어나는 끌림의 매력을 잘 관리하고, 이직에 대한 비매너를 경계하는 자세에서 차이가 난다.

먼저 헤드헌터 입장에서 기업에 꼭 추천해 주고 싶은 인재의 유형에 대해서 알아본다. 여기서는 환승 이직의 경력, 스펙, 역량은 공통적으로 갖추어야 할 요소임으로 언급을 배제하고 그 외의 정성적인 끌림의 요소에 대해 이야기한다.

후보자들이 헤드헌터에게 매력적인 끌림을 일으키기 위해서는 종합적인 실력, 능력을 겸비하는 것은 당연한 것이다. 헤드헌터에 따라 호감 가는 인재형이 조금은 다를 수 있겠지만 실력과 능력을 겸비한 뛰어난 후보자는 선택과 제안의 대상이 될 수밖에 없다. 헤드헌터의 고객은 기업이다. 따라서 고객사인 기업이 어떤 경력 인재를 선호하는지를 파악하는 것이 중요하다.

기업이 헤드헌터에게 요구하는 환승 이직의 인재상은 기업의 특성에 따라 조금씩 차이가 있을 수 있겠지만 일반적인 기업이라면 공통적으로 선호하는 정성적, 정량적 항목이 있다. 그중에서 정성적인 역량의 요소들 중에는 적응력, 팀워크, 충성심, 적극적 태도, 주인의식, 솔선수범의 자세 등이다.

이 글을 읽는 독자라면 아마도 환승 이직에 대한 관심을 많이 가지고 있는 분일 가능성이 높다. 이직을 염두에 둔 후보자에게 정성적인 항목에 대해 매력을 발산할 수 있다는 것은, 이직을 하지 않는 직장인에 비해서 힘들 것이라고 생각할 수 있다. 그러나 그렇게 생각하는 것은 큰 착각을 하는 것이다. 오랫동안 한 회사에서 종사하는 것도 중요하지만 이직을 하는 것도 직업이라는 일의 근본은 바뀌지 않고, 어디에서 일하는지의 장소만 바뀌는 것이다. 이직을 한다고 해서 기업에 대한 정성적인 매력을 발휘할 수 없는 것은 결코 아니니다.

단순한 예를 들어 보면, 프로 야구 선수들이 프로 선수로서 야구라는 직업에 대한 정성적인 부분인 성실성, 적극성, 충성심, 솔선수범의 자세, 팀워크, 주인 의식 등이 없는 것이 아니니다. 다른 팀으로 이적하여 선수 생활이라는 직업 생활을 영위하더라도 더 좋은 활동과 성과를 내기 위해 노력하는 것과 같은 것이다.

환승 이직의 세계도 프로 야구 선수의 세계와 동일한 것이다. 어느 팀에서 경기를 하느냐, 팀을 이동하는 이유는 나를 프로로 인정해 주고 대우해 주기 때문이며, 그 대우와 인정에 맞는 일을 하고 성과를 내는 것과 환승 이직이 무엇이 다른 것이 있겠는가? 이러한 관점에서 헤드헌터에게 매력 있는 후보자가 되기 위한 끌림의 요소들을 소개한다.

첫 번째는 첫인상을 좋게 남기는 후보자를 선호한다는 것이다. 기업이 헤드헌터에게 환승 이직 의뢰를 하는 경우에는 상호 신뢰를 바탕으로 업무를 시작한다. 그러므로 헤드헌터의 후보자에 대한 추천 의견이 당락을 결정하는 중요한 변수로 작용한다. 최소한 1차 서류 전형까지는 영향을 미칠 수 있다. 첫인상을 좋게 남기는 후보자는 인사를 나누자마자 후보자의 모든 사항이 헤드헌터의 머리와 심장에 저장되는 것이다. 첫인상을 좋게 남기는 후보자는 헤드헌터의 최애 사람으로 자리매김할 가능성이 높아진다. 첫인상을 좋게 남긴다는 것은 정량적인 스펙과 경력, 역량 외에 헤드헌터가 파악하게 되는 후보자의 외모, 매너, 열정, 행동, 가능성, 카리스마, 리더십(Leadership)과 팔러워십, 사교성, 적극성 등을 세심하게 보게 된다.

따라서 환승 이직을 희망하는 자신의 첫인상을 좋게, 긍정적으로 남기기 위해 신경을 써야 한다. 헤드헌터에게 매력 있는 끌림이 있는 후보가 되는 첫걸음은 헤드헌터의 제안을 받은 그 순간에 어떻게 대하는가에서부터 시작되는 것이다. 좋은 첫인상을 남길 수 있도록 노력해야 한다.

두 번째는 진실하고 정직한 후보자를 선호한다. 이 책의 앞 장에서 설명하였듯이 헤드헌터는 후보자를 하나의 매력 있는 상품으로 볼 수도 있다. 그리고 그들은 그 상품으로 후보자의 상품성을 누구보다도 잘 가늠하는 능력을 갖추고 있다. 이러한 이직 가능성이 높은 상품성을 보면서도 내면에서는 상품성의 진위를 파악하는 능력이 있다. 후보자의 상품성이 과대 포장되거나 허위의 역량이나 경력으로 꾸며졌는지에 검증하는 것이다. 그리고 이러한 헤드헌터의 능력을 바탕으로 후보자를 검증하는 기준은 후보자의 진실성을 보는 것이다.

자신을 돋보이기 위해 사실을 왜곡하거나 포장하지 않는 있는 그대로의 경력과 역량, 스펙을 오픈하는 후보자를 선호하는 것이다. 헤드헌터는 후보자에 대해 확신이 없으면 이력서와 경력이 아무리 좋아도 기업에 추천하지 않는다.

좋은 헤드헌터는 후보자가 부족하면 부족한 대로 후보자의 장단점을 파악하고 도움을 주기 위해 최선을 다한다. 그러므로 자신을 과대 포장하는 진실성 없는 태도는 보여서는 안 된다. 이직의 첫 단추는 무조건 사실에 기반하여 진실하게 진행하여야 한다. 그리고 부족한 부분이나 서투른 부분은 헤드헌터에게 도움을 요청하면, 그의 전문성에 기반하여 올바른 방향으로의 코칭을 충분히 받을 수 있다. 그리고 이러한 진실한 출발이 기반이 되어 이직 성공 가능성이 높아진다. 그리고 '인생의 멘토'와 같은 관계를 형성하는 주춧돌을 놓는 과정이 되는 것이다.

세 번째는 이직에 대한 의욕이 넘치는 적극적인 후보자를 선호한다. 필자는 이직을 진행하면서 나름대로 마음속에 결심한 것이 있다. 그것은 "이직을 결심하면 치밀하게 준비하고, 냉정하게 결정한다."는 것이다. 지금은 환승 이직을 통해 얻고자 한 포지션과 대우에 대한 목표를 어느 정도 달성하였기에 더 이상의 이직을 염두에 두고 있지는 않지만, 이직을 심각하게 고려하고 진행하려고 마음의 결정을 내렸을 때는 위와 같은 마음으로 헤드헌터의 제안을 적극적으로 수용하고 열의 있게 의욕을 내면서 진행했다. '할 거면 적극적으로 하고, 하지 않을 것이면 시도조차 하지 마라. 어중간하게 뜸 들이다가 죽도 밥도 안 된다.'는 생각으로 헤드헌터의 제안을 적극적으로 받아들이는 자세가 중요하다.

물론 이직 제안에 대해 생각이 없는 경우에도 마찬가지로 명확하게 이직의 의사가 없음을 밝히는 자세가 필요하다. 그리고 제안하여 줌에 대한 진심에 바탕한 고마움을 표하고, 향후 제안을 주면 정중히 고민해 보겠다는 여지를 남겨 두는 매너도 필요하다. 헤드헌터에게 이런 모습은 후보자가 적극적이며 매너 있고 이직을 하더라도 가능성이 있는 사람으로 비춰질 것이다. 그리고 비록 지금은 제안을 받지 못했지만 향후 다른 이직 제안이 있을 때를 염두에 두고 후보자를 관리하게 되는 것이다.

네 번째는 자신의 가치를 객관적으로 아는 후보자를 선호한다. 헤드헌터는 현실적이면서도 후보자의 상품 가치를 빨리 파악할 수 있는 선구안이 있다. 아마도 업계에서 일을 하다 보니 얻게 되는 능력일 것이다. 경제 상황에 기반하여 취업 시장의 영향을 짐작하고, 각 분야 흐름을 파악하여 인력 시장에서의 인재 가치에 대해서도 기준을 가지고 있다. 그러나 간혹 이직 후보자 중에는 자신의 몸값을 현실 이상으로 지나치게 높게 평가하거나 반대로 자신의 가치에 대해 개념조차 없는 후보자들이 있어 기업에 제안을 망설이는 사례가 있다.

헤드헌터가 이런 부분에 대한 코칭을 하겠지만 환승 이직을 준비하는 후보자라면 현재의 직장에서 자신이 인정받고 있는 가치에서 향후 이직 회사에서 인정받기를 바라는 가치에 대한 객관적 기준은 가지고 있어야 한다.

만약 후보자 본인이 헤드헌터이거나 기업의 인사담당자라면 자신의 가치의 기준도 가지고 있지 않은 후보자를 뽑아서 함께 일하고 싶겠는가? 자신의 가치조차 평가하지 못하고 자신을 사랑하지 않은 후보자는 이직 자체를 고민하지 말아야 한다. 우선 자신의 가치에 대해 고민한 후 그것이 정립되면 그 후에 이직의 문을 두드리는 것이 맞는 이직의 길을 걷는 첫걸음이다. 헤드헌터는 이처럼 자신의 가치를 객관적으로 가지고 이는 의식 있는 후보와 이직을 진행하고 싶은 것이다. 후보자는 현재 경력과 능력에 적합한 분야의 연봉 등에 대한 객관적인 평가와 기준을 가지고 있어야 한다. 또한 이직의 명확한 사유도 확고하게 가지고 있어야 한다.

다섯 번째는 이름이 회자되거나 성공의 스토리가 있는 후보자를 매력적으로 본다는 것이다. 이름이 회자된다는 것은 사회적인 명망이 있을 정도로 이름이 알려지는 것을 말하는 것이 아니다. 재직 중에 성공 스토리를 가져서 회사의 사보나 커뮤니티에서 이름이 알려진 사례를 가진 후보를 말한다.

앞 장에서 언급된 내용이지만 필자가 헤드헌터로부터 예상하지 못한 인생 첫 이직 제안을 받은 것도 회사의 사보에 업무 성공 스토리가 게재되었기 때문이다. 그리고 사보가 몇 몇 외부 관련 회사 및 단체로 공유되면서 헤드헌터가 보게 되었고, 관심을 가지고 제안을 한 사례이다.

특히 기술 직종이나 영업. 마케팅 직군처럼 성공이나 성과 개발의 스토리가 있는 경우에는 사보 및 관련 협회지 등에 이름이 회자될 가능성이 높은 것이다. 이러한 이름의 회자와 성공 스토리의 보유는 후보자를 직간접적으로 증빙할 수 있는 보이지 않는 힘이 있는 자격증과 같은 역할을 할 수 있다. 그리고 검증을 객관적으로 할 수 있는 것이기에 헤드헌터들은 매력을 느끼는 것이다.

그리고 이러한 이름과 스토리를 보유한 후보자는 이직 성공의 가능성이 한층 높다고 할 수 있다. 그리고 이런 후보자는 동종 업계에서도 나름 이름이 알려져 있고, 업계의 명망 있는 분들의 추천 대상이 될 가능성이 더욱 높은 것이다. 반드시 매스컴 등의 언론 매체가 아니더라도 동호회, 커뮤니티 등의 모임에서도 자신의 전문성을 확고히 보유한 후보자는 군계일학처럼 이름이 알려지는 것이다. 따라서 자신의 이름과 성공 스토리에 대한 구축을 해 나가는 것이 좋다.

필자의 경우에는 유통 관련 협회에 투고나 칼럼, 강의 등을 통해 이름을 알렸고, 업무의 전문성도 함께 어필하였다. 그리고 개인적인 관점에서 가장 쉽게 자신의 업무 전문성과 이름을 알릴 수 있는 방법은 SNS 활동을 꾸준히 하여 지식과 전문성을 구축하는 것을 권한다. 블로그, 카페 등을 활용하는 방법도 권할 만한 활동이다. 이처럼 헤드헌터는 직무와 관련한 후보자의 이름이 알려지고, 그 직무 관련 지식 형성과 스토리를 보유한 후보자에게 매력을 느끼는 것이다.

필자가 '인생의 멘토'로 생각하는 서치펌의 대표께서 저녁 식사 자리에서 '다시 만나고 싶은 사람(후보자)의 유형'에 대해 언급하신 적이 있다. 당시에 말씀하신 모든 내용을 다 기억하지는 못하지만, 수십년 헤드헌팅을 진행하신 전문가 중의 전문가인 S 서치펌의 대표님께서 언급하신 몇 가지를 공유해 본다.

"매너가 좋은 사람은 상황에 따르는 처신을 잘하는 사람이다."라고 하셨다." 이러한 유형의 사람으로는 "잘 듣는 사람, 잘 웃어 주는 사람, 잘 기다리는 사람, 보디랭귀지를 잘하는 사람, 밥 한 번 같이 먹고 싶은 사람, 서로의 관계를 주변 사람에게 알리고 싶은 사람, '감사하다', '고맙다'는 말을 잘하는 사람, 긍정의 단어를 많이 쓰는 사람, 시간 약속이 철저한 사람, 자신을 낮추고 실력으로 깊은 충격을 주는 사람이다."라고 하셨다.

기억을 거슬러 추려 보았다. 헤드헌터 업계에 다년간 종사하신 전문가로서 하신 말씀이다. 이 열한 가지 내용은 앞의 다섯 가지 '헤드헌터가 선호하는 후보자의 유형'과 함께 '자신을 매력 있는 후보자로 만들기 위한 보충 항목'으로 관심을 가지길 바란다.

환승 이직을 준비하는 과정에는 헤드헌터가 매력을 느끼는 후보의 유형도 많지만 반대로 헤드헌터가 기업에 '절대로 추천하려 하지 않는 후보자의 유형'도 있다.

첫 번째가 비현실주의자 유형이다. 이 유형은 편한 일만 찾고, 편한 근무 방식을 선호하면서 대우와 처우는 좋은 비현실적인 이직 회사를 갈구하는 유형이다. 한마디로 현실 감각 제로인 후보자 유형인 것이다.

필자가 30년 넘게 직장 생활을 하면서 수차례 이직을 성공했지만 이런 회사는 없었다. 아니 없다! 이 희망을 빗대어 표현해 보면, 맛도 좋고, 양도 많고, 청결한 음식인데, 값도 싼 음식을 만드는 것이다. 기업의 이익 추구와 사회의 영리 추구 관점에서 이 모든 사례를 비교한다면 사실상 불가능한 희망이라 할 수 있다. 만약 이런 회사가 있다면 굳이 헤드헌터를 통해 서칭할 이유가 없을 것이다. 필자가 몸담고 있는 현직의 회사에서도 젊은 직원들의 이런 희망이 많은 것이 현실이다. 높은 연봉과 복지를 누리고, 맡은 보직은 좀 편했으면 좋겠고, 정시 출근에 정시 칼퇴근을 하는 조직 문화가 있는 회사. 불가능한 회사의 유형은 결코 아니지만 이직 희망자 모두의 수요를 충족해 줄 만큼 이런 회사가 많지 않다는 것이 문제이다. 그리고 요즘은 코로나 영향으로 아예 출근하지 않으면서 재택근무를 하는 회사를 선호하는 추세이기도 하다. '로마에 가면 로마의 법을 따르는 것'이 맞다. 이직을 희망하면 본인이 원하는 회사를 찾을 때까지 노력을 해야 하지만 현실과 맞지 않는 비현실적인 이직 회사의 유형을 바라는 현실 감각 떨어지는 후보자는 되지 않도록 해야 한다.

두 번째는 자존감과 자신감이 지나치게 떨어지는 후보자이다. 자신에 대한 자존감이 지나쳐도 문제이지만 이 유형은 자존감이 지나치게 낮은 유형이다. 그러나 현실의 직장에서는 힘든 업무로 인해 극복이 안 되다 보니 이직만 생각하고 자신을 표현하지 못하는 유형인 것이다.

자신에 대해 자신감과 자존감조차 갖지 못한 후보는 결국은 면접 과정에서 쓰라린 패배의 맛을 보게 됨으로, 헤드헌터 입장에서는 절대로 추천하지 않는 유형이 된다. 헤드헌터의 세계에도 무턱대고 많은 후보를 추천하지 않는다. 여러 후보 중에 검증하고 검증하는 과정을 통해 진정으로 합격 가능성이 높은 후보를 추천하는 것이 헤드헌터의 속성이다. 그리고 합격 가능성이 현저히 낮은 자존감과 자신감이 낮은 후보를 추천하면 고객사로부터 헤드헌터에 대한 추천력을 의심받을 수 있는 것이기에 절대로 추천을 하지 않는 것이다.

세 번째는 약속 개념이 약한 후보자이다. 약속 개념이 약하다는 것은 헤드헌터와 이직 진행을 하기 위한 진행의 과정 중에 여러 가지 시간적 마감 기한과 원활한 진행을 위한 절차의 약속이 제대로 지켜지지 않는 경우이다.

헤드헌터의 최초 이직 제안에 대한 수용 의사를 후보자가 밝히고 나면 이력서 작성부터 일정에 맞추어 진행해야 한다. 그러나 이력서 접수 시작부터 서로 약속한 일정과 시간을 지켜 주지 않는다면, 헤드헌터 입장에서는 고객사와의 이직 진행에 애로를 겪을 수밖에 없을 것이다.

헤드헌터가 겪는 애로를 차치하더라도 서로 약속한 일정과 시간의 소중함을 인식하지 못하는 후보자를 추천하기에는 어려움이 있을 것이다. 필자의 경우도 약속에 대한 상호 이행과 존중은 모든 비즈니스의 원활한 진행을 위해서는 기본이 되어야 하는 사항이라 생각한다. 30여 년의 비지니스 경험을 비추어 볼 때에 약속에 대한 개념이 철저하지 못한 사람과의 비즈니스는 결국은 시간의 문제일 뿐 꼭 문제를 발생시켰다는 경험칙에는 변함이 없었다.

헤드헌터 입장에서도 약속을 잘 지키지 않는 후보자를 고객사에 추천하기는 쉽지 않을 것이다. 서로 협의하여 정한 일정과 시간 절차에 대한 약속이 철저히 지켜져 야지만 성공으로 가는 이직의 절차가 진행될 수 있는 것이다.

네 번째는 기다림을 모르는 후보이다. 진행 상황에 대해 피드백을 해주지 않는 헤드헌터도 문제의 헤드헌터 유형 중 하나이지만 후보자 입장에서 이직 진행 중에 소요되는 시간이나 절차를 기다릴 줄 모르는 경우이다. 헤드헌터는 후보자 한 사람의 이직에 대한 업무만 진행하지는 않는다. 이직을 위한 다양한 고객사의 의뢰를 많은 후보자들과 진행하기 때문에 후보자 입장에서 1:1로 바라보는 관계 이상의 다양한 관계를 형성하며 업무를 진행한다고 봐야 한다. 그러다 보니 후보자에게 진행 내용을 제때에 공유해 주지 못하는 경우도 있다. 이 경우에는 후보자가 미리 연락하여 진행 상황에 대해 체크할 수 있다.

그러나 헤드헌터가 미리 진행 상황에 대해 공유를 해 주었음에도 불구하고 조바심을 느끼는 바람에 업무에 방해가 될 정도의 연락을 통해 진행 상황을 확인하려는 후보자의 유형은 헤드헌터 입장에서는 적극적으로 진행하기에 부담스러운 것이다. 처음 제안을 통해 진행 과정에서 이러한 후보자의 성향을 알 수 있어서 첫 제안에 대한 진행은 지속하겠지만, 향후 제안을 할 후보군에서는 배제할 것이고, 절대로 이직에 대한 제안을 하지 않는 유형으로 낙인 찍힐 가능성이 높아지는 것이다.

후보자가 잘 진행되고 있으면 반드시 헤드헌터를 통해 연락이 올 것이다. 그리고 진행 상황이 좋지 못해도 일정 기간이 지나고 나면 연락은 오게 되니 조급한 마음을 진정하고 포커페이스를 유지한 상태에서 기다림의 미학을 즐길 줄 알아야 한다. 그리고 이직 제안이 있은 후에 이력서를 헤드헌터에게 전달하면서 향후 진행 일정에 대해 질문을 하여 확인하고, 진행 상황에 대한 피드백을 해 줄 것을 재삼 요청해 두면 좋다.

환승 이직에서 가장 경계해야 할 것이 조바심, 즉 조급한 마음이다. 조급한 마음은 헤드헌터와의 관계 형성에도 도움이 되지 않지만 이직을 진행하는 과정에서도 판단을 흩트리는 문제를 야기할 수 있다. 조급한 마음을 없애기 위해서는 '이직 제안을 받은 회사에 반드시 이직을 성공하겠다.'는 마음부터 절제해야 한다.

절박한 마음과 절실한 마음과 조급한 마음은 결이 다른 것이다. 절박하고 간절할수록 침착하고 때를 기다릴 줄 아는 끈기가 있어야 한다.

때를 기다릴 줄 아는 것에 대해서 삼성 그룹의 고(故) 이병철 회장께서 『호암어록』에 남기신 유명한 말씀이 있다. "비즈니스를 하는 데 있어 중요한 것이 때를 기다릴 줄 아는 운둔근(運鈍根)이 있어야 한다."고 말씀하셨다. 여기서 말하는 운둔근이라는 것은 사람이 성공하는 데 필요한 세 가지 요소로 첫 번째가 운(運)을 잘 타야 하는 법이다. 때를 잘 만나야 하고, 사람을 잘 만나야 하는 것이다. 두 번째는 둔(鈍)한 맛이 있어야 하는 것이다. 운을 잘 타고 나가려면 역시 운이 다가오기를 기다리는 일종의 둔한 맛이 있어야 하는 것이다. 세 번째는 근(根)으로 운이 트일 때까지 버티어 내는 끈기와 근성이 있어야 하는 것이다. 환승 이직을 하는 데 있어서도 이러한 이병철 회장님의 어록이 적용되는 것 같다. 그중에서도 운(運)을 타고 나는 것은 본인의 의지대로 할 수 없는 것이지만 나머지 두 가지인 둔(鈍)과 근(根)은 의지에 따라 가능한 것이다.

이직을 하는 것도 개인에게는 중요한 인생의 과정 중 하나이다. 이직 과정에 대한 때를 기다리고, 연락이 오는 때를 알아서 기다리고, 이직이 성공할 때까지 끈기 있게 진행하는 근성이 필요한 것이 이직의 과정이다. 따라서 이직을 진행하는 후보자라면 운둔근의 태도를 유지하면 한결 도움이 될 것이다. 헤드헌터 입장에서도 운둔근의 태도를 견지하는 후보자에게 조금이라도 더 신경을 써 주는 것은 인지상정일 것이다.

헤드헌터가 절대로 추천하지 않는 다섯 번째 후보자 유형은 보안 의식이 약한 후보자이다. 보안 의식이 약하다는 것은 한마디로 '입이 싸다'는 것이다. 헤드헌터가 진행하는 이직 제안 중에는 고객사의 요청에 의해 대외비로 진행하는 경우가 많다. 최초 제안을 할 때 대외비로 진행되니 보안을 유지해 달라고 요청을 하였음에도 불구하고, 진행되는 포지션에 대한 궁금증 및 이직 제안에 대한 호기심이 발동하여, 고객사의 아는 지인을 통해 직간접적으로 헤드헌팅 내용을 확인하는 경우이다.

이 경우에 물론 문제가 없으면 다행이겠지만 한 번 누설된 보안 정보는 그 자체로 생명을 다하는 것이 보안의 속성이다. 후보자 입장에서는 진행되고 있는 포지션에 대해 수소문하여 궁금증을 해결하는 것이 당연하다 할 수 있겠지만, 대외비의 보안을 해제한 결과의 대가는 누설한 후보자 본인에게 돌아옴을 알아야 한다. 보통 이렇게 대외비가 직간접적으로 알려지면, 결국은 고객사에게도 알려지는 것은 시간 문제이다. 보안을 유지하며 진행하려 한 조직 변화(포지션 제안)에도 영향을 미쳐서 흔히 말하는 중단(drop)되는 대가로 돌아오는 경우가 대부분이다.

이 사례의 유형은 필자가 이직을 진행하면서 두 번 정도 경험한 사례이다. 물론 필자가 대외비 보안의 문제를 발생한 것은 아니지만 다른 헤드헌터가 진행하던 동일 고객사의 이직 제안이 공개되면서 문제가 발생하여, 고객사의 이직 자체가 중단되는 황당한 경우를 직접 경험해 보았다. 환승 이직을 준비하는 후보자는 개인의 보안은 물론이고 함께 진행하는 고객사와 헤드헌터와의 관계에서 형성되는 보안에 대해서도 의식 있게 지켜야 한다. 보안 의식이 낮은 후보자는 헤드헌터가 가장 꺼리는 유형의 하나임에는 분명하다.

여섯 번째 유형은 평판이 형편없는 후보자 유형이다. 평판조회는 보통 서류 전형에 합격한 상태나 최종 면접 전후에 진행하는 경우가 많다. 평판은 후보자가 사회생활 또는 직장 생활을 어떻게 해 왔는지에 대한 주변 사람들의 경험과 관찰을 통한 관계의 결과로 얻어지는 것이다. 필자도 이직을 진행하면서 가장 염두에 두고 신경을 많이 쓴 것 중에 하나가 평판이었다. 결론적으로 말하면 평판은 좋았던 것 같다. 평판이 나빴으면 수차례의 환승 이직 중에 평판 조회에 문제가 있어서 이직을 할 수 없었을 것이다. 그러나 다행히도 평판이 문제가 되지는 않았다.

평판은 한순간에 만들거나 수정할 수 없는 것이다. 따라서 우리는 이직을 하기 위해서뿐만 아니라 사회생활 중에 관계 형성을 통한 '나 자신에 대한 평(評)을 형성하는 것'에 신경을 써야 한다. 늘 신경을 쓰면서 살 수는 없겠지만 '역지사지하는 마음으로 직장과 사회생활을 하는 자세면 큰 문제없는 평판을 만들 수 있을 것이다. 평판에 지나치게 의존해서도 안 되지만 평판을 무시하고 직장 생활을 해서도 안 된다. 좋은 평판을 만들고 유지하기 위해 지나치게 신경을 쓰면서 호의를 베푸는 것도 평판 형성에는 부작용으로 될 수 있다. 그리고 그러한 삶은 피곤하고 유지가 불가능하다.

따라서 가장 평범한 방법으로 형성하길 권한다. 그 평범한 방법이라는 것은 '내가 싫은 것은 남도 싫은 것임을 아는, 역지사지의 자세를 견지하는 것'이다. 이직을 위해 평판에 지나치게 신경을 쓸 필요는 없다. 평판은 의식하지 말고 역지사지하는 마음으로 직장 생활을 유지하는 자세가 평판의 전부이다. 이처럼 평판이 좋지 못한 후보자는 헤드헌터 입장에서도 이직 추천을 함에 있어 쉽지 않는 유형이 되는 것이다. 평판 조회는 환승 이직에 있어 중요한 프로세스로 자리를 잡았다. 특히 환승 이직의 직급이 높을수록 평판 조회는 중요해진다. 이직을 염두에 둔 후보자는 자신의 평판에 대해 관심을 가지고 이직을 진행하여야 한다.

일곱 번째로는 겸손하지 못한 후보자이다. 자존감이 극히 낮은 후보자도 문제이지만 지나치게 거만하거나 겸손하지 못한 후보자도 헤드헌터에게는 마이너스적 유형이 된다. 겸손하지 못한 유형은 사회생활 전반에도 좋지 못한 유형이라 하겠다. 이 유형의 후보자는 흔히 말하는 스펙이 좋은 경우에 해당하는 후보자일 경우가 많다. 환승 이직은 스펙이 좋다고 무조건적으로 합격할 가능성이 높은 것은 아니다. 스펙이 좋은 것은 하나의 부가 요소는 될 수 있다. 그러나 환승 이직을 진행하는 단계에서는 후보자의 다각적인 면을 본다.

다각적인 면이라는 것은 경력, 역량, 스펙은 물론이고 인성, 성품까지 종합하여 보는 것이다. 특히 환승 이직의 직급이 높을수록 스펙보다는 경력에 기반한 역량과 인성(성품)을 중요하게 판단한다. 그럼으로 자신의 잘난 면만 보고 필요 이상으로 거만하거나 겸손하지 못한 태도를 보이는 것은, 후보자 본인에게 안 좋은 영향을 미치게 됨을 알아야 한다. 설사 합격하여 이직을 했다고 하더라도 이러한 태도는 자신감을 넘어 오만하게 보일 수 있는 것이라서 이직 후 회사 생활에서 리스크가 될 수 있다.

자신감을 유지하되 겸손한 태도를 유지하는 것이 이직뿐 아니라 사회생활을 하는 입장에서 큰 도움이 되는 것이다.

여덟 번째 유형은 후보자 자신이 왜 이직하는지에 대한 확고한 이유와 목적이 없는 경우이다. 이런 유형은 평소에는 이직에 대해 전혀 준비를 하지 않았던 후보자일 경우가 많다. 흔히 '떡 본 김에 고사 지낸다.'는 유형이라 하겠다. 잘 다니고 있던 회사임에도 예상하지 못한 이직 제안에 고무되어서 앞뒤 재 보지도 않고 덜렁 이직하려는 유형이라 하겠다. 헤드헌터가 제안을 하였지만 그 제안에 대해 현 직장과 비교해 보고 판단하는 심사숙고하는 자세가 필요하다.

직급 상향과 연봉 인상이라는 두 가지 타이틀에 현혹되어 현재 직장에서의 성장 가능성 등을 내팽개치는 사례가 많다. 필자도 15년 전에 첫 이직 제안을 예기치 못한 상황에서 받았을 때, 당황도 하였지만 헤드헌터의 제안에 현혹되어 다니고 있는 직장에서의 인정과 성장 가능성 등에 대해서는 망각을 하고, 이직 제안의 장점에 현혹되어 판단을 흐렸던 경험이 있다. 그때 냉정하게 마음을 가다듬고 헤드헌터에게 제안의 내용에 대해서는 감사함을 표시하고, "아직은 이직에 대한 필요성과 목적을 정하지 못했기에 지금 제안을 받아들일 수 없다."고 정중히 고사했다. 그리고 그 정중하고 심사숙고하는 모습을 좋게 보아 준 헤드헌터는 그 후에 정식 제안을 해 왔다. 그때에는 이직을 결정할 이유와 목적이 확실하였고, 이직을 진행하여 성공하였다. 이처럼 이직에는 확실한 이직의 이유와 목적이 있어야 한다. 그리고 가족에게는 그들을 안심시킬 수 있는 확고한 명분이 있어야 한다. 헤드헌터가 이직 제안을 먼저 하더라도 심사숙고하고, 이직의 이유를 명확히 정하고, 성장 가능성과 인정이라는 보이지 않는 비교 잣대도 함께 견주어 보는 태도를 반드시 견지해야 한다. 헤드헌터는 이런 자세의 후보자에게 더 큰 매력을 느끼게 된다. 한 번의 헤드헌터 제안만 진행할 것 같으면 크게 신경 쓰지 않아도 되지만 이직은 '먹고 사는 밥그릇을 바꾸는 중요한 결정'임으로 이직의 이유, 목적, 명분을 명확히 한 후에 결정하는 태도가 필요하다. 그래야만 이직 진행의 과정에서도 후회와 헤드헌터와의 갈등도 적어지는 것이다. 그리고 이러한 태도를 못마땅하게 여기거나 불평하는 헤드헌터는 버려야 할 헤드헌터가 되는 것이다.

아홉 번째 유형은 좀 더 구체적인 사례의 유형으로, 책임감이 결여된 유형의 후보자이다. 이 유형의 대표적인 사례는 면접 등의 단계가 진행될 때에 잠수를 타는 유형이다. 사회생활에서도 종종 경험하게 되는 유형으로 한마디로 '허파 뒤집어지게 하는 사람'의 유형이다. 서치펌에서는 개인정보 사용 동의 등을 받은 이력서와 후보자의 신상을 데이터베이스에 저장을 하게 된다. 물론 개인의 동의를 받은 것을 전제한다. 이렇게 한 후에 이직을 진행하는 데 면접이나 협상 등의 진행 과정에서 아무런 사전 예고도 없이 연락이 두절되어서는 안 된다. 이직을 하는 과정뿐만 아니라 사회생활에서도 이렇게 처신을 해서는 안 되는 것이다.

이러한 유형은 헤드헌터를 당황시키는 것은 당연하고 이직을 진행하는 고객사 입장에서도 받아들이기 힘든 유형의 후보자가 되는 것이다. 통상적으로 무책임한 태도를 유지하는 후보자는 헤드헌터와 서치펌에서 블랙 리스트 후보자로 관리될 가능성이 높다. 블랙 리스트가 무서운 것이 아니라 사회생활의 매너 차원에서도 이런 태도는 없어야 한다. 향후를 위해서도 불가피한 자신의 상황을 정중히 밝히고 양해를 구하는 것이 이직을 준비하는 후보자의 태도라 하겠다.

열 번째는 버려야 할 헤드헌터와 유사한 유형으로, 후보자 자신이 필요할 때만 연락하는 유형이다. 앞 장에서도 언급했듯이 이직을 준비하는 과정은 후보자와 헤드헌터가 관계 형성에 기반하여 진행하는 것이다. 그러므로 이직의 단계에서만 관계를 형성하는 것이 아니라 평소에도 네트워크를 형성해야 하는 것이다. 이직에 대해 고민하는 과정 중에 자문을 구하는 태도를 가지는 것이 좋다.

꼭 이직과 관련된 내용이 아니더라도 사소한 정보를 주고받는 관계를 유지하는 노력이 필요하다. 그 마저도 어려우면 명절이나 기념일 등에 소식을 주고받는 관계 형성에 노력해 두는 것이 필요하다. 평상시에는 전혀 안중에 없다가 어느 날 갑자기 이직 관련 문의 등으로 불쑥 소식을 내미는 것을 좋게 받아드릴 사람은 드물기 때문이다.

마지막 열 한 번째 유형은 윤리적, 법적으로 문제가 큰, 이력서를 조작하는 유형이다. 이 유형은 신문지상에 가끔 회자되는 내용의 유형이다. 후보자들이 본인들이 근무한 경력 기간이나 학벌을 조작하는 경우가 있다. 이력서의 가장 중요한 경력 사항을 조작하는 경우도 있다. 이력서는 엄연한 문서이다 위와 같은 문서 조작은 윤리적인 문제를 넘어서 법적인 문제로 나쁘게 발전할 수 있는 것이다.

필자가 몇 년 전에 회사 면접 임원으로 면접을 보고 최종 합격시킨 직원의 사례가 있다. 물론 이 직원도 서치펌의 헤드헌터를 통해 소개받은 경우이다. 이 직원의 환승 이직에서 가장 약점으로 작용하는 것은 이직 횟수가 지나치게 많다는 것이다. 직장 생활 8년 중에 7회의 이직을 한 것이다. 그럼에도 스펙과 역량이 뛰어나서 최종 면접을 통해 합격을 시켰다. 문제는 그 후 발생이 되었는데, 입사 후 회사에서 요구한 건강보험자격득실확인서 제출 요청에서 문제가 발생했다.

이직을 해 본 대부분의 후보자들이 알다시피 이력서 상의 경력 확인을 하는 방법 중에 하나로 건강보험자격득실확인서를 징구하는 회사가 많다. 최종 합격 후에도 이 핑계 저 핑계를 대면서 요청 확인서를 제출하지 않았다. 결국에는 합격이 취소될 수 있다는 통보를 한 후에 관련 확인서를 받았다. 그런데 제출된 확인서상의 경력 회사 수와 이력서상에 기재한 경력 회사 수는 엄청나게 차이가 있었다. 쉽게 말해 짧게 재직한 회사의 기록을 조작하여 작성하지 않은 것이다. 확인서상에는 12개의 회사를 8년간 재직한 것으로 나오는데, 이력서상에는 7개의 회사를 8년간 재직한 것으로 경력을 조작한 것이다. 당연히 합격은 취소되었다. 이력서라는 엄연한 사문서를 위조한 것이다.

이러한 후보자를 믿고 추천한 헤드헌터의 입장이 여러분의 입장이라면 어떨 것 같은가? 이 헤드헌터는 최종 합격을 시킨 임원인 필자에까지 전화를 걸어와서 몇 번의 사과를 거듭했다. 그리고 이런 후보자를 헤드헌터와 서치펌에서는 향후 어떻게 생각할지에 대해서는 독자 여러분이 직접 그 답을 찾는다 해도 어렵지 않을 것이다.

Chapter 9.

이직 횟수 관리를 어떻게 할 것인가?

'환승 이직을 몇 번하는 것이 적당한가요?' 또는 '몇 년 단위로 이직하는 것이 적당할까요?'라는 질문을 자주 받는 편이다. 그때마다 질문하는 사람의 경력과 연령을 감안하여 답을 하곤 한다. 이직 횟수의 적정성에 관한 질문에 대해 필자는 정답은 없다고 생각한다. 답을 회피하기 위한 수단으로 말하는 것이 결코 아니다. 이직의 '적당한 횟수'를 정한다는 것이 '적당하지 않은 처사'인 듯하다. 적당한 이직의 횟수는 후보자 본인의 상황, 경력, 연령, 역량 등을 종합적으로 감안하여 사례별로, 즉 개인별로 판단해야 할 사안이라는 생각이다.

'직장인의 이직 관련 횟수와 이직에 대한 인식 조사'를 잡포털 회사에서 진행한 결과를 참고해 볼 수 있다. 적당한 이직 횟수에 대한 조언을 얻을 수 있을 듯하다. 2016년에 잡코리아에서 실시한 조사 결과와 비교적 최근인 2020년에 인크루트에서 실시한 조사 결과를 참고하여 이직의 적정 횟수와 이직에 대한 각종 인식의 변화를 살펴본다.

먼저 2016년에 잡코리아에서 실시한 이직 관련 조사결과를 소개한다. 조사 대상 인원은 남녀 직장인 795명을 상대로 '직장인이 생각하는 적정 이직 횟수'에 대해 조사한 결과 평균 3회 정도 이직이 적당하다고 답변했다. 그리고 한 회사에서 8년 정도 근무하면 이직을 하는 것이 좋다는 결과가 나왔다. 직장인의 평균 이직 횟수는 2.3회이였으며, 점차적으로 이직의 주기가 짧아지고 있다는 것에 공감했다. 그리고 직장인 10명 중 7명에 해당하는 71.4%가 '자신의 커리어를 잘 관리하기 위한 방법'으로 이직이 필수적이라고 생각했다. 즉 '성공적인 커리어 관리를 위해서 이직이 반드시 필요하다고 생각하는가?'라는 질문에 71.4%가 '그렇다'고 답한 것이다. 연령별로는 20대 60.7%, 30대 74.9%, 40대 이상 78.1%가 '그렇다'고 답했다.

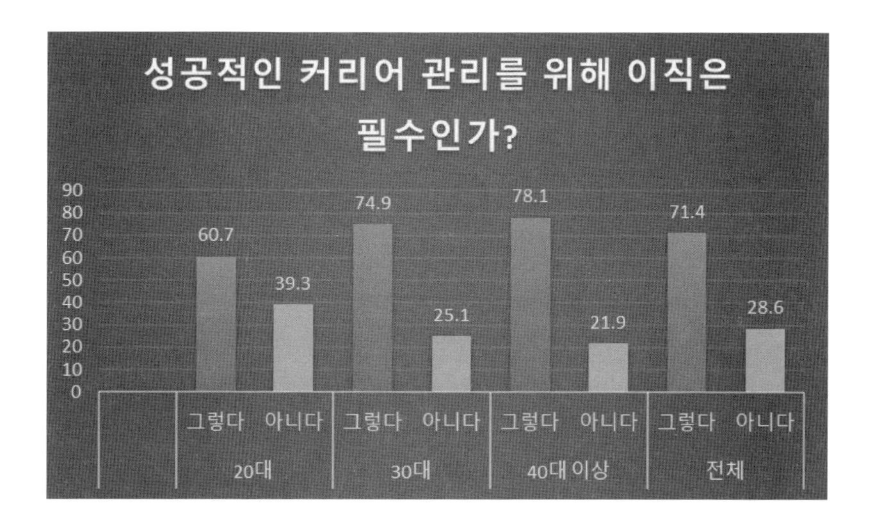

이직을 하는 사유에 대해서는 복수 응답의 조사를 실시했는데, 1위 답변으로는 '업무 영역을 넓히거나 바꾸기 위해'가 47.1%로 가장 높게 나타났다. 다음으로 '연봉 인상을 위해'가 42.0%였고, '인적 네트워크를 확장하기 위해'가 24.1%, '보다 높은 직급으로 올라가기 위한 경험을 쌓기 위해'가 15.1%, '스스로 자극을 주고 자기개발을 하기 위해'가 10.9%로 나타

났다.

그리고 가장 중요한 조사 내용인 '직장인들은 몇 번 정도 회사를 옮기는 것이 자신의 커리어 성장을 위해 적당하다고 생각하는가?'에 대해서는, 전 연령에서 평균 2.6회가 적당하다는 결과가 나왔다. 그리고 한 회사에서 근속해야 하는 적정 기간은 연령에 따라 다르게 나타났는데, 20대 직장인은 8년, 30대 직장인은 8년 6개월, 40대 이상 직장인들은 9년 8개월로 답해서 연령이 높을수록 장기 근속을 생각하고 있음을 알 수 있었다.

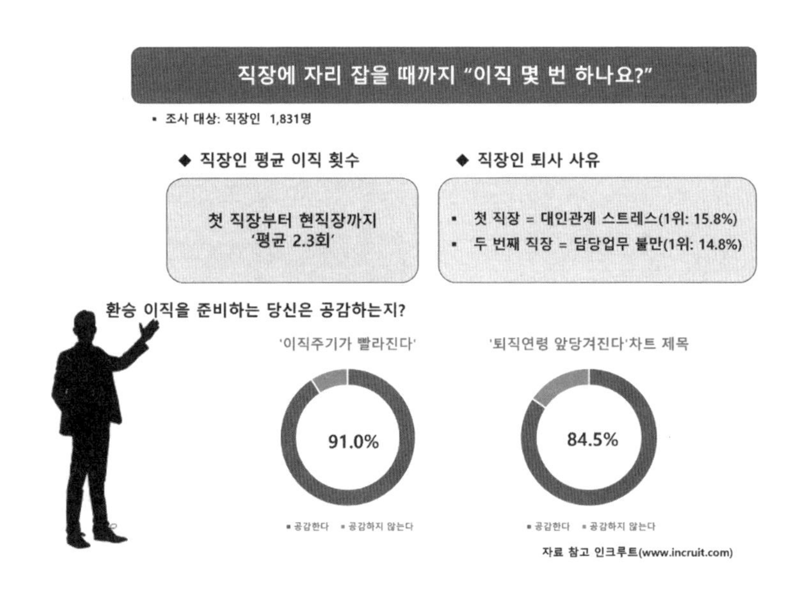

2020년에 실시한 인크루트와 바로면접 알바앱 알바콜이 직장인 1,831명을 대상으로 조사한 결과를 소개한다. 이 조사 결과는 좀 더 흥미가 있는 부분이 많다. 설문에 참여한 직장인의 12.4%만이 첫 직장에 계속 재직 중이었으며, 87.6%가 첫 직장을 퇴사했다. 10명 중 8명은 첫 직장을 퇴사해 다른 직장으로 자리를 옮긴 것이다. 흔히 말하는 평생직장의 개념에 많은 변화가 생겼음을 알 수 있다.

좀 더 구체적으로 살펴보면, 이직 횟수 분포도는 1회가 37.3%, 2회 27.9%, 3회 16.9% 순으로 나타났다. 전체 조사 답변자 중에 3회 미만 이직자가 전체의 82.1%에 달했다. 4회는 6.2%였고, 5회도 3.7%로 나타났다. 그리고 설문에 답한 직장인의 평균 이직 횟수는 2.3회로 나타났다.

다음으로 첫 직장 퇴사 사유와 두 번째 직장을 떠난 이유에 차이를 보인 것이다. 첫 직장 퇴사 사유로는 대인관계 스트레스가 15.8%로 가장 높게 나왔으며, 업무 불만이 15.6%, 연봉 불만이 14.6%로 뒤를 이었다.

그리고 이직한 두 번째 직장 퇴사 사유로는 업무 불만이 14.8%로 가장 높게 나왔으며, 다음으로 연봉 불만이 13.6%, 대인관계 스트레스가 10.4%로 나타나 첫 직장 이직 사유와 정반대의 결과를 나타냈다. 첫 직장이든 이직한 두 번째 직장이든 퇴사 사유 상위 3가지가 순위 차이는 있지만 동일하다.

이 결과를 생각해 보면, 첫 직장은 사람과의 관계에서 발생한 문제가 원인이 되어 이직하였다면, 두 번째 직장에서는 사람과의 관계보다는 업무 불만이 원인이 되어 이직하거나 퇴사함을 알 수 있다. 이 외에 퇴사 사유 4위에는 복지, 복리후생 불만이 올랐다. 특히 4위에 해당하는 퇴사 사유는 두 번째 직장의 7.0%보다 첫 직장이 11.6%로 나타났다.

그리고 이 조사에서는 변화되고 있는 직장 퇴사와 이직 트렌드에 대해서도 조사를 하였다. 조사 문항에 대해 공감 또는 비공감으로 답변을 받았다. 첫 번째 질문 문항인 "직장인, 이직주기가 짧아진다"에 대해서는 공감이 91.0%, 비공감이 9.0%로 나왔다. 직장인들은 이직 주기가 짧아짐을 실감하고 있는 것으로 나타났다. 두 번째 질문 문항은 "직장인, 퇴직연령 앞당겨진다"에 대해서는 공감이 84.5%, 비공감이 15.5%로 나타났다.

직장인들이 생각하는 직장에서의 퇴직 연령도 짧아지고 있다고 느낌을 알 수 있다. 마지막으로 "직장인, 자발적 퇴사 늘어난다"는 질문에 대해서는 공감 91.4%, 비공감 8.6%로 나타났다. 조사에 참석하여 답변한 대부분의 직장인들은 이직 주기가 짧아지고 있고, 퇴직 연령은 앞당겨지는 것으로 느꼈으며, 자발적으로 퇴사하는 비율이 늘어나고 있음을 알 수 있었다.

이 두 가지 조사 결과를 보고 알 수 있는 것이, 첫 번째가 직장에 대한 트렌드가 변화하고 있다는 것이고, 두 번째는 직장 근속 연수는 짧아지고 있다는 것이다. 그리고 세 번째는 이직에 대한 주기가 짧아지고 있다는 것이다. 네 번째로는 이직 횟수도 늘어나고 있으며, 적정 이직 횟수는 3회 정도로 생각한다는 것이다. 조사 결과를 모든 사항에 적용하여 표준 모델로서 판단하기에는 한계가 있을 것이다. 그러나 중요한 것은 이직에 대한 기존의 관점이 바뀌고 있다는 것이다. '성공적인 자기 발전을 위해서 이직을 할 수 있다'는 관점의 변화가 중요하다.

필자는 직장 생활 20년 차인 2014년 9월에 첫 이직을 경험하였다. 당시만 하더라도 회사의 조직 문화가 조금이라도 보수적인 회사에서는 배신자처럼 취급을 받았던 것이 사실이다. 이직을 진행하는 후보자의 심적 고충을 헤아리기보다는, 조직에서 이탈하는 배신자처럼 낙인을 찍는 문화가 있었다. 하지만 세월이 지남에 따라 이직에 대한 긍정적인 관점이 많이 생겨났다. '성공적인 직장 생활을 위해서는 적당한 이직이 필요하다'는 관점의 변화만으로도 이직에 대한 인식이 개선된 것이라 할 수 있다.

필자는 평균 10년에 한 번 꼴로 이직을 하였기에 적당한 이직의 횟수라고 할 수 있다. 앞에서의 조사 결과를 반영한다면 평균 8년에 한 번 정도 이직을 진행하는 것이 자신의 성공적인 직장 생활을 발전시킬 수 있는 주기로 나타났다. 물론 한 직장에 문제없이 장기 근속하면서 성장하는 것이 더 좋을 수 있다. 하지만 직장과 직업에 대한 트렌드가 변화되고 있다.

한 직장에서의 장기 근속이 능력으로 인정받던 과거와는 직장에 대한 판단 기준이 달라졌다. 따라서 필자에게 직장 후배가 '적당한 이직 횟수'에 대해 문의한다면, 횟수보다는 평균 근속 기간에 중점을 두어 코칭을 할 것이다. 즉, 근속 년수 8~10년에 한 번 정도가 적당하다고 할 것이다. 그러나 이 기준이 절대시되는 기준은 아니다. 각 개인의 상황에 따라 빨라지고 늦어질 수도 있는 것이다. 앞 장에서 설명하였듯이 이직은 횟수가 중요한 것이 아니다.

이직의 횟수보다는 이직을 하려는 명확한 사유와 목적이 분명할 때 이직을 하는 것이다. 그럼으로 이직의 횟수는 객관적인 근속 연수만 놓고 보면, 8~10년을 기준으로 삼는 것이 좋겠다. 그리고 개인의 상황에 따라 이보다 빠른 5년 단위나 이보다 늦은 기간일수도 있는 것이다. 그러나 직장 생활 주기라는 근속 가능한 기간을 놓고 볼 때, 이직이 활발한 시기는 최초 직장 생활 후 10년 이내가 가장 활발하다. 이 기간 내에는 3년 단위로도 가능하다고 생각한다. 물론 습관적인 이직은 제외해야 한다. 그리고 직장 생활 10년이 넘어서면 흔히 말하는 고급 인재의 대열로 들어간다. 그렇게 되면 이직을 할 수 있는 기회가 훨씬 줄어들고 경쟁도 치열해짐을 알아야 한다.

마지막으로 20년 차가 넘어서는 직장인이 되면 정말 차별화되고, 잘 쌓인 경력을 바탕으로 이직을 할 수 있기에, 20년 이상의 자기개발과 업무에 대한 전문성이 확보되어야 이직을 할 수 있는 것임을 알아야 한다.

이직을 1년 단위로 하는 젊은 세대 직장인을 현업에서 면접하다 보면 쉽게 접할 수 있다. 그 나름의 능력이 있으니까 이직도 잘한다고 말하는 젊은 세대도 있다. 무엇이든 '과하면 모자람만 못하다.' 즉 과유불급(過猶不及)인 것이다. 한 직장에서 1년도 버티지 못하면서 10년 동안 10회의 이직을 한 직장인을 잘했다고 할 수는 없을 것 같다. 1년 안에 이직을 준비하기 위해 그가 한 것은 이직 후에 이직을 준비했을 것이다. 10년의 직장 생활 중에 10회의 이직을 할 만큼 잦은 이직을 통해 배운 기술과 역량은 '이직 역량, 이직 능력'이라는 비아냥이 섞인 평가를 받을 가능성이 높다. 자신의 이력서에 근속 연수와 경력에 어울리는 이직 횟수를 관리하는 것이 무엇보다 중요하다. 경력과 역량으로 이력서를 채워야지 이직 횟수가 많아서 회사 이름과 이직 회사마다 써야 하는 이직 사유로 이력서를 도배해서는 안 되는 것이다.

Chapter 10.

적절한 이직 타이밍은 언제?

'이직할 때가 되었나…?'

직장인이라면 한 번쯤은 고민해 본 내용일 것이다. 직장 생활뿐만 아니라 인간은 어떤 일을 하더라도 실증을 내거나 매너리즘에 빠지는 경향이 있다. 자신이 좋아서 하는 취미 생활도 실증을 내고 그만두는 사람이 많다. 사랑에 빠져서 상사병을 앓다 가도 이내 사랑이 식어 버리는 경우도 허다하다. 하물며 직장 생활 중에 이직에 대한 고민을 안 하기는 쉽지 않은 것이다. 본인은 성실하고 열심히 하려고 해도 주변의 상황이 여의치 않으면 자신도 모르는 사이에 이직에 대한 생각으로 빠질 수 있기 때문이다.

취업 전문 회사인 잡코리아가 교육 전문 기업인 아인스파트너 직장인 863명을 대상으로 이직과 관련한 내용을 조사한 결과가 있다. 이 조사 결과에 의하면 '한 번도 이직을 고민하지 않았다'는 직장인은 전체 답변자 중 겨우 6.8%로 나타났다. 그리고 무려 절반에 가까운 48.7%의 직장인이 '4회 이상' 이직을 고민한 것으로 조사됐다.

또한 잡코리아에서는 직장인 572명에게 '회사를 옮기는 것만이 최선이라고 생각하는 때'에 대해 조사를 했다. 결과로는 '회사 스트레스로 가족에게 화풀이할 때', '의욕도 없고, 재미도 없을 때', '더 이상 배울 것이 없을 때', '급여가 제때 나오지 않을 때'라는 답변이 나왔다.

그리고 '이럴 때 이직하면 100% 후회한다'는 설문 조사도 실시하였는데, 응답자의 67.4%가 '일하기 싫어서 이직할 때 후회한다'고 답했다. 다음으로는 '입사한 지 1년 미만일 때'라는 답변이 42.2%였고, '복리후생은 좋으나 연봉이 낮아서 이직할 때'가 27.8%로 나왔다.

필자도 30년이라는 직장 생활을 하면서 수도 없이 많은 이직 고민의 환경에 빠져 보았다. 이직을 고민하는 상황의 원인은 참으로 다양하다. 개인마다 다르고, 근무 환경에 따라 다르게 나타날 것이다. 그러나 이러한 다른 원인 중에서도 다수의 원인이나 많이 느끼는 원인은 가려낼 수 있을 것이다. 일반적으로 생각하는 직장인들의 이직의 때, 타이밍에 대해서는 공통적이라 할 수 있는 타이밍이 있다.

첫 번째 이직을 생각하는 타이밍으로 가장 보편적인 상황은 '일의 재미를 느끼지 못할 때'일 것이다. 일의 재미를 느끼지 못하는 이유도 다양하겠지만 본인이 종사하고 있는 일에 대해서 재미나 보람을 느끼는 못하는 것은 큰 문제이다. 직장인들은 보통 이런 경우에 변화 차원에서 이직의 시기라고 판단하는 경우가 많다.

두 번째는 첫 번째와 비슷한 상황인데, 현 회사에서, 맡고 있는 일에서 더 이상 배울 것이 없다는 생각이 들 때이다. 필자는 사실상 이런 상황이 지속된다면 자기 발전은 물론이고 그 회사의 발전을 위해서라도 이직을 권한다. 일에 대한 동기 부여 중에서 일을 통해 배우고 그 과정을 통해 자기 발전을 하는 것이다. 그럼에도 이러한 환경이 만들어지지 않는다면 그 직장에서의 이직을 고려해 볼 만한 시기가 되었다고 생각한다.

세 번째로는 불공평한 경쟁의 환경이라면 이직을 고려해야 할 시기이다. 경쟁의 환경이 불공평하다는 것은 기회를 같이 주지 않는다는 개념이다. 동료이든 선배이든 아니면 후배에 비해 불공평한 대우나 환경에 처해진다면 이직을 고려해 볼 시기이다.

네 번째는 업무에 지나치게 스트레스를 받아서 이를 극복해내지 못한다면 이직을 고려해 볼 시기이다. 지나친 스트레스를 받는다는 것이 개인의 상황에 따라 다를 수 있는 것이다. 그러나 가장 중요한 것은 일을 통해 보람과 동기 부여는 고사하고, 매일 스트레스로 정신과 육체가 힘들어진다면 자신과 회사를 위해서 이직을 고민해야 하는 시기이다. 물론 스트레스 원인 해결과 극복을 위한 노력을 하였음에도 불구하고라는 전제는 있어야 한다.

다섯 번째는 직장 내에서 관계 악화가 발생하고 극복하거나 해결하기가 어려운 상황이라면 이직을 고민해야 하는 시점이다. 이 경우에도 내부적으로 다양한 해결의 노력을 전제로 한다. 그럼에도 해결의 방법이나 희망이 보이지 않는다면 이직을 고려하는 것이다.

여섯 번째는 성과평가에서 객관적인 기준에 의해 평가받지 못할 때이다. 이 경우는 성과평가의 결과로 인해 받게 되는 급여, 성과급, 승진, 승급 등의 불이익을 받았을 경우이다. 많은 직장인이 의외로 이런 상황에 접하여 이직을 고민하는 사례가 많다. 필자도 첫 이직은 사실 이 원인으로 이직을 고민하고 실행하여 성공하였다.

일곱 번째는 가장 이상적인 이직 타이밍이라 할 수 있는 자기 발전을 결심했을 때이다. 자기 발전을 위해서 이직을 결정하는 직장인은 한 번의 욱하는 마음에 진행하지는 않는다. 경력 개발을 위해 많은 생각과 준비를 하고, 시기를 맞추는 노력을 기울여 온 것이다. 필자는 첫 이직 후 두 번째와 세 번째 이직은 자기 발전의 계획을 수립하여 진행한 사례가 있다. 가장 권장하고 이직 희망자들이 가져야 할 동기 부여이며, 이직의 가장 적절한 타이밍인 것이다.

이 외에도 각자 다양한 이직의 원인과 타이밍이 있을 것이다. 중요한 것은 이직은 심사숙고해야 하고, 다년간의 준비를 통해 결정해야 한다는 것이다. '순간의 선택이 직장 생활 평생을 좌우한다.'는 것이 이직의 결정 순간이다.

한순간의 감정에 치우친 결정은 결코 해서는 안 되는 것이다. 머리는 차갑게 하고, 마음은 뜨겁게 가지고 결정하는 것이 이직의 타이밍이다. 끓어오르는 감정으로 가득 찬 머리에 의존하여 이직의 과감한 결정을 하지 않도록 해야 한다. '극락과 지옥은 종이 한 장도 안 되는 결정에 의해 좌우된다.'는 것을 명심하고 또 명심하자.

Chapter 11.

직급 상승인가, 연봉 상승인가?

이직을 하는 이유 중에는 여러 가지가 있다. 그중에서도 진급 문제와 급여를 기반으로 하는 연봉에 대한 불만이 가장 많은 이유일 것이다. 직장 생활 자체가 생계를 위하는 수단이기도 하지만 이익을 확보하기 위한 과정이기도 하다. 여기서 언급하는 이익이라는 것은 직장 생활 속에서 개인이 가질 수 있는 최대한의 욕구 충족일 것이다. 그 욕구 충족이 일을 많이 하겠다는 욕구보다는 직급 상승과 대우의 상승 즉 연봉 상승이 아닌가 생각한다.

이직을 하는 후보자 입장에서 이직 조건을 결정한다면 과연 어떤 것에 중점을 두고 결정을 해야 할 것인지에 대한 고민을 하게 될 것이다. 물론 직급 상승과 연봉 상승이 동시에 이루어지는 회사를 선택하여 이직을 하는 경우에는 고민할 이유가 없을 것이다. 그러나 현실은 모든 조건을 만족하면서 이직을 진행하는 사례가 드물다. 만약 이직을 하는 상황에서 직급 상승과 연봉 상승 둘 중에 하나를 결정해야 하는 상황이라면 과연 어떤 것에 중점을 두고 결정을 하여야 하는가?

결론부터 언급하면 '직급(직책)을 우선 선택하라.'는 말을 하고 싶다. 필자의 경험에 기반하여 코칭하는 것이다. 이직을 해 본 사람들의 경험이나 직장 생활에 대한 가치관에 따라 선택지도 다를 것이다. 그러나 필자는 굳이 선택해야 한다면 직급(직책)을 선택하라는 것이고, 그렇게 선택해서 이직을 했다. 많은 이직 후보자들이 연봉에 대한 인상을 염두에 두고 이직을 하는 경우가 있다. 그러나 연봉에 방점을 두고 이직을 하게 되면 최소한 두 가지 정도에서 문제가 발생할 것이다.

첫 번째는 후보자가 받은 연봉(직전)과 이직할 회사의 연봉의 차이를 확실히 알기 어렵다는 것이다. 이에 대한 예로, 후보자가 연봉 7,000만 원을 직전에 수령하였는데, 이직하는 회사에서 10% 인상 조건을 수용하여 7,700만 원에 결정하여 이직한 경우라고 가정하자. 후보자 입장에서는 무려 10%나 인상하여 이직하였기에 만족을 할 수 있다. 하지만 이직하는 회사에서의 7,700만 원은 차장 2년차에 해당하는 연봉 기준이고, 후보자는 차장 3년 차의 직급 호봉을 보유하였다면, 시간이 지날수록 연봉의 실질적인 증가는 상쇄되는 효과가 날 것이다.

두 번째는 전직 회사와 이직 회사를 비교하였을 때 기본급과 성과급 등 나머지 수당의 구성 비율도 확인하여야 하는 것이다. 만약 앞의 예처럼 직전 회사에서 연봉을 7,000만 원 받았는데, 그중에는 기본급이 6,000만 원이고, 성과급 500만 원, 휴가비 등 각종 수당 500만 원으로 구성된 연봉이다. 그러나 이직하는 회사의 연봉은 총액 7,700만 원이지만 그 구성은 기본급 5,500만 원이고, 성과급은 성과 달성 유무에 따라 변동(수령할 수도, 못 할 수도 있지만 성과급 최대 수령을 감안한 연봉 포함 조건 제시시), 휴가비 등 각종 수당 700만 원이라면 실질 수령액의 차이는 물론이고, 향후 지속적으로 근무를 한다면 그 차이는 더 벌어질 것이다. 또한 최대 연봉 수령을 위해 성과급 확보를 위한 다양한 업무 노력을 하여야 할 것이다. 그리고 성과급의 비율이 높거나 성과관리 체계가 모호한 회사로 이직을 한다면 항상 최대 수혜받을 수 있는 조건의 성과급을 제시하는 경우가 많으므로 확실히 확인을 하여야 한다.

필자는 이직을 할 때는 항상 연봉 조건보다는 직급(직책) 조건을 상향하여 이직을 진행하였다. 그 이유는 간단하다. '직급(직책)이 확보되고 상향되면, 연봉 조건은 따라온다.'는 것이다. 연봉을 따라가는 것이 나쁘다는 것은 결코 아니다. 하지만 직급(직책)과 연봉 조건 둘 중에 하나를 꼭 선택해서 이직해야 할 경우라면, 직급(직책)을 따라 결정을 하면 연봉 조건도 크게 차이가 나지 않는 범위에서 관리할 수 있다는 것이다.

필자의 예를 들어 보면, 첫 이직을 했을 때는 직급(직책) 상승과 연봉 상승을 동시에 할 수 있었기에 큰 문제는 없었다. 직급(직책)은 부장에서 이사로 상승하였고, 연봉은 총액 연봉 기준으로 20% 상승하였다. 두 번째 이직을 하였을 때가 고민을 많이 했다. 이 당시에는 두 곳의 회사에서 최종 제안이 왔는데, A사는 연봉은 직전 연봉 대비 10% 인상 조건에 이사 직급에서 상무 직급 조건이었다. 그리고 B사는 연봉은 직전 연봉 대비 15% 인상에 이사 직급 동일 유지 조건이었다. 만약 여러분이라면 어떻게 결정을 하겠는가? 필자는 연봉을 더 주겠다는 B사의 제안보다는 연봉은 비록 적지만 직급 상승이 있는 A사를 선택하였다. 단순한 비교이기는 하지만 필자는 직급이 상승하면 직급에 따른 기본적인 연봉 체계의 크기가 커진다는 것을 경험했기에, 단기간에 많이 주어지는 일시적인 연봉보다는 좀 더 중장기적으로 수혜를 받을 수 있는 직급(직책) 상승을 선택하였던 것이다. 지금도 이직을 할 상황이 되어 선택을 한다면 주저없이 직급(직책)의 기본 밥그릇을 키우는 것을 선택할 것이다.

연봉을 지속적으로 상승시키기에는 한계가 있다. 우리가 직장 생활 중에 무엇이 주(主)이며 종(從)인지를 보면 확실한 선택의 기준이 생길 것이다. 승진에 대해 열망하는 이유가 무엇인가? 그것은 리더십(Leadership)을 발휘하는 대장놀이를 할 수 있다는 자기만족도 있을 수 있지만, 승진하면서 직급(직책)이 올라가면 부가하여 따라오는 연봉 상승이 있는 것이다. 연봉 상승이 되어서 직급(직책)이 상승하는 구조가 아니라 직급(직책)이 상승하면서 연봉도 상승하는 가능성이 있는 구조라는 것을 알아야 한다.

좀 더 현실적인 이야기를 하면, 고액 연봉자를 영입한 회사 입장에서는 그 후보자가 능력에 맞는 업무를 통해 성과를 달성해 주면 좋겠지만 그렇지 못할 경우에는 리스크가 발생하는 것이다. 그에 따라 연봉에 포함되는 성과급이 적어지고, 경우에 따라서는 고액 연봉자에 대해 연봉 인상율을 박하게 적용하여, 2~3년 내에 회사 평균의 수준으로 끌어내리는 마술을 부리는 회사도 있다는 것을 알아야 한다. 이 경우를 한마디로 표현하면, 조삼모사(朝三暮四) 연봉제가 되는 것이다. 처음에는 연봉을 많이 받는 것 같지만 결국은 3년 내에 회사 평균적인 연봉 수준으로 하향 조정되거나 평균 인상률보다 낮아질 수 있는 것이다. 필자도 현업에서 직원들의 성과를 관리하면서 승진심사와 연봉 협상을 진행하며 가장 많이 고민한 것이 고액 연봉으로 이직한 저성과자들에 대한 심사와 처우 결정이었다.

고액 연봉만의 인상을 바라보고 이직을 진행하는 후보자들의 공통적 특성은 대부분 근무 기간이 짧다. 1년을 단위로 연봉 상승의 가능성이 없으면 조금의 망설임도 없이 재이직을 고려하는 직원들을 많이 본 것이다. 그리고 고액 연봉을 인정받고 입사한 후보자에게는 평가 기준의 잣대가 엄격하다는 것이다. 필자의 경험을 바탕으로 생각해 보아 한 가지 확실했던 기준은, 고액 연봉을 받고 입사하였지만 그에 상응하는 성과를 창출하지 못했을 때는 평가 기준이 엄격해졌다는 것과 회사 내 장기 근속한 직원과의 보상에 대해 형평성을 고민했다는 것이다. 그리고 이런 환경에서 적응해 내지 못하는 후보자는 재이직을 진행하고, 조금이라도 높은 연봉을 제시하는 회사를 찾아 떠도는 이직 유랑자가 되는 사례를 많이 보았다.

이직을 열 번 한 경력을 인정받아 연봉을 인상해 주는 회사는 없다. 연봉 인상을 바라보며 이직을 진행하는 것은 그 한계가 명확하다. 그리고 직급(직책)에 중점을 두고 이직을 진행하면 연봉 인상만 바라보고 이직을 하는 것에 비해 장기 근속이 가능하다. 그 이유는 하나의 직급에서 다음 직급으로 상승을 위해 최소한 직급 상승 기간만큼은 근속을 하는 경향이 많기 때문이다. 이로 인해 잦은 이직이 예방될 수 있다.

또한 재이직을 진행하더라도 직전 직급에 따른 직급 연동은 부담이 적은 반면에 지속적으로 인상해 놓은 연봉 조건의 문턱이 높아진 경우에는 이직을 받아들이는 회사에서 금액적인 부담을 느끼게 되어 매력이 없는 후보자로 될 가능성이 높아진다.

설사 후보자의 능력이 탁월하여 지나치게 높은 연봉을 수용하여 입사시켰을 경우에, 기존 직원들과의 형평성 문제와 연봉 차이로 인한 관리를 고민을 하게 된다. 그리고 이 문제로 인해 이직 희망자의 이직이 보류되거나 연봉 조건이 낮은 다른 후보자를 선택하게 될 가능성도 높아진다.

이직을 할 때 가장 좋은 조건은 직급(직책)과 연봉이 동시에 상승하는 것이다. 그러나 그렇지 못할 경우에는 연봉을 앞세우는 것보다는 직급(직책) 상승에 무게를 두어 결정하는 것이 중장기적 성장이라는 관점에서는 유리하다고 할 수 있다 그리고 재이직을 하는 경우에도 유리한 위치에서 진행할 수 있다. 물론 이직을 진행하는 후보자마다 가치를 두는 기준은 분명히 다를 것이다.

그리고 부장급 이상의 고위직군이 이직하는 경우와 중하위 직군이 이직을 할 때의 선택 기준은 엄연히 다르다. 또한 개인의 성향에 따라 명예를 소중히 여기는 후보자라면 직급(직책) 상승에 중점을 둘 것이고, 실질적인 생계나 생활의 경제적 여유에 중점을 둔다면 연봉 상승에 중점을 둘 것이다. '무엇이, 어느 것이 좋다 나쁘다'를 말할 수는 없다. 하지만 일반적인 기준에 놓고 볼 때, 중장기적인 직장 생활을 한다면, 필자 입장에서는 연봉 상승에 무게를 두는 것보다는 직급(직책) 상승이 더 유리했다. 그리고 각 연령대, 직급, 직책, 이직 연수, 이직 횟수, 직전 연봉, 이직 사유 등을 감안하여 선택해야 하는 것이다.

Chapter 12.

이직과 구직을 구분해야 저평가를 안 당한다

환승 이직을 염두에 두고 이직을 준비하고 진행하는 후보자들이라면 '이직과 구직의 구분'을 충분히 할 수 있을 것이다. 이 두 단어의 개념보다는 중요성을 알고 있는 것이다. 그러나 이직과 구직에 대한 개념 차이는 물론이고 중요성 자체를 인식하지 못하고 있는 후보자들도 의외로 많다. 이직과 구직에 대한 개념 정리는 이 책에서는 논외로 한다. 그러나 이직과 구직의 중요성과 차이에 대해서는 인식하고 넘어가야 한다.

이직을 한다는 것은 '현재 소속된 회사에서 일정한 일을 하면서 이동할 회사와 일에 맞는 자리(직급/직책)를 알아보는 것'이다. 반면 구직을 한다는 것은 '자발적이든 비자발적이든 간에 현재 소속된 회사나 일이 없이 새로운 회사와 일을 찾는 것'이다. 이 두 개념의 확연하고 중요한 차이는 '현재 소속된 회사와 일이 있느냐 없느냐.'이다. 쉽게 하는 표현으로 재직 중이면서 다른 회사와 일을 찾는 것은 이직이고, 소속된 회사나 일정한 일이 없는 상태에서 새 회사와 일자리를 찾는 것은 구직이 되는 것이다.

이 두 개념은 현재의 상태에 따라 이직과 구직으로 구분하는 것이 중요한 것이 아니다. 이직자가 되느냐 구직자가 되느냐에 따라 자신의 경력에 대한 평가가 판이하게 달라진다는 것이다. 이직자는 현재 소속된 회사에서 일정한 업무를 하고 있으면서 이직할 회사를 알아보는 상황이기에, 경력이 단절된 구직자에 비해서는 이직의 기회나 대우 조건의 협상에서도 우위에 서서 진행할 수 있다.

그러나 구직자가 된 상태에서는 본인의 의욕도 낮아지지만 구직자를 대하는 회사의 입장에서도 이직자에 비해 저평가할 가능성이 높다는 것이다. 이직자는 현재 자신이 다니고 있는 회사가 있으므로 조건이 수용되지 않을 때는, 이직을 안 하는 선택지가 있다. 그러나 구직자는 이직자에 비해 선택지가 적고, 선택의 폭도 적으며, 협상의 조건도 적어질 수 있는 것이다. 게다가 구직의 기간이 길어지면 구직자에 대한 경력의 단절기간이 늘어나게 됨으로, 입사 시에 저평가를 받는 상황에 봉착할 가능성이 높아진다.

이러한 내용들에 대해서는 웬만한 직장인이라면 인식하고 있을 것이다. 그러나 필자가 이 부분을 강조하는 것은 이직과 구직은 같은 것 같지만 하늘과 땅 차이의 큰 차이가 있다는 것을 인지시켜 주고 싶은 것이다. 또한 이직과 구직의 선택을 쉽게 해서는 안 된다는 것이다. 일반적으로 이직을 준비하는 직장인은 조용하게 치밀하게 준비를 하는 경향이 있다. 그러나 구직자로 전환되는 직장인들을 보면 한순간의 감정을 자제하지 못하고, 현 직장을 우선 나오고 보는 직장인이 많다는 것이다. 감정적으로 대처해서 회사를 퇴직한 후부터는 속된 말로 '빨가벗고 엄동설한의 한복판에 나온 것'과 같은 처지가 되는 것이다. 만약 회사의 특수한 사정이나 개인의 피치 못할 사정으로 퇴사 후에 구직을 하는 경우는 다르겠지만, 절대로 감정을 자제하지 못해 순간적인 결정에 의해 퇴사를 해서는 안 된다. 이직을 준비하고, 구직을 피하라는 것이 필자의 코칭이다.

경력과 능력은 도망가지 않음에도 구직자가 되는 순간부터, 자신의 경력과 능력이 저평가받기 시작한다는 것이다. 자신이 열심히 그리고 성실히 쌓아 온 경력과 능력을, 퇴사해서 구직을 한다는 이유만으로 저평가받는다면 그것만큼 뼈저린 아픔도 없을 것이다. 꼭 기억해야 한다. 구직 보다는 이직을 선택하고 이직보다는 스카우트 제안을 받는 것이 좋다. 스카우트 제안은 나의 의지만으로는 할 수 있는 것이 아니지만 최소한 이직과 구직만큼은 본인의 의지로 결정할 수 있는 것이다.

할 수 있다면 반드시 현 직장에서 최선을 다하면서 이직을 준비할 것이지, 때려치우고 나서 후회하는 구직자가 되어서는 안 되는 것이다. 물론 피치 못할 사정의 구직은 여기서는 논외의 대상이다.

Part 4.

반드시 피해야 할 이직 회사 유형

Chapter 1.

채용공고와 헤드헌터 제안이 잦은 회사는 피하라

환승 이직을 진행하면서 이직을 희망한 회사도 많았지만 단지 채용공고가 자주 올라오고, 헤드헌터의 동일 회사 동일 포지션에 대한 이직 제안이 잦아서 호기심이 가는 회사들도 있었다.

특히 국내 굴지의 치킨 프랜차이즈 회사의 특정 포지션은 '단두대 매치'라는 웃지 못할 이름으로 불릴 정도로 채용이 빈번한 경우도 있다. 누구나 이 회사의 이름을 이야기하면 국내는 물론 글로벌에서도 많이 알려진 회사라는 것이다. 단순히 회사의 브랜드 인지도만 보고 이직을 한다면 별 문제는 없을 것이다. 하지만 길게는 1년 단위로, 짧게는 6개월이 안 되어서 동일 회사 동일 포지션에 대한 채용이 진행되는 것은 분명히 문제가 있는 것이다. 필자가 현업에서 임원 생활을 하면서 경험하게 된 것 중에 아주 놀라운 것이 있다. 그것은 기업을 경영하는 창업주나 전문경영인 중에 직원을 대하는 태도가 형편없는 분들이 있다는 것이다. 직원 채용을 자동차 부품 갈아 넣듯이 쉽게 생각하고, 돈만 많이 주면 어떤 인재라도 구할 수 있다는 물질만능주의에 빠진 분들이 적지 않다는 것이다. 이런 분들이 운영하는 회사의 특징은 회사 내의 이직과 퇴사가 많은 것은 당연하고, 회사 조직원 간에 인간적인 교류와 유대가 상대적으로 약하다는 것이다. 이로 인해 업무에 대해 서로 방임하거나 협력하지 않는 각자

생존의 상황에 놓일 가능성이 높은 회사이다.

우선적으로 채용 공고가 많고, 자주 있으며, 헤드헌터의 제안이 잦은 회사는 무조건 피하는 것이 좋다. 설사 그 회사가 대기업이라 하더라도 피하는 것을 권한다. 언젠가는 짧은 기간 안에 후보자 본인도 토사구팽 당하거나 업무 강도와 조직 문화에 적응하지 못해서 이직을 고민하거나 퇴사를 해서 구직을 하는 처지가 될 수 있다. 그리고 이런 회사에서의 재직 기간은 경력과 역량 개발에 도움이 되지 못한다.

의외로 국내에는 대기업, 중견기업이면서 조직 문화가 열악하고 물질 만능주의와 지연, 학연으로 뭉쳐진 보수적인 회사들이 많이 있다는 것을 염두에 둘 필요가 있다. 필자의 경험이지만 국내 프랜차이즈 간판 기업이었던 그 회사에서는 헤드헌터를 통해 2년간 3번의 이직 제안을 할 정도로 형편없는 행태를 보인 적도 있다. 그런데 중요한 것은 소비자들은 이런 상황을 전혀 모르고 그저 그 기업의 제품만을 인식한다는 것이 아이러니한 상황이다.

결국 이런 기업에 이직을 하면, 필요할 때까지 이용당하다가 기계의 부속품처럼 버림받는 상황을 맞을 가능성이 극히 높다. 심지어 본인이 재직 중에 몰래 자신의 포지션을 헤드헌터를 통해 서칭하는 그런 기업일 가능성이 높다. 화려함에 현혹되지 말고 피하는 것이 상책이다.

따라서 이직을 준비하거나 헤드헌터의 제안을 받았을 때는 회사에서 최근 2년 동안 올린 채용공고 내용과 횟수를 확인하는 것이 좋다. 그리고 헤드헌터에게는 잦은 이직의 이유를 문의하는 것이 좋다. 하지만 이런 회사를 고객사로 둔 헤드헌터도 사실상 한통속이라고 봐야 한다. 왜냐하면 헤드헌터 입장에서는 잦은 이직이 본인에게는 수수료를 확보할 수 있는 수요 창출도 되기 때문이다. 물론 추천한 후보자가 이직해서 일정 기간 이상 재직(6개월~1년)했을 때에 수수료를 지급받는 구조이다. 이 경우에는 인터넷 뉴스나 해당 회사 지인, 다른 서치펌의 헤드헌터 등에게 문의하여 반드시 검증을 한 후에 결정을 하여야 한다.

이런 문제에 봉착했을 때를 대비해서 '인생의 멘토'와 같은 헤드헌터를 만들어 두면 좋은 것이다. 필자는 이와 같은 상황의 회사를 두 번 경험했는데, 그때마다 '인생의 멘토'와 같은 헤드헌터의 조언이 큰 도움이 되었다. 이직 시장에는 좋은 관계 형성도 많지만 의외로 인연을 맺어서는 안 되는 관계도 많다는 것을 알아 두자.

Chapter 2.

오너 리스크가 상존하는 회사는 피하라

오너 리스크(Owner risk)는 오너 또는 오너 일가가 저지른 일로 인해 회사 또는 단체 전체가 피해를 보는 경우를 말한다. 이러한 오너 리스크 사례는 국내에서는 쉽게 경험할 수 있다. 과거에 비해 많이 정화되고 오너들의 성숙도가 높아지고 있다고는 하지만 오너뿐만 아니라 오너 일가의 문제로 확대되어 그 사례는 아직도 쉽게 볼 수 있는 것이 현실이다.

최근의 사례만 하더라도 국내 유업의 N사와 화장품 OEM, ODM 전문 회사인 H사, 국내 대표 항공사의 회항 및 이륙 지연 사건 등의 사례가 심심치 않게 발생한다.

오너의 이러한 리스크는 그 회사의 가치를 떨어뜨리고 고객을 이탈시킨다. 또한 재정적 리스크까지 동반하여 기업의 존립을 위태롭게 하는 상황으로 몰고 가기도 하는 것이다. 이러한 과정 중에 소속된 직원들은 점차 소속 의식이 약화되어 퇴사와 이직을 반복하는 조직이 되는 것이다. 이러한 회사일수록 충원을 위한 채용이 잦아질 수밖에 없는 구조를 가진다. 냉정히 말해서 이직을 염두에 둔 후보자는 피해야 할 기업이다.

그러나 한편으로는 구직자 입장에서는 기회일 수 있는 기업일 것이다. 그러나 오너 리스크가 큰 기업은 일시적인 구직의 기회는 제공받을 수 있지만 결국은 오래가지 않아서 동일한 상황을 반복하게 될 것이다. 물론 오너 리스크가 있는 모든 기업이 이와 같이 동일하지는 않을 것이다. 그러나 대부분의 오너 리스크가 상존하는 기업은 안 좋은 사이클을 반복하게 됨으로 그 구조 속에서 굳이 희생양이 되기 위해 늑대의 굴로 찾아 들어가는 이직은 하지 않는 것이 좋다.

그리고 오너 리스크가 있는 회사는 오너의 리스크 아래로 수많은 불합리한 조직의 문제들이 물속에 가라앉아 있는 빙산처럼 큰 경우가 많다. 되도록이면 오너 리스크가 있는 회사는 한 번 더 고민하고 검증하여 이직을 결정하기 바란다.

Chapter 3.

법적 소송 등의 분쟁이 많은 회사는 피하라

기업의 법적 분쟁은 다양한 형태로 발생한다. 기업의 분쟁은 경영권 분쟁이 가장 대표적이며 회사에 미치는 영향도 가장 크다. 다음으로는 법적 분쟁이다. 법적 분쟁은 기술 특허권이나 상표권 분쟁 등의 브랜드와 지적 재산권에 관련한 분쟁이 많다. 이외의 법적 분쟁으로 인해 기업의 경영이 영향을 받는 회사라면 이직을 하는 데 있어서 한 번은 고려하고 검증을 한 후에 진행하는 것이 좋다. 특히 지적재산권과 관련한 분쟁이 잦은 회사라면 마케팅 관련 이직 후보자일 경우에는 잘 검증하고 이직을 하는 것을 권한다.

국내에 이런 회사 사례를 보면, 국내 제과회사 중에 C사가 있다 이 회사는 다른 제과사의 제품 중에 시장 점유율이 높은 제품을 모방하여 제품을 만드는 것을 잘한다. 이러한 기업은 특허권, 브랜드 관련 지적 재산권 분쟁이 다른 회사에 비해 많을 가능성이 높다. 따라서 이런 회사에 마케팅이나 영업 관련 직종으로 이직을 할 경우에는 검증이 필요한 것이다.

그리고 이런 법적 분쟁이 잦은 회사는 기술 직종이나 IT 업계 이직을 희망하는 후보자도 유의해서 살펴야 할 회사의 유형이 되는 것이다. 회사를 경영하고 경쟁을 하는 입장에서 법적 문제를 전혀 없이 기업 경영을 하는 것이 쉽지 않을 수도 있다.

하지만 그것은 어디까지나 경영의 관점이고, 이직을 준비하는 후보자 입장에서는 이러한 것도 개인적인 리스크가 될 수 있으므로 검증할 수 있는데까지는 검증을 하는 것이 좋은 것이다. 옛말에 '송사 좋아해서 잘되는 집안 없다.'고 했다.

Chapter 4.

전·현직 재직자들의 평점이 낮은 회사는 피하라

취업포털 전문 회사들의 플랫폼에는 이직, 구직, 구인에 대한 다양한 정보가 있다. 그중에서 전·현직 재직자들이 재직한 회사에 대한 평가를 하는 것이 있다. 대표적인 플랫폼이 잡플래닛의 기업 평점이라 할 수 있다. 잡플래닛의 기업 평점을 맹신할 필요는 없겠지만 참고로 하여 판단을 할 수 있는 근거는 될 수 있다. 가장 중요한 기준의 객관성이 최소한 해당 회사에 대한 전·현직 재직자들의 평가이기 때문이다. 같은 평가를 모든 참여자가 하지는 않았겠지만 다양한 평가의 평균값을 기준으로 이직할 기업에 대해 검증해 보는 것도 필요하다고 생각한다. 이 플랫폼에서 평균 2.0 이하(5점 만점)를 기록하고 있는 회사는 이직을 좀 더 검증하고 진행하는 것을 추천한다.

이 플랫폼 내에서의 평가는 필자에게도 많은 도움이 되었다. 물론 회원가입을 전제해야 볼 수 있다. 각 회사들의 장점과 단점에 대해 적나라하게 평가를 하였고, 그것을 점수화하여 이직과 구직을 고민하는 후보자들에게 결정을 할 수 있는 기준을 제시하고 있다. 근무 환경은 물론이고 복리 수준, 직원 상하 간의 문제, 근무 환경, 급여 조건, 휴가, 노조, 동아리, 일과 삶의 균형 등에 대한 아주 다양한 회사의 장점과 단점이 평가되어서 참고하기에 부족함이 없었다. 많은 전·현직 재직자들의 평가는 살아 있는 판단 정보와 같은 것이다. 돈으로 환산할 수 없는 귀한 정보를 바탕으로 '전·현직 재직자들의 평가가 낮은 회사'를 피하려는 노력이 필요하다.

이처럼 회사에 대한 평가가 이루이고 있는 플랫폼으로는 잡플래닛 외에도 해외에는 세계 최대 규모의 직장 평가 사이트인 글래스도어(Glassdoor)가 많이 활용되고 있다. 그리고 국내에서는 블라인드(Bind), 리멤버(Remember), 잡플래닛(Jobplanet), 크레딧잡(Kreditjob) 등이 서비스를 제공하고 있다.

실제로 해당 직장이나 업계에서 일한 사람들의 경험담과 평가를 확인할 수 있어서 판단을 위한 귀한 정보로 활용할 수 있다. 그리고 전반적으로 평판이 안 좋은 회사는 그 평판이 사실일 가능성이 매우 높다. 이직의 세계에서는 개인의 평판은 물론이고 회사의 평판이 이직을 결정하는 데 있어서 매우 중요한 결정 요소가 됨을 알 수 있다.

Chapter 5.

회사 인근 거주자를 우대하는 기업은 피하라

회사 인근에 거주자에 대해 우대하는 기업이 있다. 보통 이런 우대를 하는 회사는 규모가 크지 않은 기업이 많다. 대기업이나 중견기업보다는 중소기업이나 강소기업에서 '회사 인근 거주자를 우대'하는 경우가 많다. 이러한 우대의 목적은 출퇴근에 구애가 덜하기 때문이다. 출퇴근에 대한 구애가 적다는 것은 후보자 입장에서 장점으로 받아들일 수도 있지만 안 좋은 방향으로 진행이 되면, 조기 출근과 늦은 퇴근(야근)이 잦은 회사일 가능성이 높다.

대기업과 글로벌 기업들은 재택근무까지 활성화시키고 있는 마당에 조기 출근 문화를 조성하고, 야근 문화를 은근히 강요하는 기업일 가능성이 높은 회사는 피해야 한다. 무조건 조기 출근과 야근이 나쁘다는 말은 아니다. 근로자와 합의된 경우에는 충분히 가능하고 법적 테두리 내에서 사주와 근로자가 보호받을 수 있는 범위 내에서 행해져야 한다.

그러나 이직이나 구직자를 선발하는 과정에서부터 '회사 인근 거주자 우대'를 내거는 회사는 한 번 정도는 고려하고, 인근 거주자를 우대하는 목적을 분명히 알고 이직을 진행하는 것이 좋다. 만약 근무 시간 연장 등과 관련한 불손한 의도를 가지고 우대를 하는 회사라면 피하는 것이 좋다. 이런 사고를 기반으로 하는 회사의 경영 방침에 후보자가 맞추어서 일하기도 힘이 들 것이다. 그리고 근로자를 우선시하는 근무 문화를 만들어 가지 못하는 회사라면, 후보자는 결국 일정 시간이 지난 후에 또 다시 재이직을 준비하여야 하는 처지에 놓일 것이다.

Chapter 6.

경영 실적이 2년 이상 하락하는 추세의 기업은 고려하라

회사의 경영 상태를 보면 그 기업의 성장 가능성과 안정성을 파악할 수 있다. 특히 경영적 측면에서는 회사의 매출과 영업이익의 성장 추세를 기반으로 경영 실적을 평가한다. 회사의 경영 실적은 주주들의 이익을 반영하고, 회사의 성장을 위한 근본이 되는 것이다. 그리고 직원들의 입장에서는 일한 것에 대한 보상을 받는 기준이 되는 것이고 성과로서 보람을 가지는 것이 된다. 이러한 경영 실적의 증가 추세와 감소 추세를 보고 이직할 기업에 대한 평가를 해 볼 수 있다.

회사의 경영 실적은 영구적으로 성장을 지속할 수는 없다. 그리고 일정 기간 증가와 감소를 반복하는 사이클을 가지기도 한다. 경영 실적 요소 하나만을 가지고 회사의 성장성과 안정성을 판단할 수는 없다. 하지만 최소한 매출액의 증감과 영업이익의 증감 상태를 파악해 보고 이직을 고려하는 태도는 필요하다.

회사의 성장은 그 조직원인 직원 한 사람 한 사람의 성장과 안정에도 중요한 영향을 미친다. 따라서 이직을 고려하는 후보자라면 이직할 회사의 경영 실적을 최소한 2년치 정도는 분석해 보고 이직을 결정해야 한다. 특히 부장급 이상의 이직 후보자라면 회사의 경영 실적은 이직 후의 업무 전개와 연착륙을 위해서 중요한 부분이 되므로 반드시 확인해야 한다.

그리고 경영 실적의 상태에 따라 후보자 본인의 포지션과 이직에 대한 제안의 배경을 알 수 있다. 또한 후보자에 대해서 회사가 바라는 점을 파악할 수 있는 것이다. 이직 진행 중이라서 이직 회사의 경영 실적에 대해 속속들이 분석할 수 없겠지만, 최소한 2년치 이상의 재무제표인 대차대조표와 손익계산서 정도는 파악하는 것이 필요하다. 만약 2년 이상 재무제표상의 경영 성과가 좋지 못하다면 이직을 한 번 정도는 고려하는 것이 필요하다.

그리고 후보자를 발탁하려는 이유가 경영 실적이 좋지 않아서 전환을 위한 필요라면 더욱더 심사숙고하고 결정해야 한다. 후보자가 현재의 경영 실적 추세를 전환시킬 역량의 보유자인지를 스스로 냉정히 판단한 후 자신감이 있고, 능력이 검증될 때 이직을 결정해야 한다. 그렇지 못하다면 이 회사의 제안은 고사하는 것이 회사와 후보자를 위해 좋은 방향이 되는 것이다.

Chapter 7.

대표이사가 자주 바뀌는 회사는 피하라

필자의 경력 중에는 사모펀드 지배 계열의 회사에서 임원 직무를 진행한 기간이 8년 정도 된다. 업무를 진행하면서 다른 기업을 인수합병(M&A)하는 업무를 진행한 경험도 많다. 이 과정에서 대상 기업의 위험 신호로 감지하는 항목이 많지만 대표이사나 대주주와 관련한 위험 신호를 감지하고 인수 대상 기업을 평가하는 방법이 있다. 이러한 기업의 위험 신호를 감지하는 항목을 후보자들이 활용하면, 이직 가능한 회사를 구별하는데 도움이 될 것이다. 모든 항목을 활용하는 데 한계가 있는 항목이 있겠지만 특히 대표이사가 자주 변경되는 회사에 대해서는 주의를 기울여야 할 것이다.

기업의 경영과 관련하여 몇 가지 위험 신호를 나타내는 것이 있다. 그 위험 신호로는 대표이사가 자주 변경되거나 최대 주주가 변경되는 경우이다. 물론 기업 운영에서 대표이사의 변경과 대주주의 변경은 있을 수 있는 일이고, 경영의 필요에 의해서 가능한 일이다. 그러나 지나치게 자주 대표이사의 변경이 일어나는 회사는 그만큼 경영이 안정적이지 못하다는 것을 의미한다. 경영이 안정적이지 않다는 것은 직원의 입장에서는 안정적인 회사 생활이 어려울 수 있는 것이다.

필자가 직장 생활을 할 때에도 대표이사가 일단 변경되면, 경영 지침부터 시작하여 경영에 관한 많은 부분이 변경된다. 이러한 변경은 직원들에게는 고스란히 업무의 추가나 변경으로 다가옴으로 직원 전체가 변화를 맞게 된다. 변화가 나쁜 것은 아니지만 대표이사가 자주 변경되어 직원들이 잦은 변화를 겪는 회사는, 직원 한 사람에게는 물론 조직 전체에 불안정을 초래하게 된다. 따라서 대표이사가 자주 바뀌는 회사는 이직할 때 한 번 정도는 고려는 해야 하는 것이다. 이와 병행하여 임원급 포지션의 잦은 변경이나 채용이 있는 경우에도 면밀히 전후 상황을 파악한 후에 이직에 대한 결정을 할 필요가 있다.

대표이사의 잦은 변경 주기는 최소한 1년을 넘기지 못하는 경우에는 경영상의 문제가 있는 것으로 보아야 한다. 그리고 전문경영인이 대표이사인 경우에는 2년 정도가 대표이사 계약 기간으로 놓고 본다면, 그 이전에 대표이사 변경이 잦은 회사는 면밀히 확인할 필요가 있다. 대표이사가 자주 변경되면 사업 연속성이 낮아지고 지배 구조가 부실해진다. 그리고 결국은 내부 통제력이 떨어지고 경영 전반에 위험이 도래하는 기업이 될 가능성이 높아지는 것이다.

한 집안의 가장이 아프거나 문제가 생기면 그 집안의 가족 구성원이 심적으로 경제적으로 부담을 느끼듯이, 회사라는 조직도 마찬가지로 안정성을 잃게 된다. 그러한 불안정한 회사에 연봉과 직급 상승 제안을 받아 이직을 한다고 하여도 화무십일홍(花無十日紅)이 될 가능성이 높다.

이외에도 최대 주주가 주식을 담보로 대규모 대출을 받은 경우에도 위험 신호로 볼 수 있다. 또한 공시를 번복하거나 공시를 불성실하게 하는 기업도 해당된다.

마지막 증후로는 지속적인 적자를 보면서 재무구조가 악화한 기업이다. 이 사례는 앞 장에서 경영 실적이 좋지 못한 회사의 예로 소개했다. 이러한 내용들을 모두 확인하기에는 열람 및 권한의 한계가 있어서 확인이 불가능한 항목도 있을 것이다. 그러나 최소한 3년 정도에 해당하는 기업의 인터넷 기사를 확인하면 이 정도의 내용은 기사로 확인할 수 있다. 만약 기사로 확인이 될 정도라면 검토가 필요한 기업이 되는 것이다.

만약 과거에는 이러한 문제들이 많은 기업이었지만, 다른 곳으로의 인수나 합병 또는 자체 경영진의 쇄신을 통해 기업 변화를 진행 중인 경우에는 개선의 방향성과 성장 가능성 등에 대해 지인과 헤드헌터의 문의를 통해 검증을 해 볼 필요가 있다. 그리고 대표이사 변경 등은 인터넷 기사와 법인등기부등본, 공시 자료를 열람하여 확인할 수 있다. 환승 이직을 원하는 후보자라면 최소한 이 정도의 발품은 팔아서 자신의 이직 안정성을 확보하는 노력이 필요하다. 특히 부장급 이상의 포지션 이직 시에는 반드시 검증해 볼 것을 권한다.

Chapter 8.

면접이 늦은 시간에 이루어지는 회사는 피하라

필자가 1993년 첫 직장 생활을 시작한 후 2023년 현재까지 30년의 시간이 흘렀다. 주변의 사람들은 항상 '대단하다!'는 표현으로 직장 생활 기간이 30년이 넘은 것을 칭찬해 준다. 어느 순간부터 이런 칭찬이 부담으로 느껴지는 나이가 되었다. 후배들을 위해 자리를 내줘야 하는데 눈치 없이 자리를 보전하고 있다는 비웃음으로 들리기도 한다.

예전 같으면 장기 근속이 자랑거리가 되고 직장 생활의 롤 모델이 되었겠지만 현대를 살아가는 직장인의 입장에서는 자랑거리로만 생각하기에는 시대가 많이 변했다. 그도 그럴 것이 일과 개인이라는 관점에서도 많은 변화가 있다. 개인을 우선시하는 문화가 주류가 되었다. 변화에는 변화로 맞서야 살아남을 수 있다. 그래서 필자도 옛날의 관점들을 많이 변화시키고 젊은 직장인들의 트렌드를 따라가기 위해 신입 사원 때보다 더 많은 노력을 하는 것 같다. 웃지 못할 생존을 위한 발버둥인 것이다. 이처럼 직장 생활을 바라보는 관점의 변화가 많이 생겼다. 특히 직장과 개인의 삶에 대한 균형 잡힌 직장 생활이 중요한 시대가 된 것이다. 많은 직장인들이 직장 선호 조건으로 개인의 삶과 일의 균형을 많이 생각한다.

이러한 관점을 놓고 이직하는 기업을 선별하는 것 중에는 '저녁 늦은 시간, 특히 퇴근 시점 다 되어서 면접을 진행하는 회사'는 이직하는 회사로 고려해 볼 필요가 있다. 요즘은 이런 상황이 거의 없을 것으로 추측해 본다. 하지만 오너(Owner)기업이나 규모가 작은 기업일수록 이런 상황이 재현될 가능성이 있다.

필자가 경험한 오너 기업 중에는 연 매출액을 3,000억 넘게 올리는 기업이 있다. 헤드헌터를 통해 이직 제안을 받았고, 그 헤드헌터가 평소 친분이 각별한 분이라서 면접까지 진행을 했었다. 그러나 면접 잡힌 시간을 보고는 정중히 이직 진행을 중단한 경우가 있다. 면접 시간이 저녁 18:30분이었다. 필자는 헤드헌터에게 이 시간이 맞는지를 재차 확인하였는데도 시간은 맞는 것이었다. 헤드헌터에게 또 다른 질문을 했다. "왜 B사 회장님은 면접을 퇴근 이후에 보시죠?" 헤드헌터의 답변이 재밌었다. "회장님은 하루 근무 시간에 업무와 관계되지 않은 일을 퇴근 후에 하시니, 이해하고 맞추는 게 좋겠다."는 것이다. 필자가 이 답변을 듣고 나서 황당함을 금할 길이 없었다. 그리고 냉정하게 말씀을 드렸다. "그간의 친분을 생각해서 들어드릴 수도 있는데 부탁을 들어드리는 것은 한 번이면 되지만, 이직 후에 이런 회장님을 모시고 일할 것을 생각하니 마음이 서지 않습니다." 그리고는 그 회사로의 이직 관련 모든 진행은 스스로 중단한 경험이 있다. 그 B사 회장님은 지금도 이러한 방법으로 면접을 보신다고 하였다.

필자는 이직에 대한 확실한 나름대로의 신념은 있다. '현 직장보다 조건이 아무리 좋더라도 자존심마저 팔아 가면서 이직하지는 않는다!'는 것이다. 이직을 하더라도 지켜야 할 것은 있다. 필자가 B사의 이직 진행을 중단한 것에 대한 후회는 단 한 번도 해 본 적이 없다. 오히려 몇 년이 지난 지금 생각해 보면 오히려 더 잘된 것이다.

그날 면접을 스스로 취소한 이유가 궁금할 것이다. 그 이유는 첫 번째가 이제는 '일과 개인의 삶이 균형을 이루는 시대'이다. 그리고 그것이 확보되지 못하면 후보자 본인은 리더로서의 직위가 있으므로 스스로 견뎌낼 수 있을지는 모르겠지만, 그 마음과 환경을 가지고는 조직의 팔로워를 리드할 수 없는 것이다.

누구보다 '균형 잡힌 삶'에 대해 중요함을 강조하는 요즘 직장인들이다. 이직은 나 혼자 회사를 옮기는 것이 아니라 새로운 이직 직장에서 나를 따르는 팔로워와의 생활도 중요하다. 오너의 사고가 봉건적이고 자신의 아집으로 가득 차서 회사 직원들의 의견을 수렴할 줄 모르는 보스(Boss)를 모시면서, 나를 따르는 팔로워들과 함께 직장 생활을 하는 것은 생각보다 어렵다.

두 번째는 시대 감각이 떨어지는 회사 문화 또는 오너와는 일하기 힘들다는 것이다. '시대가 어느 시대인가!' 시대 감각이 많이 떨어지는 회사로의 이직은 본인이 생각한 것보다 많은 것을 양보하면서 회사 생활을 영위해야 할 가능성이 높다. 저녁 퇴근 시간에 가깝거나 퇴근 이후에 면접을 보려는 오너가 경영하는 회사는 분명히 직원들의 야근이나 잔업을 대수롭지 않게 생각할 것이다. 이직은 직급 상승과 연봉 상승 외에도 중요한 개인의 균형 잡힌 삶이 보장되는 회사로의 이동이라는 의미도 중요하다.

세 번째는 배려심 없는 회사로의 이직은 후보사를 힘들게 하는 회사라는 것이다. 환승 이직이나 스카우트를 진행하는 경우에는 후보자의 상황을 고려하여 시간과 진행에 대해 배려하는 것이 통상적인 회사의 경우이다. 그럼에도 불구하고 회사의 기준과 오너의 기준만을 고집하는 회사는 이직 후보자가 적응할 배려를 하지 않을 가능성이 높다. 이상에서 살펴본 것과 동일한 상황은 물론이고 이와 유사한 상황이 재현되는 회사로의 이직은 한 번은 더 고려해야 뒷날 후회할 일이 없을 것이다. 이러한 상황은 오너의 생각이 이렇다면, 실무진의 면접이나 이직 진행 과정에서의 태도도 크게 다르지 않을 것이다.

Chapter 9.

직원들의 표정이 좋지 못한 회사는 피하라

필자가 임원으로 경력 채용 최종 면접을 볼 때마다 자주 하는 질문 항목이 있다.

"회사 분위기가 어떤 것 같나요?"

답변에 대해서 면접 점수를 주기 위한 질문이 아니다. 후보자의 관찰 능력과 이직을 하려는 준비가 된 후보자인가를 확인하는 것이다. 환승 이직자를 채용하는 회사의 가장 큰 욕심은 실무를 바로 할 수 있는 전문성에 가장 큰 방점을 둔다. 물론 이것은 통상적인 경우이다. 특별한 전문성을 요하는 경력 채용은 예외로 한다.

면접을 하러 가면서 파악할 수 있는 것이 회사 건물을 들어서면서부터 확인할 수 있는 직원들의 표정과 태도에서 그 회사의 문화와 분위기를 간접적으로 알 수 있다. 필자도 환승 이직 면접을 보러 갔을 때는 건물 입구 안내 데스크부터 의식적으로 가서 면접 장소의 위치를 물어본다. 이 과정은 면접 장소를 알고 있어도 그 회사의 성문과 같은 안내 데스크의 상황을 파악해 보는 것이다. 잘해 준다 못해 준다 정도의 상황을 파악하는 것이 아니라 배려 있는 안내를 해 주는지를 알아보는 것이다.

고전의 전쟁사를 읽다 보면 한 왕국이 멸망하는 원인 중에는 사소한 것을 관리하지 못해 성문이 열리고, 열린 성문으로 적들이 침입하여 몰락을 당하는 사례가 많다. 즉 회사로 치면 성문지기와 같은 곳이 안내 데스크나 경비실 등이다. 그 회사의 조직 문화는 가장 성문 같은 초입에서 알 수 있다. 그리고 그 초입이 안내 데스크인 것이다. 제대로 관리하고 조직 문화가 즐거운 회사는 안내 데스크의 직원들부터 공손하며, 상냥하다. 즐거운 직장 생활의 즐거움이 회사를 찾는 사람들에게 상냥함으로 표현될 수밖에 없는 것이다. 그러나 반대로 그렇지 못한 회사는 초입의 성 문지기인 안내 데스크부터 상냥하지 못하다. 묻는 말에만 응대하는 안내 데스크, 방향을 못 찾고 있어도 몰라라 하는 안내 데스크를 보면 그 회사의 즐거움과 배려심을 간접적으로 가늠해 볼 수 있다.

그리고 면접 장소를 향해 가면서 보는 직원들의 걸음걸이와 인사 나누는 태도를 통해서도 알 수 있다. 또한 휴식을 취하든 업무에 몰입하는 직원들의 모습에서도 알 수 있다.

마지막으로 면접 장소로 인도해 주는 인사담당자의 응대를 보면서 그 회사의 문화를 간접적으로 파악할 수 있는 것이다. 그중에서 필자가 제일 조심스럽게 고민하는 것이 '싸할 정도로 조용한 직원들의 근무 태도'이다. 마치 도서관이나 독서실에서 공부하는 학생들처럼 조용하게 자습하는 것 같은 사무실 분위기는 검토가 필요하다. 물론 직종에 따라 그런 사무실도 있을 수 있겠지만, 일반적인 사무직종에서 이런 분위기를 느낀다면 그 조직의 문화는 경직된 문화일 가능성이 높은 것이다.

천편일률적으로 좋은 직장은 없다. 사자에게는 평원이 좋은 곳이지만 호랑이에게는 울창한 숲이 좋은 곳이다. 물고기는 물이 있어야 좋은 환경이고, 새는 나무와 날 수 있는 하늘이 있는 곳이 좋은 환경인 것이다. 그러나 이 동물들이 생존할 수 있는 공통의 생존 조건은 있다. 즉 공기이다.

이처럼 이직을 염두에 둔 회사의 선택에도 각자마다 좋은 환경이 다양하게 있을 것이다. 그러나 거기에도 직장 생활을 위한 생존 공통 조건은 있다 그것이 조직 문화이다. 즉 조직 문화는 직장 생활의 공기와 같은 것이다. 이직 후에 그 조직 문화를 체험하면서 알아가기에는 시기적으로 늦다.

이직을 위한 면접을 진행하면서도 간접적으로 조직 문화를 알아보는 자신만의 노력을 경주해야 한다. 올바른 이직 선택을 하기 위해서 다양한 노력을 해야 한다. 그리고 그 노력은 자신을 위해서 해야 하는 것이다. 그래야만 이직 후에 후회를 최소화할 수 있다.

Chapter 10.

조직력, 팀워크, 가족 같은 분위기를 강조하는 회사는 고려하라

환승 이직을 준비하는 후보자가 이력서에 어필하는 내용 중에는 경력 관련한 것은 물론, 조직을 맡아 본 후보자라면 조직을 만든 경험과 역량을 어필할 것이다. 그런데 반대로 이직하려는 회사에서 그 회사의 조직력에 대해 후보자에게 회사의 장점이라고 어필하는 경우를 생각해 본 적 있는가? 심지어 제안받은 포지션에 해당하는 팀의 팀워크가 좋다는 이야기를 하고, 더 나아가서는 회사의 분위기가 가족 같은 분위기로 일한다는 이야기를 한다면 후보자는 어떤 생각을 할 것인가?

보통 이런 이야기는 면접이 진행되는 과정에서 후보자가 마음에 들거나 합격 대상자로 생각하는 경우에 나올 수 있는 말이다. 후보자를 회사로 입사시키기 위해 장점을 어필하는 과정이라 할 수 있다. 그런데 필자는 이런 분위기를 강조하는 회사에 대해서는 이직을 그리 권하지 않는다.

첫 번째로 조직력이 좋다는 것은 경영진이나 관리자 입장에서는 회사 조직을 운영하기에 장점일수는 있지만, 직원의 한 사람으로서 후보자의 입장에서는 직장 생활에 대해 부담감을 느낄 수 있다. 보통 조직력을 자랑하는 회사는 개인의 생활이나 개인의 의견보다는 조직 중심으로 사고하고 행동하는 분위기가 압도적이다. 회식을 하더라도 조직 중심으로 예산을 편성하고, 장소 섭외마저도 조직에 익숙한 곳으로 결정을 하는 경향이 많다. 그리고 조직을 기반으로 하는 문화의 부작용으로는 개인의 의견이나 상황이 존중받기 쉽지 않다는 것이다. 그리고 조직 단위 경쟁이나 비교가 생기면 개인의 의사와는 다른 방향의 업무를 해야 하는 상황을 초래한다. 이러한 과정이 지속되면 직장 생활에 대한 회의를 느끼고 개인의 존재와 조직이 함께 균형을 이룬 회사를 찾기 위해 재이직을 준비해야 할 상황이 발생하기도 한다.

두 번째로 팀워크를 강조하는 회사도 조직력을 강조하는 회사와 유사한 형태이다. 단지 한 가지 다른 점이 있다면 팀워크를 강조하는 조직에서의 직장 생활은 팀장이라는 팀 리더와의 갈등이 생길 여지가 높은 것이다. 조직이 크면 조직장이 대부분 임원급이므로 갈등의 유발 횟수나 상태의 심각성이 덜할 수 있는데, 조직 단위가 작은 팀 단위에서 지나친 팀워크를 자랑하며 팀을 이끌다 보면, 팀장과 팀원 간에 갈등이 표면화될 가능성이 더욱 높아진다. 그리고 팀원 간의 갈등 또한 마찬가지이다.

세 번째로는 가족 같은 분위기를 자랑하는 회사의 형태이다. 이러한 형태의 회사는 규모 면에서 그리 크지 않은 회사이거나 대표를 비롯해서 가족들이 경영진을 형성한 가족 경영 회사에서 많이 강조하는 형태이다. 필자는 개인적으로 이런 유형의 회사를 특히 조심해야 할 필요가 있다고 강조한다. 가족 같은 분위기로 일한다는 자체가 불가능하다고 생각한다. 그리고 가족 같다는 말 뒤에 숨겨진 의도를 파악해 볼 필요가 있다. 즉 회사가 직원에 대해 요구하는 가족 같은 회사의 개념과 직원을 대하는 회사가 생각하는 가족 같은 회사의 개념이 다른 경우가 많다.

첫 번째로 회사가 직원에 대해 요구하는 가족 같은 회사의 개념은, 가족 같은 마음을 가지고 회사에서 시키는 일이나 조금은 부당함이 있는 상황이라도 수용하라는 관점으로 대할 수 있다. 이 경우는 법적 문제도 가족같이 생각하고 대수롭지 않게 생각할 가능성이 높다. 그리고 직원에게 부당하고 불리한 결정에 대해서도 '다 잘되자고 하는 것'이니 가족처럼 생각하자는 태도로 직원을 대하는 사례가 많다.

두 번째는 직원을 대하는 회사가 생각하는 가족 같은 회사는, 직원을 대하는 태도의 문제가 발생할 가능성이 있는 회사 유형이다. 즉 오너나 경영진이 가부장적 사고를 가지고 일방적인 소통을 하며, 직원들의 불만이나 의견을 묵살하는 태도로 발전할 가능성이 높은 것이다.

위의 상황은 최악의 상황을 가정한 것이고, 일부는 필자도 경험한 바 있는 유형이다. 필자는 이렇게 생각한다. '회사는 가족이 아니다.' 그리고 회사가 가족 같다면 직장 생활을 할 수 없을 것이다. 잠자는 시간을 빼고는 회사 같은 가족과 함께 있고, 가족 같은 회사와 함께 지내는데, 이처럼 힘든 가족 관계와 직장 생활이 어디 있겠는가? 가족 같은 회사를 이야기하는 회사의 문화는 회사라는 정체성을 정립하지 못한 회사임으로 이직을 고려해야 할 최우선 대상이라고 말하고 싶다.

가족 같은 회사의 가장 특이한 특징으로는, 직원들이 의견을 말하지 않는 것이다. 아무도 문제에 대해 분명한 의견을 제시하지 않는다. '가공된 화목' 속에서 개인의 의견이 무시된다. 그리고 가장 같은 조직장이 강력한 의견을 제시하면 그 누구도 반대하지 않고 실행하는 것이다.

Chapter 11.

직원의 성비(性比)가 한쪽으로 치우치는 회사는 고려하라

직원의 성비(性比)가 한쪽으로 치우친 회사에 대해 문제점을 지적하기 위한 의도는 전혀 아님을 밝힌다. 그리고 남녀 구성비가 업무에 지대한 영향을 미친다는 의견을 말하고자 하는 것도 아니다.

직원의 성비를 기준으로 하여 이직할 회사를 고려해서 판단하라는 의미는, 이직 후의 연착륙과 연계된 것이다. 즉 지나치게 성비 구성이 기울어진 회사의 문화는 정착하기 어려울 수 있음을 말하는 것이다.

회사의 유형 중에는 여성 직장인이 많이 근무하는 유형이 있을 수 있고, 남성 직장인이 대부분인 회사의 유형이 있을 수 있다. 이 경우는 보통 직종의 특성에 따라 남녀 구성비의 기울기가 달라질 수 있을 것이다. 예를 들어, 보험 업종에서는 여성 직장인이 남성 직장인보다 많은 것이 일반적이다. 그러나 건설 업종의 경우에는 여성보다는 남성 직장인이 많은 것이 일반적이다. 이처럼 업종의 특성에 따라 성비의 특성이 따라갈 수 있는 직종을 제외한 일반적인 회사원이라 불리는 사무직종에서 직원 구성 성비가 지나치게 한쪽으로 기우는 회사는, 조직 문화도 기울어진 성비를 중심으로 형성될 가능성이 높다는 것이다.

만약에 남성 직장인이 전체 구성원 중에 70% 이상을 차지하는 회사가 있고, 여성 직장인이 전체 구성원 중에 70% 이상을 차지하는 두 회사가 있다고 가정하자. 이 두 회사의 조직 문화는 같을 수 없을 것이다. 물론 회사마다 조직 문화가 다름은 배제하고 예를 대비해 보는 것이다. 이러한 유형의 회사는 필자가 직접 경험한 것은 아니지만 후배 몇몇이 경험을 토대로 필자에게 조언을 구하는 과정에서 문제의 심각성을 보게 된 사례이다. 남성이 지나치게 많은 회사는 여성에 대한 배려가 상대적으로 약할 수 있다. 그리고 반대로 여성이 지나치게 많은 회사에서는 여성 중심의 조직 문화가 형성될 가능성이 높은 것이다. 물론 회사의 조직 문화 형성에 대한 정책 운영에 따라 이러한 문제가 발생하지 않는 회사도 많다는 것을 전제로 한다.

실제 팀장급으로 이직을 하였던 남성 후배의 경험을 중심으로 이해의 폭을 넓혀 본다. 업무 전문성을 인정받아서 헤드헌터의 스카우트 제안을 받았고, 무난하게 합격하여 이직을 하였다. 그러나 후배가 맡은 포지션에서 문제가 발생하기 시작했다. 후배가 맡은 포지션은 로드숍을 개척하고 관리하는 팀의 팀장이었다. 외국계 생활용품 회사에서 개척 영업의 전문성을 인정받아 화장품 업계의 개척 영업 팀장으로 발탁된 것이다. 영업을 잘하는 것에는 문제가 없었다. 문제는 생각하지도 못한 곳에서 나왔다. 팀원이 8명이었는데, 대부분의 팀원이 화장품 업계의 특성상 여성 팀원이었고, 그중 7명이 여성 팀원이었다. 팀을 이끌어 가는 데는 업무적으로 큰 어려움이 없었다. 그러나 큰 문제로 다가온 것은 여성 팀원들에 대한 팀워크를 형성하는 방법과 갈등이 발생했을 때 중재를 위한 코칭에서 감성적인 접근이 어려웠다는 것이다. 결국은 적응하지 못하고 다시 외국계 식품회사로 재이직을 하였다.

후배 본인은 1.6년의 시간을 잃어버린 시간으로 생각하게 되었고, 경력의 개발에서도 실패를 한 사례로 자리매김되었다. 극단적인 예처럼 보일 수 있지만 실제로 후배가 경험한 것이다. 그리고 이러한 상황은 남성과 여성을 떠나 많이 일어나고 있는 상황이기도 하다. 특히 다른 업종으로의 이직을 하거나 근무 환경에서 성비가 확연히 바뀌는 업종이나 회사로 이직을 하는 경우에는 충분히 고려해 보아야 할 상황인 것이다.

Chapter 12.

'깨진 유리창 이론'이 생각나는 회사는 피하라

깨진 유리창 이론(broken windows theory)은 1982년 미국의 범죄학자인 제임스 윌슨과 조지 켈링이 공동 발표한 '깨진 유리창(Fixing Broken Windows: you suck Restoring Order and Reducing Crime in Our Communities)'이라는 글에 처음으로 소개된 사회 무질서에 관한 이론이다. '위키백과'에 따르면 깨진 유리창 하나를 방치해 두면, 그 지점을 중심으로 범죄가 확산되기 시작한다는 이론이다. 사소한 무질서를 방치하면 큰 문제로 이어질 가능성이 높다는 의미를 담고 있다.

필자가 이 이론이 생각나는 회사는 이직 시 고려해야 할 회사로 언급하는 것은 회사의 분위기와 문화에 대한 것이다. 만약 이직을 위한 면접을 보러 방문하였는데 회사의 물리적 환경이 깨진 유리창 이론처럼 관리가 안 되었거나 직원들이 회사의 물품과 환경에 대해 함부로 취급하는 태도를 목격한다면 이직 고려 대상 기업으로 생각해야 한다. 잘 돌아가는 회사와 조직 문화가 잘 형성된 회사는 일반적으로 물리적 근무 환경에 대해 회사 측에서 신경을 많이 쓴다. 그리고 그 환경에서 일하는 직원들도 회사의 물품과 환경을 잘 관리하고 사용하려는 문화가 형성되어 있다. 그러나 이와는 반대로 회사 측에서도 이러한 환경에 대해 별 관심이 없고, 직원들 또한 그러한 환경에 대해 익숙해 있다면 좋은 조직 문화를 가진 회사로 보기 어렵다.

Chapter 13.

화장실이 형편없는 회사는 피하라

요즘은 화장실 관리 상태가 형편없는 회사를 찾아보기가 쉽지 않다. 특히 대기업이나 글로벌 기업은 자사 대형 빌딩이나 임대 빌딩에 거주하며, 용역을 주어 관리를 함으로, 예전처럼 화장실 관리 상태가 나쁜 기업을 찾아보는 것이 쉽지 않다. 그리고 80~90년대에 비해 대중 사이에서 지켜야 할 에티켓에 대한 성숙도 많이 개선된 상태이다. 필자가 신입 사원이던 1990년대 초기만 하더라도 공중화장실이나 다중이 사용하는 기업의 화장실 관리 상태나 위생 상태는 지금에 비해 많이 열악했던 기억이다. 심지어 재래식 화장실의 숫자도 많았던 시기였다.

이직을 할 회사에 대한 검증에서 '화장실이 형편없는 회사는 피하라'는 의미는, 단순한 화장실의 물리적 환경이 좋고 나쁨을 말하고자 하는 것이 아니다. 화장실의 물리적 환경은 건물의 특성에 따라 차이가 날 수 있다. 이직을 피하거나 고려해야 할 만한 회사의 화장실 상태는 두 가지 측면에서 고려해 볼 수 있다.

첫 번째는 화장실에 대한 관리가 형편없거나 부족한 경우이다. 이 경우는 회사가 직원들의 생리적 문제를 해결하는 곳에 대한 최소한의 배려를 하는지에 대해 알 수 있다. 화장실이라면 필수적으로 있어야 할 위생용품이 비치되지 않았거나, 사내 절약 캠페인 차원에서 휴지 등을 공동으로 사용하도록 안내하는 경우에는 그 회사의 오너 또는 경영진이 직원들을 어떤 관점에서 대하는지를 간접적으로 가늠해 볼 수 있는 것이다. 많은 회사들이 화장실이라는 작은 공간에서 직원들의 만족을 위해 다양한 서비스를 제공하고, 안락한 분위기에서 위생 문제를 해결하도록 배려하는 추세이다. 음악을 잔잔하게 틀어 놓는 회사도 있고, 후각적 만족을 위해 향수 제품 등을 설치하여 향기 좋은 화장실을 꾸미는 회사도 많다. 작은 부분이지만 회사의 직원에 대한 배려심과 회사의 문화 수준을 엿볼 수 있는 것이다.

필자가 목격한 최악의 화장실 중에 한 곳은, 화장실 변기에 앉으면 보이는 문에다 안내 글을 붙여 놓았는데 놀라움을 금치 못했다. '당신이 소비하고 있는 시간에 동료는 일을 하고 있습니다!'였다. 물론 이 회사는 협력사 중 한 곳으로 업무를 위해 방문하였는데, 만약 이직을 위해 면접 차원에서 방문하여 화장실에 이런 글귀의 안내 표지가 붙어 있다면, 어떻게 해석을 하여야 할 것인지 난감해질 것이다.

두 번째는 직원들의 의식 수준과 공동체를 배려하는 수준을 알아볼 수 있다. 화장실 관리와 물리적 환경이 좋은 화장실이라도, 소속 직원들이 화장실을 함부로 사용하거나 타인을 배려하지 않는 태도로 사용을 하면, 그 회사 직원들의 수준을 간접적으로 알 수 있는 것이다. 이 상황에는 '깨진 유리창 이론'이 접목될 수 있다. 누군가 사용한 휴지를 변기나 휴지통에 제대로 처리하지 않고 바닥에 흘리면, 그 후로 다른 직원도 따라서 제대로 처리하지 않으려는 단체 의식을 만들어 가는 경우가 있다. 세면대에서 양치질을 하면서 가래 등을 뱉어 놓고 뒷사람을 위해 깨끗이 처리하지 않는 태도로 세면대가 지저분한 상황도 있다.

이처럼 화장실 하나만 잘 관찰해 보더라도 그 회사의 전반적인 의식 수준을 가늠할 수 있다. 회사의 직원에 대한 배려와 관리 의식, 더 나아가서는 소속한 직원들의 동료나 상사를 배려하는 태도와 단체 의식을 측정해 볼 수 있는 것이다. 이러한 모든 것을 한마디로 표현하면 '배려와 매너가 부족한 회사'임을 알 수 있는 것이다.

필자의 업무상 경험으로 미루어 보면, 좋은 회사와 잘 나가는 회사의 공통점은, 이처럼 보이지 않는 곳, 작은 곳에 대한 배려가 있는 것이다. 외국인이 우리나라에 오면 가장 놀라워하는 것이 화장실이 깨끗하다는 것이고, 한국인에 대해 가장 두려워하는 것이 화장실과 같은 보이지 않는 곳에서 상대를 배려하기 위해 깨끗이 사용하는 태도라고 한다. 그리고 대한민국이 강대국이라고 생각하는 요소 중의 하나로 국민의 생리, 위생 문제에 대해 관심을 가지고 곳곳에 깨끗한 화장실을 설치하고, 위생용품들을 비치해 두는 국가의 배려심에 놀란다는 것이다.

이직을 하려는 회사도 마찬가지다. 회사의 직원에 대한 배려와 인식은 화장실에서 나타날 수 있다. 그리고 소속원들의 수준과 의식도 화장실의 사용 행태와 상대에 대한 배려에서 볼 수 있는 것이다. 이직 후에는 그들이 나의 후배, 동료, 상사가 될 것이고, 그 회사의 배려와 관심 속에서 직장 생활을 하여야 하기에 '작은 것에서 큰 것을 볼 줄 알아야 한다'

Chapter 14.

이직 조건에 대해 수정을 요청하는 회사는 피하라

환승 이직이 절차에 따라 잘 진행되다가 거의 마지막 단계에서 직급, 직책, 연봉 조건을 변경하려는 회사는 피하는 것이 좋다. 이 경우는 회사의 일관성과 신뢰에 대한 의심이 되는 것이다. 이력서 등의 서류 전형과 몇 차례의 면접을 통해 후보자에 대한 상황 파악을 다 한 후에 이직에 따른 조건을 흥정하려는 회사는 피하는 것이 좋다. 채용 공고나 서치펌을 통해 의뢰를 할 때는 이직 조건에 대해 명확히 공지를 한 상태였는데, 후보자가 선정되는 단계에서 흥정을 해 오는 회사는 이직 후에도 여러 가지 문제를 야기할 수 있다.

회사는 경력 채용뿐만 아니라 신입 채용도 신뢰와 공정을 기반으로 진행하여야 한다. 그럼에도 최초 이직 조건으로 제시한 내용을 변경하려고 흥정을 하는 회사의 태도는 옳지 못한 것이다. 회사가 이런 흥정의 태도를 취하는 경우로는, 괜찮은 후보자를 여럿 확보한 경우일 가능성 높다. 하향 배팅을 통해 후보자들을 경쟁시키는 구도인 것이다. 그리고 회사 내부의 소통이 제대로 되지 못한 경우도 있다. 예를 들면 오너나 최고경영진의 요청에 의해 환승 이직자를 선발하면서 의사결정권자가 "능력만 있으면 어떤 대우를 해 주더라도 일단 데리고 오세요."라는 방식으로 진행된 사례다. 인사담당부서에서는 의사결정권자의 업무지시에 따라

공고나 의뢰를 진행하여 적당한 후보자를 확보하였다. 그런데 마지막 최종 결정 단계에서 의사결정권자가 "능력은 좋은데, 연봉이 너무 높아요. 조정해 보세요."라는 식의 소통일 가능성이 크다. 한마디로 '화장실 갈 때 마음과 나올 때 마음이 다른' 경우인 것이다.

만약 후보자에게 이런 황당한 요청을 하는 회사는 정말 고려해 보고 피해야 할 회사이다. 물론 연봉 협상 과정에서는 열띤 의견 제시를 통해 확정해야 한다. 이 경우는 연봉 협상까지 합의를 한 후에 조건에 대해 조정을 요청하는 경우이다. 이런 회사를 믿고 이직하여 근무한다는 것은 후보자에게는 리스크가 큰 상황이다.

Chapter 15.

면접 진행 및 이직 최종 확정 과정에서 파악할 수 있는 피해야 할 회사의 시그널

다음은 환승 이직 채용 과정 중에 파악할 수 있는 내용들에 대해 몇 가지 알아본다. 이직을 진행하는 과정은 후보자가 일방적으로 헤드헌터와 고객사인 이직 회사에 잘 보이기 위한 일방통행의 커뮤니케이션만 해서는 안 된다. 이직을 진행하는 과정에서 후보자도 치밀하게 이직과 관련한 세부 사항들을 확인하고 챙겨가야 하는 것이다. 실제로 이직을 위한 면접과 이직 확정 결정 단계까지 진행되면서 나타나는 징후들을 바탕으로 피해야 할 상황을 알아본다.

첫 번째는 이직 제안을 위한 JD(Job Description)가 부실하거나 모호한 경우이다. 후보자가 지원 가능한 직무와 경력이 맞는지 이해하기 힘든 JD를 제시하는 회사는 이직 채용에 대한 명확한 기준이 부족함을 알 수 있다. JD에는 보통 직책, 직급, 담당 업무, 자격 요건, 우대 사항 등이 포함되어야 한다. 그럼에도 이러한 구체적인 내용의 언급이 없는 회사의 이직 제안은 고려할 필요가 있다.

두 번째는 서류 접수 후 피드백 시간이 길어짐에도 불구하고, 피드백을 잘 안 해 주는 회사는 피하라. '감감 무소식인 헤드헌터의 유형과 동일한 경우'이다. 헤드헌터가 피드백을 못 해 주는 이유 중 하나가 고객사인 구인 요청 회사에서 이러한 깜깜이 태도를 취하는 경우이다. 회사 중심으로만 생각하고 지원자들에 대한 배려나 헤드헌터에 대한 배려가 없는 회사다. 이런 회사에 굳이 이직을 하려면 다른 무엇인가 후보자를 끌어당겨야 하는 메리트가 있어야 할 것이다.

세 번째는 사소한 실수를 자주 발생하면서, 사소한 실수를 사소하게 생각하는 회사는 피하는 것이 좋다. 고객사나 헤드헌터 입장에서는 사소한 문제일 수 있겠지만 이직을 진행하는 후보자 입장에서는 큰 문제로 발전될 수 있는 것이다. 그리고 사소한 실수나 문제를 야기시키면서 그것을 정말 사소하게 생각한다면 그 자체가 문제인 것이다. 필자의 이직 경험 중에 숫자에 대해 사소하게 생각하는 회사의 인사담당자가 있었다. 그 인사담당자는 연봉 협상 과정에서 최종 연봉을 제시하면서 단위에 대한 개념에 대해서 지나치게 사소한 관점을 가지고 있었다. 10,000만 원과 10,000백만 원은 엄청난 차이가 남에도 하찮은 실수인 것처럼 대수롭지 않게 협상하는 태도에서 아연실색을 한 적이 있다. 이 외에도 날짜를 약정하거나 기간을 정하는 것에서도 사소한 실수들이 많은 회사는 이직을 고려해야 한다.

전직 회사를 퇴사한 후에 이직 회사에 입사하여 근로계약서와 연봉계약서를 작성하게 되는데, 이때 말이 바뀔 가능성이 높다. 이 경우의 피해는 고스란히 후보자의 몫이다. '독 안에 갇힌 쥐 신세'가 되는 것이다.

네 번째는 면접 준비가 제대로 안 된 회사는 이직을 고려해야 한다. 이러한 상황은 직급이 상대적으로 낮은 포지션에 대한 이직 면접일 경우가 많다. 보통 팀장급 이하의 포지션에 대해 면접을 진행할 경우에 많이 나타나는 상황이다. 회사 내의 업무에 치여서 면접에 대한 준비를 하지 못하는 경우이다. 면접 시간에 맞춰 후보자가 도착했음에도 면접을 위한 자리 배치는 물론이고 면접 진행하는 사실조차 모르고 있는 경우도 있다. 이 경우는 회사 내부에서 소통이 안 된다는 점을 알 수 있다. 심지어는 면접관이 회의 중이거나 업무 중이라서 늦게 도착을 하는 경우가 있다.

필자도 어느 중견기업의 영업 임원 포지션에 면접을 간 경험이 있다. 당일 면접은 대표이사 최종 면접이었는데, 갑자기 일이 생겨서 30분 정도 늦어진다는 통보를 받았다. 처음에는 그럴 수 있다고 생각하고 30분을 기다렸다. 그러나 1시간 가까이 지나서 인사담당 팀장이 전하는 말이, 또 30분 정도 길어지니 죄송하다는 것이다. '목마른 사람이 우물 파고, 배고픈 사람이 밥 줄 때까지 기다려야 하는 상황'이다 보니, 마음을 다스리고 기다렸다. 이번에는 30분 만에 면접관인 대표이사가 도착하였다. 그런데 그 대표께서 하시는 말씀이 "뭐 회사 일하다 보면 좀 늦을 수도 있는 거지요. 이해하시죠?"였다. 대표이사의 시간 관념과 면접자를 대하는 태도가 이 정도이면 업무 중에는 더 볼 것도 없는 상황인 것이다. 최대한 예의를 갖추어 면접을 마치고는 헤드헌터에게 정중히 전했다. "죄송합니다만… 이러저러해서 추천한 회사에는 지원을 중단하겠다."는 의사를 전하고 마무리하였다.

간혹 현실감 떨어지는 의사결정권자들이 있는 회사로 이직 추천을 할 때가 있다. 이런 작은 부분에서 세밀한 관리를 하지 못하는 회사로의 이직은 후회를 남길 가능성이 매우 높다. 어느 설문에 따르면 '첫 인상이 안 좋은 회사의 입사는 포기할 것'이라고 이직. 구직자의 70% 답변을 했다.

다섯 번째는 면접관의 면접 진행 실력이 부족하거나 면접 대상자의 이력서와 경력기술서를 숙지하지 못한 면접이 진행되는 회사는 고려해야 한다. 면접관이 대충 생각나는 대로 면접 질문을 하는 경우이다. 회사가 뽑아야 할 직원의 업무와 기대치에 대해 면접관도 숙지하지 못하고 있다는 뜻이다. 관념적 질의를 하거나 후보자의 소중한 이력서와 경력기술서에 대한 내용을 처음 보는 듯한 상황이라면, 그 회사의 관리 수준과 리더로서 믿고 따라야 할 리더로서의 면접관 자질이 부족함을 알 수 있다.

필자도 현업에서 수많은 면접의 면접관을 했다. 그때마다 후보자의 이력서와 관련된 서류는 최소한 면접 전날에 인사부서로부터 전달받아 숙지하였다. 그리고 면접 시에 질의할 질문 내용을 미리 선택하여 두는 면접관의 예의를 갖추었다. 면접관이 면접 시간에 처음으로 후보자의 이력서를 받아 들고, 그 자리에서 이름을 익히려 한다면, 면접관의 자질도 부족하고 성의도 상당히 미흡한 것이다. 그리고 면접관의 지위가 높을수록 그 회사의 문화와 분위기를 미루어 짐작할 수 있는 것이다. 면접자의 예의도 중요하지만 면접관의 예의도 중요한 것이다.

여섯 번째는 면접관이 쓰는 단어와 말에서 회사의 분위기를 짐작할 수 있는데, 부정적 언어나 회사에 대한 불만이나 단점을 빗대어 질문하는 면접관이 있는 회사는 이직을 고려해야 한다. 이런 유형이 없을 것 같지만 의외로 경험할 수 있는 유형이다. 만약 회사에 대한 숨겨진 불만이 있거나 면접 후보자가 마음에 들지 않을 경우에 회사의 단점을 빗대어 알려주면서 후보자를 떠보는 유형이다. 중간관리자급에서 이런 경우가 간혹 있는데, 면접관의 이러한 태도와 생각이 그 회사의 주류의 태도라면 이직 후에 적응하는데 많은 애로가 예상되는 회사이다. 보통 이런 회사에서는 하향평준화 문화가 지배적으로 많을 가능성이 높다. 자기 발전과 성장을 위해 이직을 하는 후보자 입장에서는 조직 속에서 외로움을 느낄 가능성이 농후한 징조이다.

일곱 번째는 면접자인 후보자의 질문에 대해 제대로 된 답변을 안 하거나 회피하는 회사는 피해야 한다. 면접관이 후보자에게 면접 질문을 하는 형태가 대부분이지만 면접의 일정 시점에서는 후보자가 회사와 업무에 대한 질문을 할 수 있고, 해야 한다. 그런데 이런 다양한 질문에 대해 질문별로 정확한 답변을 못 하거나 질문을 회피하는 태도로 면접을 진행하는 회사는 피해야 한다. 면접에서 후보자가 알고자 했던 사안들이 명확해지지 않으면 이직을 피하거나 고려해야 한다. 후보자의 질문에 대해 제대로 답하지 않는다는 것은 그만큼 숨기는 것이 있다는 반증일 것이다. 그리고 직원과 소통을 중요하게 생각하지 않는 회사의 시그널일 수 있다.

여덟 번째는 성의 없는 면접으로 일관하고, 면접이 예정 시간보다 일찍 마무리되는 회사는 이직을 고려해야 한다. 후보자가 마음에 차지 않아서 그런 경우는 회사 입장에서 판단을 한 것이지만, 면접관의 자질과 역량의 문제일 경우도 있다. 그리고 그 회사에서 경력 채용을 하는 포지션의 중요성에 대해 인식하지 못하고 있는 경우이다. 하찮게 여기고 하찮게 면접을 진행하다 보면 질문을 할 내용이 빈약해진다. 합격 여부를 떠나서 이런 태도의 면접이 진행된 경우에는 그 회사로의 이직은 마음에서 버리는 것이 상책이다.

옛 성인의 말 중에 "대우받고 싶은 만큼, 상대를 대우해 줘라."는 말이 있다. 그러나 경력 채용 과정을 보면 형편없는 면접을 진행하는 면접관과 회사가 적지 않음에 놀란다. 제대로 된 회사는 역량 있는 후보자를 얻기 위해 채용 과정에 최선을 다해서 대우를 한다. 그러나 좋은 인재를 얻고 싶은 욕심만 있고, 인재를 발탁하는 과정에서 배려해 주지 않는 이기적 심보의 회사로의 이직은 반드시 피해야 한다.

아홉 번째는 면접 당일에 합격 통보가 오는 회사는 이직을 고려해야 한다. 면접을 보고 나면 후보자도 그 회사에 대해 생각을 해 볼 시간이 필요하다. 그리고 복수 지원을 진행 중이라면 최대한 후보자에게 유리한 회사로의 이직을 고려해서 결정해야 한다. 그럼에도 면접 당일에 합격 통보를 하는 회사가 있다면 한 번은 고려를 하고 결정할 필요가 있다. 이 경우는 규모가 작은 회사이거나 채용하는 직무의 퇴사자가 많거나 잦아서 충원이 급하기 때문이다. 그리고 재직 회사의 퇴직 일정과 이직할 회사와의 입사 일정에 대한 조율이 필요하다. 그래야만 후보자가 퇴직하면서 입게 될 불이익이나 손해를 최소화할 수 있는 것이다. 그러므로 이러한 전후 사정은 배려하지 않고 당일에 합격 통보하여 빠른 입사를 재촉하는 회사는 피해야 한다.

마지막 열 번째는 결과 통보가 지나치게 늦는 회사도 고려해야 한다. 결과 통보가 빨라도 문제가 있을 가능성이 있지만 지나치게 늦어도 문제 가능성이 높다. 결과 통보가 늦으면 늦어지는 이유에 대해서라도 통보해 주는 배려심이 필요하다. 그것은 회사(고객사)와 헤드헌터에게 공통으로 필요한 소양이라 생각한다. 그러나 회사의 이러저러한 문제로 결과를 기다리는 후보자에 대해서는 전혀 신경 쓰지 않는 회사로의 이직은 고려해야 한다. 이직하더라도 어떠한 문제가 있는 업무와 부딪히면 회사는 또 함흥차사 전략으로 대할 가능성이 크다. 제대로 된 회사는 역량 있는 인재를 발탁하는 과정에서 제때 연락을 주어야 하고, 피치 못할 사정으로 지연될 때는 최소한 지연되고 있는 이유를 문자나 이메일 등으로 안내하는 배려의 마인드를 견지해야 한다. 그런 배려심이 없는 회사는 후보자를 재이직의 길로 가게 만드는 회사가 될 가능성이 높다.

Part 5.

평판을 관리하지 못하면 이직은 난파한다

Chapter 1.

평판 조회에 대한 막연한 두려움을 가질 필요 없다

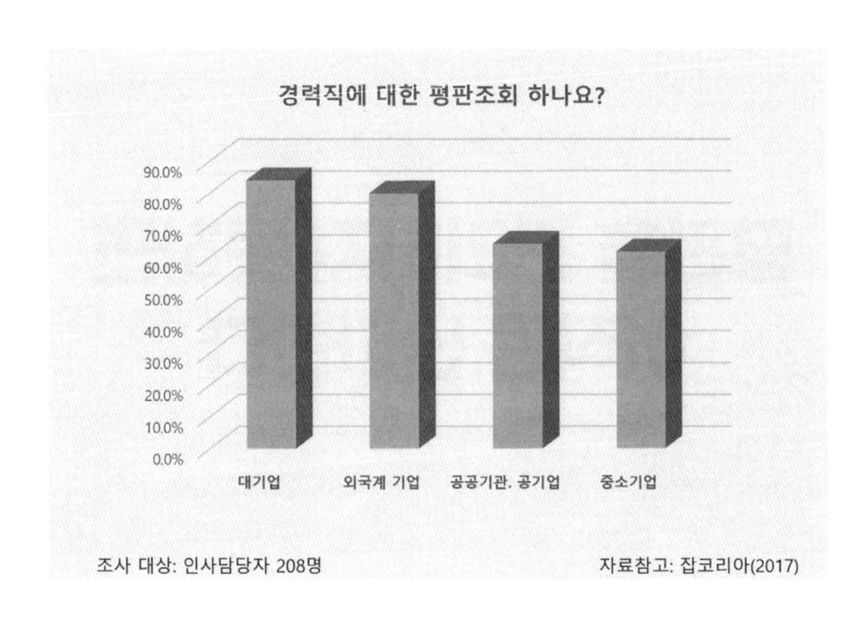

경력 채용에 있어 후보자를 검증하는 방법에는 이력서와 경력증명서, 경력기술서, 자격 관련 자격증, 그리고 실무진과 경영진의 면접이 일반적이다. 그러나 이 과정만으로는 후보자를 확실하게 판단할 수는 없다. 그리고 실무에서 가장 필요한 업무 역량 요소들에 대해 판단하기는 한계가 있다. 즉 리더십(Leadership), 팀워크, 협업 역량, 인성, 사교성 등은 서류와 면접을 통해 알기에는 부족함이 있는 것이다. 따라서 경력 채용에 있어 이러한 오류와 판단의 착오를 줄이기 위해 채용 절차의 단계에서 평판 조회가 활발하게 활용되고 있다.

우리나라의 정서상으로 평판을 조회한다는 것은 '뒷조사를 한다.'는 부정적 인식이 더 강했던 것이 과거의 인식이다. 그러나 현재는 글로벌 기업의 레퍼런스 체크(reference check)라는 경력 채용의 과정이 정착화되어 가고 있다. 국내의 대부분 기업들도 이와 같은 레퍼런스 체크라는 평판 조회를 경력 채용의 검증 방법으로 활용하고 있다. 평판 조회는 주로 팀 리더(팀장)급 이상의 인재를 경력 채용할 때 많이 활용하는 방법이다. 특히 임원진 경력 채용에서는 평판 조회가 중요한 결정 요소로 작용하고 있는 실정이다. 또한 전문 기술력을 보유한 인재에 대한 채용을 진행하는 강소기업과 스타트업 등으로 확대되고 있다.

업계에서는 이처럼 활발히 평판 조회를 활용하고 있는 반면에, 평판 조회의 대상이 되는 후보자들 입장에서는 환승 이직의 과정에서 부담으로 작용하고 있다. 후보자들이 부담감을 느낄 수밖에 없는 이유는 첫 번째가 평판 조회가 어떤 방식으로 진행되는지를 알 수 없다는 것이고, 두 번째로는 후보자 모르게 평판 조회가 진행되는 경우에 대한 막연한 두려움과 걱정이 생기는 것이다. 세 번째는 후보자 본인에게 악의적인 평가를 할 가능성이 있는 사람에게 평판 조회를 의뢰하여 불이익을 당하지 않을까라는 막연한 피해 의식이다. 그리고 네 번째는 평판 조회에 대한 질문 내용이 어떤 것이 이루어지는지를 알 수 없는 것에 대한 막연한 두려움이다. 이러한 막연함이 전제되다 보니 그에 따라 파급되는 여러가지 부정적인 의식을 가지게 되는 것이다. 그러나 평판 조회에 대해 올바르게 알고 나면 이런 막연한 두려움에서 기인하는 부정적 의식을 갖지 않을 것이다.

평판 조회를 시작하면 조회 전에 후보자에게 먼저 동의를 구한 뒤에 진행한다. 즉 개인정보보호법에 의거하여 개인정보 수집 및 이용동의서, 평판조회 동의서를 받도록 법으로 보호되어 있다. 그러므로 후보자가 사전에 인지하지 못한 평판 조회는 할 수 없는 것이다. 그리고 평판 조회는 후보자가 제출한 서류인 이력서와 경력기술서의 내용을 기반으로 조회가 진행되므로 막연한 두려움을 가질 이유가 없다.

이와 병행하여 면접 때 답변만으로는 부족함이 있었던 내용에 대해 추가로 확인하거나 장점과 단점 등에 대한 객관적 확인의 과정이 진행되는 것이므로 면접 과정에서 진솔하게 진행되었다면 아무런 문제가 없는 과정인 것이다. 따라서 후보자 본인이 제출한 서류와 서류를 바탕으로 면접을 진행한 내용이 사실과 진실에 기반하였다면, 막연한 두려움이나 불안감을 가질 이유가 없는 것이다. 필자의 경험을 한마디로 종합하여 표현한다면, '첫 단추를 사실대로 채우면 평판 조회에 대해 막연한 두려움을 가질 이유가 전혀 없다'는 것이다.

Chapter 2.

평판 조회 방법

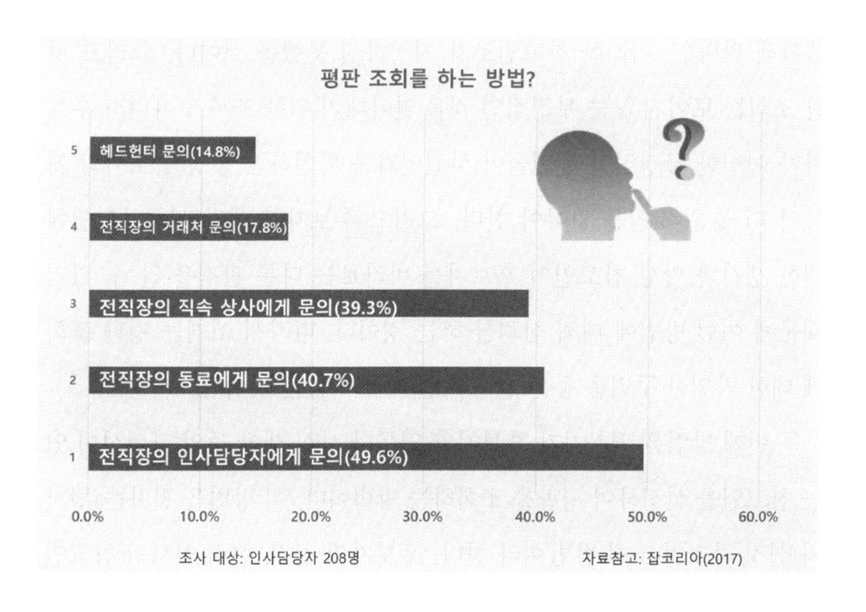

평판 조회 방법은 세 가지 정도의 방법으로 나눌 수 있다. 첫 번째 방법은 이직 후보자에게 평판 조회에 응해 줄 참고인 명단을 사전에 제출받아서 진행하는 방법이다. 필자는 이 방법을 '후보자 제출 참고인 조회 방법'이라 한다. 필자의 경험을 기준으로 했을 때 '후보자 제출 참고인 조회 방법'이 경력 채용 과정의 평판 조회에서는 가장 많이 활용하는 방법이라 생각한다. 앞에서 언급한 것처럼 '평판 조회에 대한 막연한 두려움'을 가질 필요가 없는 이유가 바로 이것이다. 이 방법은 후보자가 후보자를 평판해 줄 사람을 지정하는 것이기에 사실상 부정적인 평판이 많이 없다. 그럼에도 헤드헌터나 서치펌, 고객사 입장에서 이러한 방법을 진행하는 이유는 무엇일까? 그 이유는 부정적인 평가보다는 긍정적인 평가를 해줄 수 있는 참고인을 후보자가 각 계층별로 지정할 수 있는 자체를 신임하는 경우이다. 만약 후보자가 직전 회사나 사회에 평판이 나쁠 정도로 생활해 왔다면, 이러한 참고인조차 지정하지 못했을 것이다. 그리고 평판 조회는 보이지 않는 부정적인 것을 알아내기 위한 조사가 아니라 후보자가 어필한 긍정적인 측면들이 사실인가를 확인하는 긍정적 조사의 기능이 더 높은 것임을 알아야 한다. 그리고 후보자가 생각하는 참고인에 대한 생각과 막상 참고인이 후보자를 바라보는 다른 관점을 알 수 있기 때문에 이런 방법에 대해 신뢰를 하는 것이다. 따라서 이제는 평판 조회에 대한 막연한 두려움 등은 전혀 가질 이유가 없는 것이다.

두 번째 방법은 평가자가 후보자와 업무나 사회 생활 등의 관련성이 있는 참고인을 선정하여 평판을 조회하는 방법이다. 이 방법을 필자는 '평가자 선정 참고인 조회 방법'이라 한다. 후보자의 전직, 현직 회사의 참고인을 평가자(헤드헌터, 서치펌, 고객사)가 아는 범위 내에서 알음알음 조회하는 방식이라 하겠다. 많은 후보자들이 '평가자 선정 참고인 조회 방법'으로 평판 조회가 진행되는 경우에 부담을 갖는다. 그러나 이 방법 또한 하등의 막연한 부담감을 가질 필요가 없다. 이 방법을 진행하는 것도 후보자의 부정적인 면을 조사하듯이 찾기 위함이 아니라 긍정적인 면을 확정하기 위한 객관화의 과정임을 알아야 한다. 참고인이 블라인드로 선정된다 하더라도 후보자에게 불리한 참고인은 사전에 전달할 기회가 제공된다.

이직을 전·현직 회사에 비밀로 하고 싶은 경우 등의 구체적 사안이 있을 경우나, 후보자에게 특정하게 악의적인 평판을 가할 위험이 있는 관계에 대해서는 평판 조회 진행을 하지 않도록 요청할 수 있다. 그리고 이 방법으로 진행하더라도 평판의 객관화를 유지하기 위해 복수 이상의 참고인을 대상으로 진행하기 때문에 막연한 부담감이나 지나친 걱정 등은 할 이유가 없다. 평판 조회에 대해 부담감을 갖는 심리 상태는 당연한 것이다. 그러나 지나친 두려움을 갖는 것은 후보자 본인이 이직 채용 과정에서 사실에 기반하여 진행해 왔다면 전혀 부담을 가질 필요가 없다.

세 번째 방법은 '혼합 검증 방법'이라 할 수 있다. 이 방법은 위의 두 가지 방법을 적절히 혼합하여 검증하는 방법으로 지나치게 후보자에게 유리하거나 평가자 중심의 편향적인 검증이 되지 않도록 균형을 잡기 위한 조회 방법이다. 필자의 경험으로는 헤드헌터와 서치펌을 통해 '후보자 제출 참고인 조회 방법'의 평판 조회를 하고, 평가자(고객사)의 블라인드 된 인맥을 통해 확인하는 '평가자 선정 참고인 조회 방법'을 적절히 혼합하여 후보자의 평판을 최종 확정한다고 본다. 그리고 이 혼합 방법이 가장 객관적인 조회에 접근할 가능성이 높다.

이 외에도 평판만을 전문으로 조회해 주는 회사를 통해 후보자의 평판을 조회하는 추세가 확대되고 있다. 그만큼 평판 조회에 대한 객관성과 조심스러움을 반증하는 것이라 하겠다.

이처럼 평판 조회는 후보자를 최종 검증하는 방법으로 중요하다. 그리고 고객사 입장에서도 인재 발탁의 시행착오를 줄여 줄 수 있는 중요한 과정이다. 그리고 어떠한 방법으로 평판 조회가 진행되더라도 막연한 부담감과 두려움을 가질 이유가 없음을 구체적 방법을 통해 알 수 있다.

Chapter 3.

평판 조회 내용 및 시기

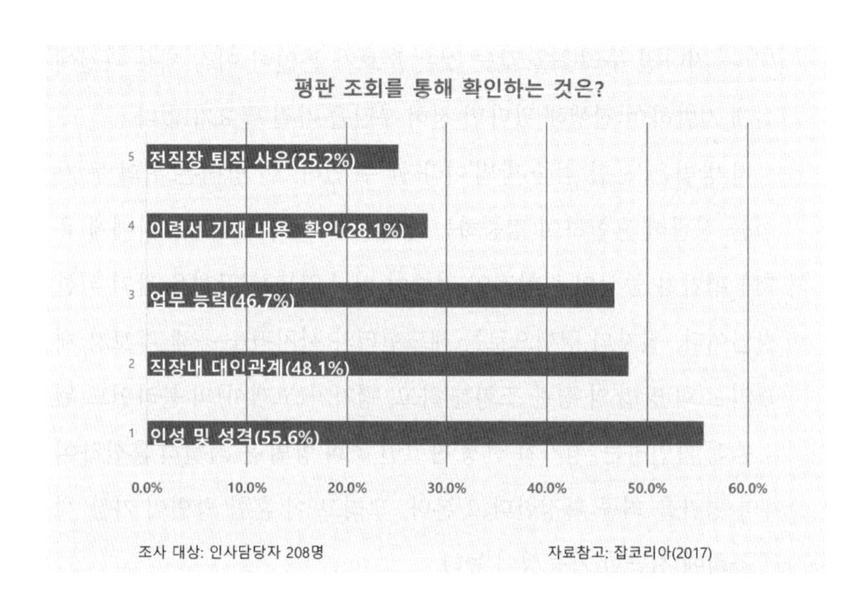

평판 조회의 구체적인 내용에 대해서 환승 이직을 준비하는 후보자들은 궁금할 것이다. 서치펌이나 헤드헌터들이 표준화된 내용의 항목을 만들어 놓은 것을 경험하지는 못했다. 필자가 환승 이직을 채용하는 기업의 임원으로 있으면서 가장 많이 사용한 내용을 중심으로 궁금증을 풀어본다.

평판 조회의 큰 항목으로는 회사마다 다를 수 있지만 일반적으로 리더십(Leadership), 팔로워십(Followership), 조직관, 대인관계(사회성), 업무 역량(전문성), 윤리관(단체 규율 포함)으로 구분할 수 있다. 이 항목을 중심으로 세부적으로 조회하고자 하는 내용을 알아본다.

첫 번째로 리더십(Leadership)에 대한 평판 조회 내용은, 조직과 프로젝트를 효과적으로 이끌어 갈 수 있는지를 확인하는 것이다. 또한 전략적 관점에서 상황을 판단할 수 있는지를 확인할 수 있다. 함께 일하는 조직원에게 동기 부여가 가능한지를 확인할 수 있다. 리더십(Leadership)의 평판 항목을 중요하게 생각하는 회사의 관심사는 신규 프로젝트를 담당했을 때와 업무적 난관에 봉착했을 때, 조직원의 반대에 봉착할 때에 적극적으로 해결하면서 리더십(Leadership)을 발휘할 수 있는지를 알아보기 위한 평판 조회 항목이다. 또한 리더십(Leadership)을 조직원을 상대로 발휘할 수 있는지를 알아보기 위해 업무 분장과 업무 지시의 역량에 대한 조회 항목과 어렵거나 싫은 업무에 대한 수임과 업무 분장의 능력에 대해서도 평판 조회를 할 수 있다. 팔로워십(Followership)에 대한 평판 조회 항목은 리더십(Leadership)의 평판 조회 항목의 상반된 개념으로 이해하면 될 것이다.

두 번째는 조직을 바라보는 관점인 조직관에 대해 평판 조회를 하는 항목이다. 필자가 개인적으로 가장 중요하게 생각하는 평판 조회 항목이다. 후보자가 조직을 바라보는 정상적인 조직관이 형성되었는지를 확인한다. 조직과 일체감을 가지고 일하는 태도가 있는지를 확인하고, 개인의 이익보다는 조직의 이익을 우선하여 일하는 태도를 가지고 있는지 확인하는 것이다. 그리고 조직의 구성원으로서 확실한 정체성을 보유하였는지를 확인한다. 회사는 조직으로 구성되었기에 환승 이직에 있어서 조직에 대한 관점과 정체성을 확인하는 평판 조회는 중요하다. 조직관에 대한 평판 조회를 통해서 알아보고자 하는 구체적인 사항은 의사 결정을 내릴 때 조직의 이익을 우선하는지를 파악할 수 있고, 희생이 수반되는 조직의 의사 결정 상황에서 어떠한 관점에서 결정을 하는지를 확인할 수 있다.

세 번째는 사회성을 알아볼 수 있는 대인관계이다. 후보자의 주변 사람들과 원만한 인간관계를 유지하였는지를 확인하는 항목이다. 대인관계에 대한 평판 조회 항목도 직급의 고저(高低)에 관계없이 평판 조회를 진행하는 회사 입장에서는 중요하게 생각하는 항목이다. 이 항목은 특히 조직 내부에서 협력적인 자세로 직원 간에 협력할 수 있는 후보인지에 대해 확인하는 항목으로 많이 활용된다. 구체적인 세부 확인 항목으로는 동료나 부하 직원을 소중한 동반자로 생각하는지, 협력적 분위기를 발휘할 수 있는지, 역량이 높은 직원과 낮은 직원을 대하는 태도, 조직원 간의 친분 다소(多少)에 따라 응대하는 태도, 갈등 발생 시에 해결하는 태도, 신규 사업이나 프로젝트를 진행할 때의 태도 등을 통해 대인관계의 성숙도를 확인한다.

네 번째는 업무 전문성과 성과를 달성하는 책임감에 대해 확인하는 항목으로 업무 역량에 대한 조회 항목이라 할 수 있다. 책임감이 높은지, 업무에 대한 지속력은 어떠한지, 전문성을 가지고 있는지, 학력 및 기술 자격 스펙의 진위 여부, 그를 통해 이룩한 성과 등을 확인하는 것이다. 업무 역량과 관련된 평판 조회 항목은 업무 기획 능력, 업무 추진 능력, 결과 후 보고 능력, 업무 관리 능력과 태도, 업무 추진을 위한 조정 능력 등을 확인할 수 있다.

다섯 번째는 윤리관을 평판 조회하는 것이다. 평판 조회에 있어서 아킬레스건으로 작용하는 항목이다. 필자도 후보자의 평판 조회 중에 윤리관 항목에 대해서는 가장 심도 있고, 다방면으로 평판 조회를 하는 항목이다. 자칫 후보자에게 치명적인 결과를 줄 수 있는 항목이기에 조회의 조심성과 결과의 파급력을 감안하고 객관적 판단을 위한 조회의 양적, 질적 접근에 심혈을 기울이는 항목이다. 직장인으로서의 윤리관 형성, 과거 윤리적 또는 법적 문제의 유무, 업무를 처리하는 공정성과 투명성 확보 유무, 첨예한 이해관계가 있는 의사 결정의 경험과 태도, 술자리 또는 사적인 관계 형성의 태도 등을 확인하는 항목이다.

이 외에도 직무의 특성과 회사의 관리 관점에 따라 평판 조회 항목을 추가하거나 달리하여 평판 조회를 진행한다. 평판은 하루 아침에 형성되는 것은 아니다. 그렇다고 직장 생활을 하는 내내 평판을 신경 쓰면서 일할 수는 없는 것이다. 평판은 업무에 대해 최선을 다하는 태도와 사람을 대하는 진정성에 기반하면서, 업무와 개인 활동을 진행하면 크게 문제가 될 만한 평판이 형성되지는 않는다. 지나치게 신경 써서도 안 되지만 간과해서도 안 되는 것이 평판이다. 평판과 관련하여 환승 이직을 준비하는 후보들에게 한마디 조언을 한다면, “내가 싫은 것은 남도 싫은 것이니 먼저 배려하라.”는 것이다.

평판 조회의 시기는 특정한 시기를 말하기 어렵다. 그러나 일반적으로는 면접 전형 시작 전에 가장 많이 진행한다. 서류 전형 결과로 후보자의 수를 압축한 후에 면접의 심도 있는 진행을 위해 면접 전에 후보자별로 평판 조회를 하는 경향이 가장 많은 것이다. 다음으로는 면접 후에 최종 합격자 또는 최종 후보자로 선정된 경우에 합격의 전제 과정으로 평판 조회를 하는 진행하는 회사도 많다. 보통은 서류 전형 단계에서는 평판 조회를 진행하지 않는 경우가 대부분이다. 이는 후보자가 많고, 시간적, 비용적 한계가 있기 때문이다. 그러나 추천 후보자 이거나 단독, 또는 복수 후보자라고 하더라도 그 수가 적은 경우에는 서류 전형 단계에서 평판 조회를 진행하기도 한다.

국내 잡포털 회사인 잡코리아에서 실시한 '평판 조회를 실시하는 시기'에 관한 조사에 따르면, 면접 전에 실시한다는 의견이 42.2%로 가장 높게 나와서 평판 조회를 진행하는 회사들의 시기와도 일치하는 다수의 의견이 나왔다. 다음으로는 최종 합격자 발표 전이 27.4%로 나왔으며, 서류 발표 전이 23.7%로 나와서 일반적인 회사들의 평판 조회 시기와 크게 다르지 않은 것으로 나타났다. 잡코리아의 조사는 2017년, 인사담당자 208명을 대상으로 진행한 결과이다.

이제 평판 조회는 적합한 인재를 판단하는 하나의 채용 과정이 되었다. 이력서와 경력기술서의 진위 여부를 판단하고, 확인되지 않은 거짓 내용과 오해, 평가에 대해 객관적인 자료를 제공하는 수단이 되었다. 기업에서는 후보자의 역량 및 장단점을 사전에 파악하여 인력 관리의 효율을 확보할 수 있다. 그리고 평판은 또 하나의 이력서이다. 그러나 단기간의 노력을 통해 형성할 수 있는 것은 아니다. 업무에 최선을 다하고 역량을 키우기 위해 노력하고 업무 성과와 대인관계를 꾸준히 관리히는 일반론적 관리가 정답이다. 그러한 과정을 통해 직장 생활과 역량을 키워 왔다면 평판을 통해 불이익을 받는 경우는 거의 없을 것이다.

Chapter 4.

평판은 만드는 것이 아니라 만들어지는 것

평판과 관련하여 국내 도서만 하더라도 수많은 책들이 있다. 그 책들의 공통점은 '평판의 중요성'을 강조한다. 그리고 평판 형성을 위한 나름대로의 전략이나 방법들을 앞다퉈 소개한다. 그러나 필자는 그런 방법과 전략들을 과연 얼마나 지속 가능하게 할 수 있을지에 대한 의문을 가진다. 한마디로 주객이 전도된 느낌을 받는 것이다. 즉 우리의 개인적인 삶이든지, 사회적인 삶이든지 간에 평판을 형성하고 쌓기 위해 사는 것이 아니라는 것이다.

잘 살고 잘 살아보기 위해 노력하고 영위하는 결과로 평판이 생기는 것이지, 그 평판을 만들고 남기기 위해 삶을 사는 것은 아니라는 것이다. 평판을 형성하고 쌓기 위해 사는 삶과 관계 형성은 피곤함 그 자체가 될 것이다. 평판이 사회 생활과 직장 생활에서 중요한 것은 사실이지만 평판 형성을 위해 전략적으로 사는 삶을 추천하고 싶지는 않다.

'잘사는 것', '내가 싫은 것은 남도 싫어한다.'는 삶의 태도와 배려가 나의 평판을 형성하는 것이다. 환승 이직이라는 작은 단위로 삶을 쪼개어 본다면, 평판의 중요성은 더욱 높아진다. 그러나 좋은 평판의 형성을 위해 직장 생활을 하는 것은 결코 아니다.

따라서 환승 이직을 준비하는 후보자일지라도 '좋은 평판 형성'에 지나치게 의존하거나 주객이 바뀐 평판 형성을 위해 노력해서는 안 된다. 사회생활이든, 직장 생활이든, 가족. 친지와의 관계이든 간에 공통적으로 해야 하는 것이 있다. 그것은 맡은 일에 자신의 본분인 책임을 다하는 태도와 내가 싫은 것은 상대도 싫어할 수 있다는 배려하는 기본적인 삶 속에서 가능하다. 좋은 평판 형성도 이와 같다. 그리고 특별한 비밀과 비책은 없다. 설사 비책이 있다 하더라도 그 비책대로 생활하는 것이 도리어 어색한 관계를 형성하는 결과를 만들 수 있다.

상황과 시기와 위치가 바뀌어도 변하지 않는 진리에 충실한 관계 형성과 사회생활, 직장 생활을 진행해 가는 것이 가장 현명한 평판 형성의 비책인 것이다. 기업이든 개인이든 평판이 중요한 것은 맞지만 평판을 인위적으로 만들어 가는 것은 지양해야 할 방향이라고 생각한다. 진정성과 배려가 없는 인위적 평판의 형성 그 자체가 위험이 될 수 있는 것이다. 평판은 진실함과 배려가 가장 좋은 비책이며, 그 갖춤을 위해 노력하는 과정에서 평판은 좋아지는 것임을 잊어서는 안 된다. 평판을 좋게 만들기 위해 노력하는 삶이 좋아 보이지는 않는 것이다. 그래서 '평판은 만드는 것이 아니라 만들어지는 것'이다.

Chapter 5.

평판을 말해 줄 '절대 핵심 아군'을 만들어라

앞에서 좋은 평판 형성과 관련하여 특별한 비책은 없다고 하였다. 그리고 '평판은 만드는 것이 아니라 만들어지는 것'이라고 했다. 이제부터는 평판에 대한 스트레스를 받지 않기를 바란다. 그러면 평판에 대한 관리 방법은 전혀 없는 것인가에 대한 의문이 들 것이다. 좋은 평판 형성의 방법에 대해서는 앞에서 언급했다. 즉, 가장 좋은 평판 형성의 방법은, '내가 싫은 것은 남도 싫어할 수 있다는 배려심 있는 진실한 삶의 태도'를 가지고 사는 일반론이 정답이다. 이것은 삶의 진리이고, 평판 형성의 진리로 이해해야 한다.

그리고 이런 삶을 통해 결과로 나타나는 평판을 강화시켜 줄 수 있는 전략적 접근법을 하나 소개한다. 그것은 '나의 평판을 좋게 말해 줄 수 있는 절대 핵심 아군을 만드는 것'이다. 사회 생활 속에서 좋은 평판을 만들기 위해 노력하는 과정은 대상도 많고, 범위도 넓어서 여간 힘든 것이 아닐 것이다. 그래서 평판 형성에 대한 노력은 일반론적 삶의 원리에 충실하면 가능하다는 것이다. 그러나 삶의 결과로 나타난 평판에 대해 환승 이직이라는 한정된 상황에서 '좋은 평판을 말해 줄 수 있는 사람'을 만들어 두는 것은 필요하다. 그리고 이러한 과정이 전략적인 평판 형성이 되는 것이다. 이 방법은 앞에서 설명한 '평판 조회 방법'을 떠올려 보면 이해가 갈 것이다. 후보자에 대한 평판은 불특정 다수에게 문의하여 진행하는 경우는 극히 드물다. 대부분이 후보자 중심의 전·현직 참고인이 대부분이다.

따라서 평판을 이야기해 줄 사람을 만드는 전략이 필요하다. 그것이 인위적이든 진심에 의한 것이든 간에 필요하다. 필자의 경우에는 전·현직 직장 생활 중에 상하좌우로 나의 평판에 대해 좋게 말해 줄 수 있는 4명 이상의 관계 형성을 위해 노력하고 투자한다. 그리고 이직을 준비하는 후보자들도 최소한 이 정도의 방법은 전략적으로 실행하기 바란다.

물론 평판만을 위해서 4명 이상의 평판 참고인을 만드는 것은 아니다. 평소 생활을 잘하는 과정에서 특별히 관계가 좋은 사람을 상하좌우로 4명 이상을 형성하고 관리하면, 후보자의 평판을 좋게 말해 줄 가능성이 높아진다는 것이다. 평판 형성과 관리의 범위를 선택하고 집중하는 전략적 접근법을 말하는 것이다. 여기서 언급하는 '상하좌우 4명 이상의 좋은 평판을 말해 줄 수 있는 사람'이라는 것은, 후보자를 기준으로 선배나 상사 1명 이상, 동료나 동기 중에 1명 이상, 후배, 부하 직원 중에 1명 이상이 후보자에 대해 좋은 평판을 말해 줄 수 있도록 관계를 형성하고 관리하라는 것이다.

필자는 이러한 전략적 접근을 '내가 죽었을 때, 가족. 친지를 제외하고 나의 관을 들어 줄 6인'을 형성하기 위해 노력하는 과정과 같이 한다. '최소한 4명 이상의 나의 평판을 좋게 말해 줄 사람'을 만드는 것이 쉽지 않다. 평판은 넓고 많이 형성하고 관리하는 것이 아니다. 그렇게 살 수도 없고, 그렇게 살다 보면 자신의 삶을 살 수도 없다. 그러므로 평판을 말해 줄 사람을 선택하고 친밀도를 집중하여 관리하는 전략적 관리 방법을 실행하는 것이 필요하다.

넓은 범위의 평판 형성은 진실하고 배려심 있는 관계와 삶을 진행하는 일반론적으로 접근하고, 좋은 평판을 말해 줄 친분 있는 관계 형성은 최소한 상하좌우 4명 이상의 관계 형성을 위해 노력하는 각론적 접근법을 진행하는 것을 추천한다. 필자는 이러한 4명 이상의 사람을 형성하는 것을 '평판을 말해 줄 절대 핵심 아군'이라 말하는 것이다.

Chapter 6.

아름다운 마무리가 아름다운 평판을 만든다

'다된 밥에 재 뿌린다.'는 속담이 있다. 그리고 유종지미(有終之美), 화룡점정(畵龍點睛)이라는 사자성어가 의미하는 것은 '마무리의 중요함'일 것이다.

30여 년이 넘는 기간 동안 직장 생활을 하면서 수많은 임직원들의 퇴직과 이직을 목격했다. 또한 필자도 세 번의 이직을 경험했다. 이 과정에서 후배나 선배들의 퇴사와 이직에 대한 태도가 아쉬운 부분이 많았다. 굳이 나쁘게, 서운하게 하지 안아도 될 상황임에도 마치 도망가듯이 퇴직과 이직을 하는 모습에서 아쉬움이 많았다.

앞에서부터 평판의 형성과 중요함에 대해 알아보았지만 평판의 가장 핵심은 '마지막 본인의 언행에 의해 결정된다.'는 말을 하고 싶다. 퇴직과 이직을 하는 시점에 마무리를 어떻게 하고 나가느냐에 따라 후보자에 대한 평판이 결정된다고 말하고 싶다. 많은 노력과 시간을 들여 자신에 대한 좋은 평판을 쌓았음에도 이직을 앞두고 '다 된 밥에 재 뿌리는' 선후배들을 수없이 목격했다. 지금도 그렇게 막판에 개판을 치는 그들의 심리를 이해하지 못한다. 물론 심리를 이해할 필요도 없다.

단 한 가지 이 책을 읽는 후보자들에게 간절히 말하고 싶은 것은, 제발 이직을 위해 퇴사하는 시점에 '마무리를 아름답게 하라'는 것이다. 이직하는 회사에서 어떤 일을 했든, 어떤 평판을 쌓았든지에 관계없이, 마지막 퇴사하는 시점의 마무리에 따라 자신에 대한 평판과 이미지가 확정된다는 것이다. 이 중요한 사실을 절대로 잊어서는 안 된다. 특히 이직을 염두에 둔 후보자라면 가장 중요하고 조심해야 할 시점임을 명심하길 바란다.

대부분의 이직을 하는 직원들을 살펴보면, 몸담았던 회사를 이직하면 다시는 안 볼 기세로 대하는 경우가 대부분이다. 물론 안 좋은 상황으로 퇴사나 이직을 하는 경우도 있겠지만, 싫든 좋았든 간에 후보자 본인이 몸담고 경제적 상황과 자기발전을 가졌던 회사임에는 틀림이 없다. 경력발전을 위해 이직을 하면서도 이전 직장에 대해 쉽게 생각하고, 그 회사에서 함께 동고동락한 선후배를 업신여기는 태도로 이직을 하는 후배들을 볼 때마다 안타까움을 가진다. 인생은 물론이고 직장 생활이라는 것이 한 사람 건너 한 사람을 알 수 있는 시대가 되었다. 내가 몸담았던 회사와 동료, 선후배에 대한 나쁜 생각은 결국은 부메랑이 되어 본인에게 돌아온다. 그 돌아오는 가장 큰 피해가 이직 과정에서 '아름답지 못한 마무리'로 인해 이직을 발목 잡히는 상황을 수없이 본 것이다. 아름답지 못한 마무리는 인계인수를 적당히 하는 태도, 전직 회사의 업무 마무리를 적당히 하는 태도, 회사에 대한 불만을 공개적으로 하는 태도, 전 직장 직원들을 낮추어 보는 태도 등이다. 쉽게 말해서 배은망덕한 태도를 가지는 것인데, 이러한 태도는 시기의 문제일 뿐 후보자의 평판에 가장 악영향을 끼치는 것임을 명심하길 바란다.

필자는 이직을 하면서 절대로 내가 몸담았던 회사의 모든 것을 존중하는 태도를 취했다. 가장 핵심적인 태도는 '지금 이직을 가능하게 한 모든 상황과 역량은 지금 회사가 아니었으면 불가능했다.'는 감사의 태도와 마음을 가지는 것을 권한다. 그리고 그것이 사실이다. 누워서 뱉는 침은 결국은 자신의 얼굴에 떨어진다. 이직을 하면서 전직 회사와 직원들에 대해 함부로 평하지 말아야 한다. 당신이 함부로 평하는 그 소리가 전직 회사가 듣는 그 순간 당신에게는 몇 배의 안 좋은 평판으로 돌아올 것이다. 메아리는 정직하다. 내가 낸 소리를 그대로 돌려준다. 평판 또한 같은 원리가 작용된다. 환승 이직을 수차례 하는 후보자의 경우에는 특히 더 조심해야 할 덕목이다.

필자도 제법 많은 평판 관련한 책을 섭렵했지만 가장 중요한 이 원리에 대해서 언급한 책은 보지 못했다. 대부분이 처세술처럼 평판을 형성하거나 관리하는 방법들을 내세웠다. 감히 말하건대 그러한 것들은 단 한 방에 다 무너질 수 있다. 그러나 한 방에 무너지지 않는 것이 있다. '아름다운 마무리를 잘하면 아름다운 평판이 남는다.'는 것이다.

평판 관리는 정도(正道)로 해야 한다. 내가 하는 만큼 형성되고 쌓이는 것이다. 환승 이직의 중요한 과정에서 좋은 평판과 좋은 이미지를 형성하기 위해서는 마지막의 마무리를 아름답게 하라.

그것이 좋은 평판을 남기는 가장 좋은 비법이다.

Part 6.

합격 가능성을 높이는 이력서, 경력기술서, 자기소개서 작성하기

Chapter 1.

이력서 작성 왜 어려운가?

이력서를 작성하는 것에 대해 어려움을 토로하는 후배들이 많다. "무엇이 가장 어렵냐."는 질문에, 후배들이 공통적으로 하는 말은 "좀 더 차별화된 이력서를 어떻게 작성하면 될까요?"이다. 이 말을 들을 때마다 한참을 멍한 상태로 있었던 기억이 있다. 쉽게 말해 남들보다 차별화된 이력서를 어떻게 쓸 것인가에 대한 고민을 하고 있는 것이다. 어처구니가 없는 노릇이다. 남들과 차별화된 이력서는 남들과 차별화된 직장 생활, 사회생활을 하였으면 고민할 문제가 없는 것인데, 우리는 경쟁자보다 먼저 눈에 띄는 이력서를 작성하길 원하는 것이다. 무언가 앞뒤가 바뀐 느낌이다.

백이면 백 명의 이력서가 다 같을 수는 없다. 살아온 것이 다르고 배운 것이 다르며, 경험한 것이 다르다. 그렇기에 이력서는 그 자체로 차별화는 되어 있는 것이다. 그런데 우리는 자신과 남을 차별화하는 이력서 작성을 원하고 있는 것이다. 이력의 사항은 이미 차별화가 되어 있다. 단지 '이력서를 잘 쓰고, 남들보다 잘 쓰여진 이력서를 갖고 싶은 것인데, 그것을 차별화된 이력서로 착각하고 있다.'

이력서 작성에 어려움을 느끼는 원인은 바로 여기서부터 출발하는 것이다. 이력의 사항은 차별화되어 있음에도 그것을 더 차별화하려다 보니 어려움을 느낄 수밖에 없는 것이다. 이력서를 차별화한다는 명목으로 이력 사항에 포장을 하고, 과장을 하며, 심지어는 허위 사실까지 끌어들여 차별화 왜곡을 시키려고 하니 이력서 작성이 어려운 것이다.

이력서 작성의 핵심은 '있는 이력 그대로를 쉽게 알아볼 수 있도록 쓰는 능력'에 달려 있다. '있는 이력 그대로를 쉽게 알아볼 수 있도록 쓰는 능력'이라고 표현하니 쉬워 보이기는 하다. 그러나 막상 이런 개념을 가지고 이력서 작성을 하려 해도 쉽지 않은 것이 이력서 작성이다.

이력서로 자신을 차별화할 수 있다는 생각을 버려야 한다. 이력서를 차별화하는 것에는 변조, 위조, 과장, 허위 등의 단어가 포함될 개연성이 높다. 남과 다른 이력서에 중점을 두고 의미를 둘 필요는 없다. 이제는 차별화된 이력서 작성이 아니라 남들보다 쉽게 나를 표현하고 전달할 수 있는 간결하고 깔끔한 이력서 작성 능력에 중점을 두어야 한다. 환승 이직을 위해 경쟁하는 다른 많은 후보자들과 스펙과 역량이 차이가 나면 얼마나 많이 날 것 같은가? 사실은 종이 한 장의 차이도 없을 가능성이 많다. 그럼에도 우리는 차별화만을 찾아서 이력서를 작성하려 한다. 그래서 어려움을 느끼는 것이다. 차별화 포인트를 많은 내용의 차별화보다는 이력서를 작성함에 있어 단순함과 깔끔함으로 승부수를 던지는 것이 옳은 이력서 작성 방법이다.

헤드헌터나 서치펌, 채용담당자 입장에서는 하나의 포지션에 수많은 후보자의 이력서를 접하게 될 것이다. 이 경우에는 남다른 역량, 경험, 스펙은 당연히 전달되어야 한다. 그리고 이력서 내의 경쟁의 이력 요소들이 크게 차이가 없다면, 쉽게 이력 내용이 전달되는 이력서에 눈길이 쏠릴 것이다.

따라서 이력서의 내용은 사실과 경험에 기반하여 진실함으로 승부하고, 거기에 더하여 작성의 형식과 전달의 단순함으로 승부를 걸어야 한다. 불과 얼마 전까지만 해도 동일 경력 기간이라면 이력서의 내용이 많고, 상세하게 작성하는 분량 많은 이력서가 능력 많은 후보자의 이력서라는 인식이 형성되어 있었다. 그러나 환승 이직 시장의 이력서에 대한 관점도 예전과는 많이 달라졌다. 간결하고 핵심 요소들이 잘 정리된 깔끔한 이력서를 찾는 추세이다. 그도 그럴 것이, 경쟁의 환경이 높아졌고 지원하는 후보자들의 이력서도 많기 때문에 일일이 모든 이력서의 내용을 다 볼 수는 없기 때문이다.

이력서는 크게 공통 요소와 차별 요소로 나누어서 작성이 가능할 것이다. 채용담당자들이나 헤드헌터는 공통 요소와 차별화 요소를 많이 가진 이력서보다는 깔끔하게 잘 표현된 이력서에 눈을 멈추게 된다. 그리고 이력서상에 의문이 있거나 이해가 부족한 부분이 있으면 면접을 통해 반드시 알아본다. 따라서 구구절절 상세한 이력서를 작성할 이유가 없는 것이다. 그러므로 이력서 작성에 지나치게 상세함을 담아서 차별화를 시키려는 생각을 해서는 안 된다. 이력서의 상세함으로 승부를 내려다보면 과장된 사족(蛇足)이 많아진다. 과장된 표현은 결국 면접이나 평판 조회에서 걸림돌로 돌아오는 것이다. 있는 사실과 경험한 내용, 얻은 자격과 능력은 있는 그대로 간결하게 표현하고 작성하는 이력서가 가장 신비하고 무게감 있는 이력서가 되는 것이다. 연애도 마찬가지로 처음부터 지나치게 자신을 다 드러내는 것은 상대로 하여금 흥미를 잃거나 매력을 느끼지 못하게 한다. 이처럼 이직을 위한 이력서 작성에도 같은 원리가 적용된다 할 수 있다.

Chapter 2.

양식은 지키되, 내용은 내 마음대로 해라

환승 이직을 위한 이력서는 일반적인 이력서 양식과는 조금 차이가 있다. 그만큼 경력에 대한 부분이 중요함을 차지하는 것이다. 일반적으로 이직 관련하여 헤드헌터의 제안을 받으면, 헤드헌터가 소속한 서치펌의 이력서 양식을 제공받게 된다. 그리고 별도 양식이 있어도 워드 양식이나 한글 양식의 후보자 작성 형식의 이력서로 접수가 가능한 경우도 있다. 그러나 대부분의 헤드헌터는 잘 전달될 수 있고, 단순하고 깔끔하게 정리된 서치펌의 이력서 양식을 권하는 경우가 많다. 그 이유는 다년간의 경험과 인사 및 이직 시장의 트렌드를 반영하여, 한 번이라도 더 눈에 띌 수 있는 이력서 전달을 위해 헤드헌터와 서치펌에서 양식을 연구하여 만들기 때문이다. 그리고 그 양식은 다년간의 경험에서 우러나온 결정체의 형식이기도 한 것이다. 따라서 가장 좋은 방법은 서치펌 및 헤드헌터가 제공하는 양식으로 작성을 하는 것이 가장 좋다.

이력서 작성 양식을 확정하고 나면 그 다음으로는 양식에 이력 내용을 채워 가는 것이다. 경력의 기간과 업무의 특성에 따라 반드시 기입해야 할 사항은 서치펌의 양식에는 별도의 작성 예시를 표시하는 것이 대부분임으로 그 작성 예를 따라 작성하는 것을 권한다. 그러나 작성 내용은 후보자 본인이 자신감과 확신을 가지고 선별할 필요가 있다.

예를 들면, 이직하는 직무에서 반드시 요구하는 자격 사항은 아니지만 직무와 관련한 업무 경험이나 재능 등이 있으면 작성하여 전달하는 것이다. 그리고 구어체 형식의 문장보다는 문어체 형식으로 작성하여 간결함을 더하는 것이 좋다. 하지만 후보자 자신만의 지나치게 개인적인 경험을 작성하는 것은 금해야 한다. 즉 종교적 신념이나 정치, 사상적 신념 등을 차별화 포인트로 착각하여 강하게 전달하지 않도록 해야 한다. 언젠가 대리급 이직 후보자의 이력서를 내부에서 검토하는 과정 중에 '동성애에 대한 편견을 없애는 동호회 활동'을 강조한 이력서가 있었다. 그러나 이 이력서상의 '동성애에 대한 편견을 없애기 위한 활동'에 대한 면접 질문이 진행되면서 상호 다른 관점의 차이가 날 수 있는 문제로 화제가 전환되어 후보자는 물론이고 면접관도 어려움을 겪었던 기억이 있다.

이처럼 후보자 본인은 좋은 활동 경험이라고 생각하여 이력서에 전달하였지만 결국은 생각의 차이가 사상적 차이를 가려야 하는 상황으로 전개될 가능성이 있는 이력의 내용들은 좋지 못한 결과를 낳을 수 있다. 자신만의 경험이고, 좋은 의도를 가졌지만 내 마음대로 이력서에 작성하기에는 생각의 차이를 만들 수 있는 내용인 것이다.

양식은 되도록 제공받은 양식을 지켜 주되, 이력서의 내용은 후보자 자신의 이야기와 이력 내용으로 자신감 있게 채워 가라. 단, 지나치게 주관적인 경험이나 다른 관점이 있을 수 있는 이력의 표현은 절제하는 이력서 작성의 미덕을 갖추는 것이 좋다.

Chapter 3.

두괄식 이력서가 효과적이다

이력서라는 서류로 후보자의 모든 경험과 역량을 표현하기가 쉽지는 않다. 서류라는 한정된 글의 공간이 정해져 있기에 더욱 어려움을 느끼는 듯하다. 후보자 중에는 이력서를 채울 수 있는 이력의 양이 부족해서 어려움을 느끼는가 하면, 이력서에 기입하고 싶은 내용이 많아서 간결하게 전달을 어찌해야 하는지에 대해 고민을 하는 상황도 있다. 이력서에 기입할 내용의 다소(多少)가 문제가 되지만 중요한 것은 양이 많다고 해서 좋은 이력서라 할 수 없고, 양이 적다고 해서 부족한 이력서가 되는 것이 아니라는 것이다.

이력서의 핵심은 채용을 진행하는 회사에서 필요로 하는 이력 내용이 있는지의 문제이다. 이처럼 이력서의 내용이 많고 적음에 대해서는 신경을 쓸 필요는 없다.

그러나 이력서 작성에 있어서 반드시 신경을 쓰면 좋은 부분은 작성의 형식이다. 보통 두괄식과 미괄식의 글 형식이 대표된다. 글의 결론 부분을 글의 앞머리부터 시작하는 형식이 두괄식이며, 결론 부분을 글의 끝에 두는 형식이 미괄식이라는 것은 익히 알고 있을 것이다. 우리가 글을 쓸 때 글의 형식에 대해 고민하듯이 이력서를 작성할 때도 작성 형식에 대해서도 반드시 고민이 필요하다. 환승 이직을 위한 이력서의 형식은 '두괄식 형식의 이력서 작성'을 권한다.

그 이유는 첫 번째가 환승 이직의 이력서는 서류 전형 단계에서 채용담당자가 보게 되는데, 지원자의 수가 많기 때문에 미괄식 형태로 쓰여진 후보자의 이력서를 모두 꼼꼼히 읽을 정도의 시간적 여유를 가지고 있지 않다는 것이다.

두 번째는 대부분의 이직 후보자들이 미괄식 형태의 이력서를 작성하는 경향이 많다. 따라서 후보자 자신의 이력 사항 중에서 핵심적인 역량이나 기술력, 자격 등을 이력서의 앞부분에서 강조하는 것이 훨씬 차별화된 이력서로 보일 가능성이 높다.

이력서의 일정 양식이 정해져 있어도 첫 부분의 인적 사항 부분 이후부터는 후보자가 항목의 순서를 바꾸어도 문제가 되지 않는다.

필자의 경우 인적 사항란에 기본적인 인적 사항을 기재한 후에, 이어서 직업관이나 인생의 구호와 같은 멘트를 기재하여 입사 및 이직에 대한 의지를 간접적으로 보여 주는 이력서를 작성한다.

예를 들면, 인적 사항에 사진, 생년월일(나이), 주소, 연락처, 현 재직 상태, 이직 가능 일자, 현재 연봉, 희망 연봉을 작성한다. 그리고 '직업관'이라는 내용을 추가하여 '임원은 회사와 주주에 집중하고, 조직을 강건히 하여 성과로 보답한다.'는 내용을 추가하여 나만의 투철한 직업관을 강조하여 좋은 첫인상을 이력서로 남기는 효과를 많이 보았다.

이력서 작성 시에 대부분이 이직 가능 일자와 현 연봉, 희망 연봉 등을 이력서의 끝에 표기하는데, 채용담당자 입장에서는 가장 알고 싶은 부분이기에 인적 사항이 있는 앞부분에 칸을 할애하여 후보자의 가치를 간접적으로 평가할 수 있는, 현 연봉과 이직 후의 희망 연봉을 기재하여 채용담당자의 궁금증을 풀어주고, 호기심을 유발하였다.

후보자 여러분이 채용담당자의 입장이라고 가정해 보자. 수많은 지원 이력서가 여러분 앞에 놓이면 천편일률적으로 같은 양식에 기재된 내용이라면 어떻게 할 것 같은가? 채용담당자가 성실히 모든 이력서를 읽어 줄 것이라는 기대는 솔직히 하지 않는 것이 좋다. 채용담당자도 그만의 이력서를 읽는 방법이 있고, 특정 역량과 열의를 가진 이력서를 찾는 노하우가 있다. 그 특정 역량과 열의를 보여 주는 이력서의 형식은 이력서의 첫 장을 어떻게 기술하는가에 따라 달라진다. 채용담당자가 알고 싶은 내용이 앞 장에 오도록 핵심적으로 어필할 내용을 이력서의 앞에 기재하는 두괄식 형식의 이력서 작성을 연습하기 바란다.

이력서의 첫 장에는 이러한 인적 사항을 포함하고, 경력 사항, 학력 사항, 자격 사항을 강조하여 채용담당자에게 강한 인상을 전할 필요가 있다. 그리고 한 가지 추가해서 강조하고 싶은 것은 이력서에 첨부하는 증명사진은 반드시 정장을 입은 사진으로 부착하길 권한다. 자기 발전을 위해 이직을 진행하는 이력서에 최소한 잘 차려 입은 자신의 증명사진을 준비하여 첨부하는 성의는 보여 주어야 한다. 휴대폰 어딘가에 보관 중이던 사진을 첨부하여 이력서의 칸을 메우는 일은 없어야 한다. 이력서에 첨부하는 사진은 가장 먼저 후보자를 보게 되는 것인데, 아무 사진이나 첨부해서는 안 된다. 사진 하나에서부터 후보자의 성의와 열의, 입사를 위한 간절한 마음 등이 보여지는 것이다.

Chapter 4.

상세하게 풀 것과 간략하게 줄일 것의 미학을 알아야 매력적인 이력서가 된다

이력서 작성의 대원칙을 한 가지만 이야기하라면, 바로 위의 내용처럼 '상세하게 풀 것과 간략하게 줄일 것의 미학을 아는 것'이라고 말해 준다. 이 말의 의미는 강점은 상세하게 기술하고, 약점이나 부족한 부분은 줄이거나 기술하지 않음을 의미한다. 물론 약점에 대해 반드시 기술해야 하는 이력서 양식이라면 기술은 하되, 지나치게 약점을 상세히 기술하지 않는 것이다. 이력서는 객관적인 이력 사항을 중심으로 기술을 해야 하지만 그 기술의 방향을 후보자 자신에게 유리한 장점 중심으로 작성하는 것이 옳은 것이다. 설사 이력서에 단점 내지 약점이 기술되지 않았더라도 면접의 과정에서 그에 대한 질문은 받을 것이기에 그 단계에서 해결하면 되는 것이다.

이력서에 상세하게 기술하면 좋은 내용으로는 첫 번째가 후보자가 가장 자신 있는 항목이다. 가장 자신 있는 항목은 후보자마다 다를 수 있겠지만 동일 직군의 환승 이직에서 요구하는 경력, 역량, 기술자격(자격증, 점수, 연구, 실험 결과), 경험 등이 될 것이다. 이러한 부분에 대해서는 다른 이력의 내용보다는 중점을 두어 강조하며 이력서상의 양적인 부분도 많이 할애하여 작성하는 것이 유리하다. 그리고 이러한 자신 있는 부분에 대한 강조에서 유의해야 할 부분은 지나친 양의 할애는 안 된다는 것이다. 과하면 부족함만 못하다는 과유불급(過猶不及)을 새길 필요가 있다. 그리고 지나치게 많은 형용사와 부사어를 사용하지 않도록 하라는 것이다. 자신의 강점에 후보자 자신이 취하여 형용사와 부사어를 남발하는 것은 자기 미화(美化)나 자화자찬(自畵自讚)으로 보일 수 있다. 그리고 이력서에는 형용사와 부사어를 많이 쓰면 아마추어 같은 느낌을 줄 수 있으므로 문장은 되도록 간결한 문어체 형식으로 사용하고 형용사 부사어의 지나친 기술을 자제하도록 한다.

두 번째는 단점이나 약점이었던 사항을 극복하여 현재는 그것이 장점이 되었거나 전화위복이 된 사례나 항목은 상세하게 강조하는 것이 좋다. 이 부분은 자기소개 란에서 많이 활용되는 부분이다. 단점과 약점이었던 것을 단순히 극복한 것도 좋은 이미지를 줄 수 있겠지만 직업관과 인생관을 전반적으로 긍정적으로 이끌어 가는 성향은 채용담당자 입장에서 볼 때 매력 있는 후보자, 긍정적 후보자로 보일 수 있는 것이다. 세 번째는 역량이나 기술자격 등의 증명이 되는 내용은 아니지만 조직의 발전이나 회사의 발전을 위해 대승적 관점에서 자신이 노력한 과정이나 결과는 상세하게 전달하면 좋은 결과로 연결될 가능성이 높은 항목이다. 예를 들면, 조직을 우선하는 마음 자세, 애사심, 동료애, 후배에 대한 멘토링과 코칭을 통해 동료나 조직에 긍정적 영향을 미친 사례 등이다.

다음은 이력서 작성에 있어서 간략하게 줄일 것들이다. 간략하게 줄인다는 것이 이력서를 위조하거나 변조하는 등의 행위를 의미하는 것은 결코 아니다. 어떠한 경우에도 이력서는 정직해야 하는 것이다. 여기서 언급하는 간략하게 줄일 것이라는 의미는 굳이 언급하지 않아도 되는 것에 대한 지나친 언급은 삼가는 것이 좋다는 의미이다.

이력서상에 필요 기재 사항이 있듯이 후보자가 강조하거나 표현하고 싶은 것을 추가하여 표현해도 아무런 문제가 되지 않는다. 단, 추가해서 기술해야 하는 내용이 후보자에게 부정적인 영향을 줄 가능성이 있거나 모호한 판단을 일으킬 가능성이 있는 사항에 대해서는 언급하지 않는 것을 말한다. 이런 부류의 이력서는 지나치게 정직한 태도에서 발생하는 경우가 많다.

이력서에는 객관적 사실과 증명되는 능력과 자격, 후보자의 장점과 강점 중심으로 작성하는 것이 필요하다. 완벽주의적 생각으로 후보자가 이직과 관련 없는 단점이나 부정적 사항들을 먼저 이실직고(以實直告)하는 형식의 이력서 작성은 삼가해야 한다. 후보자의 이실직고하는 정직함을 높이 사서 긍정적으로 보는 채용담당자는 극히 일부일 것이기 때문이다.

위조와 변조, 일정 사항에 대해 반드시 기재를 해야 하는 이력서가 아니라면 자신에게 유리한 방향의 사항, 사안, 방향으로 작성하는 것이 이력서의 일반적인 원칙이다. 한마디로 말해 이력서에는 지나친 오지랖은 절대 금물이다.

다음은 현직에서 환승 이직자들의 이력서를 검토하며 부정적으로 보인 이력서의 기재 내용 몇 가지 사례를 살펴본다.

첫 번째 사례는 오탈자(誤脫字)가 많은 이력서이다. 이력서는 자신의 아바타와 같은 것이다. 기본 중의 기본은 오탈자가 없어야 한다. 오탈자는 후보자의 기본기를 의심하게 한다. 이력서 작성 후에 오탈자를 최소한 세 번 이상 확인하는 성의를 보여야 한다.

두 번째는 기간 산정이나 수치 개념이 약한 이력서는 폐기의 수순을 밟는다. 기간 산정이 약한 이력서가 있다. 직전 근무지에서의 근무 기간 산정이나 기입에 수치 개념이 약한 후보자의 이력서인 것이다. 환승 이직에서 이런 수치 개념이 약한 이력서는 이력서 자체로 인해 후보자가 수치심을 얻게 될 것이다. '수치감(數値感)이 없는 이력서는 수치심(羞恥心)을 받게 된다.'

세 번째는 이력서의 설득력을 저해하는 단어나 어휘를 사용하는 경우이다. 예를 들면, '~을 도왔다, 지원했다' 등의 단어이다. 채용담당자나 회사에서는 업무를 주도하고 결과를 남긴 후보자를 원한다. 자신이 주체가 되어 진행했거나 결과를 만들어 낸 업무 중심으로 기술하고, 그렇게 연관된 단어를 사용하는 것이 유리하다. 다음의 예는 시행착오를 나열하는 단어로, '~을 연구했다, 실험했다, 노력했다' 등이다. 결과나 성과가 없는 업무나 행위, 노력에 대해서는 이력서상에 지양하는 것이 좋다. 만약 이러한 내용이 관심 있는 내용으로 보이기 위해서는 같은 내용이라도, '~을 노력하여 매출 30억의 성장을 이루었다', '~을 연구하여 특허 2개를 확보했다.' 등으로 표현이 되는 것과는 큰 차이가 있는 것이다. 어떠한 노력과 실행을 통해 얻어 낸 결과나 성과가 있는 사례 중심으로 이력서에 기재하는 것이 좋다.

Chapter 5.

경력기술서 작성의 대원칙을 이해하라

이력서, 경력기술서, 자기소개서 작성에 대한 일반론적 원칙과 내용에 대해서는 환승 이직을 준비하는 후보자라면 반드시 숙지하고 기본기로 다루어야 할 부분이기에 이 책에서는 다루지 않는다. 환승 이직을 위한 서류(이력서, 경력기술서, 자기소개서)를 좀 더 빛내 줄 수 있는 작성 대원칙을 중심으로 알아본다.

경력기술서는 환승 이직을 준비하는 후보자에게 이력서의 전체 내용 중에서 가장 중요한 부분이라 할 수 있다. 경력기술서의 내용도 이력서라는 전체 중에 한 부분으로 작성되지만 그 중요함은 가장 높다 할 수 있다. 채용담당자가 가장 중요하게 살펴보는 부분이 경력기술서의 내용이다. 따라서 경력기술서 작성의 중요성은 몇 번을 강조해도 부족함이 없다.

경력기술서 작성의 아홉 가지 필수 체크 포인트에 대해 알아보자.

첫 번째는 채용하는 포지션(Position)과 연결되는 경력의 스펙(Spec) 중심으로 작성하는 것이다. 경력기술서는 후보자가 보유하고 있는 경력에 대한 기술을 하는 것이지만 채용하는 회사에서 필요로 하는 포지션에 적합한 직무 능력을 가지고 있는 방향으로 경력기술서를 작성해야 한다. 채용 포지션과의 적합성이나 연계 가능성이 없는 경력이나 직무 경험을 나열하지 않도록 한다. 즉 채용하는 회사의 포지션에 적합한 직무 능력 위주로 작성하는 것이 중요하다. 그리고 직무 경험은 물론이고 직무를 수행함에 있어서 도움이 되는 사항들을 함께 부각하여 기술하는 것도 좋은 경력기술서 작성의 사례가 된다. 경력기술서의 내용은 이력서 전체 내용 중에서도 양적, 질적으로도 할애를 많이 하여 상세하게 직무 역량 중심으로 작성해야 한다. 그리고 앞에서도 언급했듯이 지나친 미사여구나 형용사, 부사어 등의 사용은 자제하고 사실 중심의 상세한 내용을 작성하는 것이 좋다. 그리고 후보자 본인이 보유한 경력이더라도 채용 회사의 해당 포지션을 수행하는 데 필요하지 않은 경력이나 직무 능력은 삭제하는 것이 좋다. 지나치게 많은 역량의 보유를 강조하거나 연관성이 없는 직무와 경력의 보유는 후보자에 대한 경력의 사실 진위에 대한 오해를 불러올 가능성이 높기 때문이다. 마지막으로 중요한 것은 객관적으로 증빙할 수 있는 자격증, 자료, 수상 내용이 있는 경력이나 직무 능력이면 금상첨화(錦上添花)인 경력기술서가 되는 것이다.

두 번째로는 경력은 간략하면서도 기간이 명확하게 작성해야 한다. 경력기술서는 후보자의 수년간의 경력과 직무 역량이 한 눈에 볼 수 있도록 간략하면서도 기간이 명확하게 보여야 한다. 작성하는 후보자가 작성하기 편한 것이 아니라 채용담당자가 읽기 쉬운 작성이 되어야 한다. 따라서 구어체 형식으로 장황하게 작성하기보다는 문어체 형식으로 간략하게 작성하는 것이 좋다. 근무 기간은 시작일과 종료일을 명확하게 기재하고, 근무 기간 산정에도 정확성을 더해야 한다. 또한 근무 회사명의 정확성과 해당 회사에서의 근무 부서와 직급과 직책에 대해 명확히 기재해야 한다. 아울러 경력기술서상의 회사에 대한 기재 순서는 현 직장을 최우선하여 내림차순으로 작성하는 것이 보기 좋은 경력기술서가 되는 것이다.

세 번째는 전 직장의 기재를 통해 채용담당자를 배려하고, 후보자 자신의 경력을 회사와 빗대어 자랑하는 것이다. 이 경우는 후보자가 전 직장에서 경험한 경력과 직무의 역량을 간접적으로 어필하는 것이다. 모든 채용담당자가 환승 이직자의 회사에 대해 알 수는 없다. 후보자의 경력과 역량은 후보자가 전 직장에서 어떤 경험과 역량을 쌓았는지도 중요하지만 소속한 전 직장이 어떤 회사였는지를 보면서 후보자의 경력과 역량을 미루어 짐작할 수 있는 경우도 많다. 따라서 전에 근무한 회사에 대한 기본 정보를 기재하여 채용담당자의 이해를 돕는 배려가 필요하다. 최소한 전 직장의 회사 사업 내용, 규모(매출액), 사원 수 등을 기재하여 채용담당자를 배려하는 경력기술서가 좋다.

네 번째는 경력의 작성 순서와 중점은 최근 직무를 중심으로 작성하는 것이다. 환승 이직에 있어서 채용을 진행하는 회사에서 가장 중점을 두어 진행하는 것이 '채용하는 경력자가 바로 업무를 진행할 수 있냐.'이다. 신입 사원을 선발하는 경우와 경력직을 선발하는 경우는 현지 전력감으로 활용할 수 있는지에 방점을 둘 수밖에 없다. 따라서 경력의 내용 중에 현재 또는 현 직장에서 수행하고 있는 직무의 적합성이 가장 중요하다. 그리고 그 직무 역량이 바로 연계되어 업무를 수행할 수 있기를 바라며 채용을 진행하는 것이다. 그러므로 현재의 경력과 직무 역량을 중심으로 경력기술서를 작성하는 것은 필수적이며, 후보자를 채용의 긍정적 방향으로 안내할 것이다. 따라서 최근 업무와 경력을 우선하여 작성하는 경력기술서가 되도록 작성에 주의를 기울여야 한다.

다섯 번째는 업무의 결과나 성과가 명확하게 발생한 직무 중심으로 작성해야 좋은 경력기술서가 된다. 경력기술서에 많은 내용을 상세하게 쓰는 것은 좋지 않다. 상세하게 쓰라는 것은 결과나 성과가 명확한 직무 수행이나 경력에 한한다. 어떠한 직무를 많이 수행했지만 결과나 성과를 발생하지 못했다면, 그러한 경력기술은 채용담당자에게는 올바른 직무를 찾지 못해서 이것저것 많은 일을 한 것으로 비춰질 가능성이 높다. 따라서 많은 경력의 경험이 있더라도 양적으로 승부수를 걸지 말고, 질적으로 결과와 성과가 발생한 업무와 직무를 중심으로 작성하는 것이 좋다. 흔히 실력이 없거나 전문성이 결여된 사람일수록 이것저것 도전하고 경험한 것은 많지만 무엇인가 하나를 제대로 완료하지 못하는 경우가 많은 것과 같다. 경력기술서의 업무는 성과라는 결과를 만든 업무와 직무 중심으로 작성하는 것이 유리하다. 그리고 그 성과를 수치화하여 표현하면 더욱 좋은 것이다. 경력자의 직무 수행은 성과라는 결과를 만들어야 한다. 그래야만 환승 이직의 성공을 맛볼 가능성이 높아진다.

여섯 번째는 비주얼(Visual)을 강화하면 매력적인 경력기술서로 보인다는 것이다. 이 부분은 필자가 가장 많이 활용한 사례이다. 후보자가 경력 중에 수치화하는 것이 어려운 결과에 대해서 이 방법을 이용하여 작성하면 좋다. 예를 들어, '거래처 확장을 통한 신규 거래처 개척을 많이 한 경력을 강조'하고 싶은 경우이다. 필자는 이 사례의 결과를 신규 거래처 대표들과 사업장에서 상담 후에 자연스런 사진 촬영을 했고, 그 사진들을 엽서만 한 크기의 사진 파일로 묶어서 경력기술서 해당 사항 밑에 첨부하여 경력을 강조하고 증거로 활용하였다. 이 경우에 글자로만 어필이 되는 수많은 이력서의 경력기술 내용 중에 눈에 띄게 하는 효과를 발휘했음을 알 수 있었다. 이러한 객관적 입증이 가능한 비주얼 한 자료의 활용은 후보자를 채용담당자에게 어필하기에 좋다. 물론 비주얼 자료를 첨부하여 활용할 때는 적합성이 있어야 하고, 경력의 내용과 일치하는 자료여야 할 것이다. 지나치게 주관적인 후보자의 판단에 의한 비주얼 자료의 활용은 제한해야 한다.

일곱 번째는 경력으로 기술한 내용들은 면접에서 가장 많은 질문을 받는 부분이라는 것이다. 따라서 그 어느 것보다 사실에 기반해서 작성해야 한다. 특히 이직에 성공하기 위한 순간의 잘못된 생각으로 경력을 부풀리면 안 된다. 설사 경력에 대한 내용을 부풀려서 면접을 통과했다고 하더라도 평판 조회와 입사 후에 업무를 수행해 가는 과정에서 검증되어 돌이킬 수 없는 치명적 부메랑이 되어 돌아올 수 있다. 특히 경력을 위조, 변조, 부풀리는 행위는 상대방인 헤드헌터와 채용 회사를 속이는 행위로 법적인 책임을 져야 하는 최악의 상황까지 발생할 수 있음을 명심해야 한다. 그리고 경력 내용을 위조, 변조, 부풀리기를 한 경우에는 헤드헌터를 통한 이직은 물론 자발적 이직에도 어려움이 생긴다. 사실상 헤드헌터 입장에서는 '추천해서는 안 되는 후보자'로 낙인 찍히는 것이다.

여덟 번째는 기술적 역량이나 연구성과와 같은 전문성이 있는 경력에 대해서는 경력기술서에서 강조를 할 필요성이 있다. 이 경우에는 붉은색이나 파란색의 글로 표현을 하여 나타내거나 밑줄 또는 굵은 글씨체로 표현하여 강조하는 것이 효과적이다. 그리고 쉽게 읽을 수 있도록 한 단락 또는 논문 제목 형태의 소제목으로 표현하는 것이 좋다.

아홉 번째로는 경력기술서를 작성 완료한 후에 역지사지(易地思之)의 마음으로 세 번 이상은 읽어 보는 자세가 필요하다. 후보자 자신의 경력이지만 표현이 과하거나 부족한 것을 채용담당자와 헤드헌터의 입장에서 검토해 보는 것이다. 이러한 과정을 통해 경력기술서를 정제할 수 있고, 과하지도 부족하지도 않는 사실에 기반한 경력기술서 작성이 완료될 수 있다.

이상으로 경력기술서를 작성하기 위한 아홉 가지의 체크 포인트에 대해 알아보았다. 이 체크 포인트는 일반적인 경력기술서 작성 예시와는 다르게 필자가 직접 경험하면서 느끼고 터득한 내용을 중심으로 하였다.

다음은 채용을 진행하는 채용담당자(인사담당자)들이 주의하는 '나쁜 유형과 좋은 유형의 경력기술서'에 대해 알아보자. 이 내용에 대해서는 국내 굴지의 구인구직 잡포털을 운영 중인 사람인(www.saramin.co.kr)에서 조사한 결과 내용을 참고하여 알아보도록 한다.

사람인에서는 국내의 147개 회사 채용담당자들을 대상으로 하여 '나쁜 경력기술서와 좋은 경력기술서'에 대해 복수 응답이 가능한 조사를 하였다. 이 조사 결과에서 나쁜 경력기술서 1위로는, '지원 직무와 관련 없는 경력 나열'이었는데 무려 전체 응답의 42.9%로 나타났다. 2위로는 '구체적 예시 없이 업무 내용만 단순 기술한 경우가 37.4%로 뒤를 이었다. 3위는 '모호하고 검증할 수 없는 성취 위주로 기술한 경우'가 34.0%였고, '중구난방으로 작성한 경우'가 34.0%였다. 이어서 '요점 정리 없이 서술형으로 기술한 경우'가 28.6%로 4명 중 1명 이상이 나쁜 유형의 경력기술서로 답을 했다. 이어서 '업무 경험보다 스펙 위주의 내용'을 기술하는 형태를 19.7%로 답했으며, 마지막으로 '상시 업무 등 중요하지 않은 경력 내용 상세하게 기술'하는 형태를 15.6% 답했다. 그리고 이 조사 결과 중에서 '경력기술서가 환승 이직을 진행하는 중요한 자료'임을 알 수 있는 내용이 있었다.

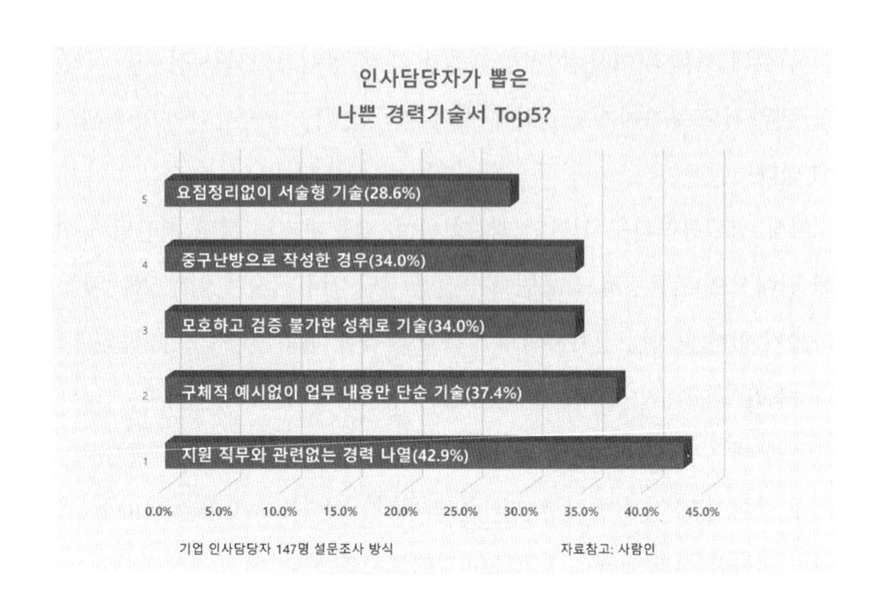

또한 이 조사에는 경력기술서를 기반으로 채용 불합격을 시킨 놀라운 결과를 알 수 있다. 조사에 복수 응답한 채용담당자의 '69.4%는 경력기술서가 부실해서 불합격을 시킨 경험이 있다'고 답한 것이다. 불합격을 시킨 이유 1위로는 '역량을 제대로 평가할 수 없어서'가 47.1%와 '경력 사항에 대해 신뢰가 가지 않아서'가 47.1%로 동시 1위로 선정되었다. 다음으로 '입사 의지가 약한 것 같아서'가 31.4%로 나타났으며, 마지막으로는 '업무 역량이 낮아 보여서'가 24.5%의 결과를 나타냈다.

다음은 좋은 경력기술서의 형태에 대한 조사 결과를 알아본다. '핵심적인 경력 사항만 최근 순서로 일목요연하게 정리'를 하는 것이 61.9%로 1위로 선택했다. 2위 답변으로는 '지원 직무와 연관된 업무, 프로젝트 위주로 요약해서 작성'이 47.6%로 나타났으며, '성과에 대한 객관적 자료 제시(수치 또는 근거자료)'가 38.1%로 3위의 답변을 얻었다. 그리고 20%

이하의 답변을 얻은 항목은 '업무 강점 및 경험에서 얻은 전문가적 견해 포함된 사례'가 17.0%였고, '편집과 구성이 깔끔한 경력기술서'가 15.0%, '텍스트와 이미지를 적재적소에 배치'한 경우가 3.4%의 답변을 얻었다.

이 조사 결과를 통해 많은 것을 알 수 있지만 가장 핵심적인 조사 결과로는, 채용을 진행하는 회사에서 '경력기술서에서 가장 중요하게 평가하는 항목은 실무능력(업무 능력, 역량)'이 68.7%로 나온 것이다. 그리고 '지원 직무와의 연관성'을 중요하게 생각하는 답변이 24.5%였고, '이전 회사에서의 업무 성과'는 4.8%를 본다는 결과이다.

이상의 사람인 조사 결과를 바탕으로 학습하면 경력기술서 작성에 대한 체크 포인트는 물론이고, 경력기술서 작성의 좋은 유형은 살리고, 나쁜 유형은 절제하는 방법을 알게 될 것이다. 채용을 진행하는 회사 입장에서는 경력기술서의 내용을 중심으로 평가할 수밖에 없다. 그럼으로 경력기술서 작성은 이직을 준비하는 후보자에게는 가장 중요한 서류 작성에 하나이다. 후보자의 경력과 업무 역량, 기술 능력, 업무 전문성, 노하우, 강점, 장점 등을 효과적으로 전달하느냐에 따라 성패가 결정되는 것이다. 따라서 경력기술서를 작성할 때는 좋은 경력기술서 항목을 살리고, 나쁜 경력기술서 항목은 절제하여, 업무 관련성과 시계열로 정리된 순서로 일목요연하게 작성해야 한다. 그리고 이에 상응하는 성과나 결과에 대해 수치화나 시각화(비주얼화)된 근거 자료를 첨가하여 경력기술서에 대한 신뢰감을 더하는 것이 좋다.

Chapter 6.

미래의 자기 계발 계획을 작성하여 확실한 목표를 가진 인재임을 어필하라

경력기술서의 중요성에 대해서는 앞의 내용을 통해 충분히 이해하였을 것으로 생각한다. 경력기술서를 통해 다른 후보자에 비해 자신을 부각시킬 수 있는 방법 중에 하나를 소개한다면, '자기 계발 계획서'를 부가하라는 것이다. 자기 계발 계획서라고 하면 중고등학교에서 상급 학교에 진학하여, 자기를 계발할 계획을 세우는 것을 일반적으로 알고 있을 것이다. 그러나 환승 이직을 하는 후보자 입장, 특히 주니어(Junior)급(과장급 이하, 8년 차 미만) 후보자가 경력기술서 내에 자기 계발 계획을 첨가하여 작성하는 경우에는 타 후보자에 비해 차별이 되는 경력기술서가 될 가능성이 높다. 물론 시니어(Senior)급(차장급 이상, 8년차 이상)의 후보자가 작성하는 경우에도 작성을 안 한 후보자에 비해 좋은 이미지로 보일 가능성이 더 높다. 그러나 시니어급 후보자의 경우에는 자기 계발 계획서의 내용이 팀이나 조직에 기여할 긍정적인 시너지를 중심으로 작성하는 사례가 될 것이다.

예를 들면, '조직 또는 회사 발전에 기여할 수 있는 향후 계획'의 형태로 작성할 수 있을 것이다. 주니어급에 해당하는 자기 계발 계획도 큰 차이는 없지만 내용은 시니어급에 비해 조금 다를 수 있다. 가장 핵심적인 부분은 '회사에 입사하여 경력과 능력을 바탕으로, 어떠한 노력을 통해, 개인의 발전과 팀 및 회사의 발전에 기여할 수 있는지에 대한 내용'을 어필하는 것이다. 이 부분은 지극히 주관적인 계획일수도 있지만 단순한 경력기술서만 제출하는 후보자에 비해 발전 계획이 보인다는 측면에서는 긍정적으로 작용할 가능성이 높다. 그리고 경력기술서에 자기 계발 계획을 포함하여 입사에 대한 열의를 보여 줄 수 있다.

또한 개인이 조직과 회사에 적응하고 기여하려는 긍정적인 태도를 보여 준다는 점에서 권장할 만한 항목이다. 필자도 이력서 전체 중에서 한 장 정도로 자기 계발 계획에 대해 어필을 하였고, 그때마다 채용담당자들로부터 긍정적인 질문과 피드백을 받았다. 그리고 양식은 이력서 내에 작성하는 것도 무방하지만 이력서의 첨부 자료 형태로 작성하여 제출하는 방법도 좋다.

Chapter 7.

이직 경험을 자랑처럼 늘어놓는 것을 지양해라

환승 이직을 준비하는 후보자들의 공통적인 특징 중에 하나가 '한 번 이직을 경험하고 나면, 다음 이직에 대해서는 쉽게 생각하는 경향이 있다.'는 것이다. 이 특징은 필자도 예외는 아니었다. 흔히 '도둑질도 처음 하기가 힘들지, 한 번 하고 나면 두 번째는 더 쉽다.'는 말이 있다. 비유의 표현이 적절한지는 모르겠지만 이직도 이와 같다는 것에는 이견이 없을 것이다. 사실 모든 일이 다 그럴 것이다.

환승 이직을 하는 것이 잘못된 것은 결코 아니다. 이제는 당당하고 치밀하게 환승 이직을 준비하는 것이 자기 발전과 계발을 위해서 필요한 시대이다. 그리고 기업의 입장에서도 능력 있는 인력의 호환과 인재 발굴 측면에서 필요성이 늘어나고 있다. 이러한 과정에서 이직을 준비하는 후보자 입장에서 반드시 유의해야 할 사안이 있다. 그것은 '이직의 경험을 자랑처럼 늘어놓는 것은 지양해야 한다.'는 것이다. 이력서 내에 이직의 횟수가 지나치게 많은 것은 후보자에게 부정적 영향을 끼칠 가능성이 더 높은 것이 현실이다. 그럼으로 이직한 회사의 수가 많다 거나, 이직 경험이 많은 것에 어필하는 것은 지양해야 한다.

이직의 경험을 통해 배운 역량과 경험, 전문성, 기술력 등에 대해 어필을 하는 것이 긍정적이다. 즉 이직 횟수와 이직을 경험한 회사 수를 내세우기보다는, 다양한 이직을 통해 경험하고 배운 결과와 성장의 결과로 갖추어진 역량에 중점을 두고 어필하는 것이 훨씬 긍정적이고 전문성이 돋보이는 후보자가 될 수 있는 것이다.

필자는 이직을 진행해 보면서 늘 마음속으로 간직한 기준이 있다. 그것이 '과유불급(過猶不及)'이었다. '과함은 부족함만 못하다.'는 뜻이다. 이직 또한 이처럼 과유불급이다. 환승 이직은 필요하고 잘못된 것이 아니지만 이 또한 과하면 안 하니만 못한 것임을 알아야 한다. 그리고 이직한 것을 자랑하지 말고 이직을 통해 가지게 된 것들에 대해 강조하는 후보자가 되길 바란다.

쉽게 비유를 하면, 중고등학교에서 전학을 자주한 것을 자랑하면, 부정적인 피드백이 많을 것이다. 그러나 불가피하게 전학을 많이 했지만 전학을 통해 친구들과 잘 적응하는 태도(적응력)를 가지게 되었고, 부족한 학습을 따라갈 수 있는 노력(업무 적응력)을 배가하였고, 결국에는 학교에서 인정하는 좋은 학생(업무 역량이 있는 직원)이 되었다는 스토리를 전개하는 후보자가 되길 바란다.

Chapter 8.

이력서에 '나만의 필살(必殺) 자료'를 추가하라

환승 이직을 위한 이력서는 일반 양식의 이력서와는 그 수준이 다르다. 이력서 내에 인적 사항 및 공통적으로 기입하는 항목들이 있는가 하면, 환승 이직에만 요구되는 경력기술에 대한 항목이 있기 때문이다. 경력기술서 내용을 기반으로 이직 후보자 간에 서류로 경쟁을 한다. 그리고 그 서류 속에서 자신을 부각시키기에는 한계가 있다. 이에 필자의 이직 경험에 기반한 좋은 효과를 보았던 사례를 소개하고자 한다.

이력서의 구성 항목은 앞에서 설명하였듯이 공통 항목과 경력기술서, 자기소개서의 크게 세 항목으로 구성된다. 모든 이직 후보자가 이 항목에 대해 어필을 하는데, 특정 후보자를 부각시키는 것에는 한계가 있는 듯하다. 이에 필자가 소개하는 한가지 필살기는 '이력서 작성 후에 자신만의 필살(必殺) 자료로 자신을 부각시키라.'는 것이다. 필자의 사례로 예를 들면, 이력서를 작성한 후에 자기 계발 계획서, 경력 포트폴리오(Portfolio), 연구 성과 리스트, 신상품 개발 성적서, 조직 발전을 위한 연구 성과 자료, 보유 인맥 평가서 등을 준비하여 첨부 자료로 이력서와 함께 지원하는 것이다. 물론 이 방법을 할 때는 두 가지 절대 원칙을 지켜야 한다.

첫 번째 원칙은 첨부 자료가 과해서는 안 된다는 것이다. 자신을 부각시키기 위해 이력서 외에 많은 첨부 자료를 제출하는 것은 오히려 부정적인 이미지로 작용할 수 있다. 따라서 이력서와 경력기술서, 자기소개서 상에서 어필한 내용 중에 강조할 만하거나 높은 성과를 이룬 부분이 있는 것에 대해 시도해야 한다. 아무런 연관성이 없는 뜬금없는 첨부 자료는 삼가라는 것이다.

두 번째는 수치화하거나 시각화 가능한 자료를 시도하라는 것이다. 서술형으로 장구하게 자랑을 늘어놓는 식의 첨부 자료를 시도하는 것은 안 된다. 이력서 내에서 간략하게 기술한 내용의 성과나 자신의 이력 사항을 스토리 형태의 시계열 단계로 표현하는 요약 형태의 내용을 준비하는 것이다.

'나만의 필살(必殺) 자료'는 채용 회사에서 진행하는 포지션에서 요구하는 방향의 자료라야 한다. 예를 들어 영업 직종이면 인맥 보유 현황이나 인맥 난이도를 점수화하여 영업과 결부하여 시너지를 낼 수 있음을 어필하는 것이다. 기술연구직이나 마케팅 직종이면 연구 성적 리스트, 특허 보유 현황, 기술 개발 현황, 신상품 개발 현황, 브랜드 런칭 현황 등 후보자가 자랑할 만한 자료이거나 성과가 될 것이다. 이 자료의 첨부는 우선 해당 헤드헌터의 자문을 구하는 것이 중요하다. 작성한 내용을 헤드헌터에게 전달한 후에 이력서와 함께 첨부하여 진행할 것인지에 대한 자문을 구해서 접근할 필요가 있다. 후보자 입장에서는 좋은 시도로 볼 수 있지만 헤드헌터 입장과 채용 회사의 입장에서는 부정적으로 생각할 여지가 있으므로 사전 조율을 통해 결정하는 것이 필요하다.

필자의 경험으로는 전반적으로 헤드헌터도 만족했으며, 과하거나 부정적일 경우에는 헤드헌터가 코칭을 해 주었다.

채용 회사 채용담당자와 직접 적으로 진행하는 이직의 경우라도 정성스럽게 준비한 필살 첨부 자료가 내용이 좋고, 사실에 기반한다면 긍정적 이미지 요소로 작용할 것이다.

Chapter 9.

자기소개서 작성의 대원칙을 이해하라

이력서의 내용 중에서 경력기술서만큼 어려운 부분이 자기소개일 것이다. 자기소개는 유교가 기반이 된 동양적 분위기에서는 활성이 덜 된 느낌이 있다. 유교적 동양 사상에는 자기소개 보다는 겸손의 미덕을 강조하였기에 더욱 자기소개를 하는 것이 부담스럽지 않았나 생각해 본다.

환승 이직을 위한 자기소개서는 일반적인 자기소개서와는 다른 컨셉과 방향으로 접근해야 한다. 자기소개에서도 전문성과 경력이 있는 베테랑으로서의 능력이 보여야 하기 때문이다.

취업 및 환승 이직을 위한 자기소개서의 대원칙에 대해 알아보자.

첫 번째 대원칙은 가장 일반적으로 기본이 되는 '10.10.20.20.40 법칙'이다. 자기소개서를 구성하는 항목은 성장 과정, 성격 장단점, 학교생활, 지원동기, 입사 후 포부 등 다섯 가지로 볼 수 있다. 기본이 되는 다섯 가지 항목을 모두 서술할 필요는 없으며, 채용하는 방향에 맞는 부분을 부각하여 작성하는 것이다. 자기소개서의 항목별 배분을 굳이 해 본다면, 전체를 100%로 놓고 볼 때, 성장 과정은 10%, 성격 장단점도 10% 정도를 배분하는 것이 좋다. 그리고 성장 과정에 대해서는 과거의 모든 단계별로 작성하기보다는 성격 형성 및 정서적 성장을 할 수 있었던 시기를 중점적으로 표현하는 것이 좋다. 학교생활에 대해서는 20%를 할애하고

저학년이던 학교생활보다는 성장한 후의 고등학교 또는 대학교 시절의 생활을 강조하는 것이 좋다. 특히 대학교 때의 생활과 연계된 사회 진출의 과정과 동기를 부각하는 것이다. 입사 후 포부도 20%를 할애하는데 '무조건 잘하겠다' 또는 '성실히 열심히 하겠다'는 표현보다는 '구체적으로 어떠한 노력을 통해서, 무엇을 이루겠다'는 형식의 포부가 적합하고 설득력이 있다. 마지막으로는 가장 중요한 지원동기 부분이다. 이 부분은 중요도에 맞게 40%를 할애하여 작성하는 것이 좋다. 지원동기는 사실상 이직 사유와 비슷할 수 있기 때문에 작성에 성의를 다해야 한다. 지원동기가 명확해야만이 채용담당자 입장에서 후보자에 대한 믿음이 형성되는 것이다. 사실에 기반하여 작성을 하되 부정적인 원인에 의한 지원 동기는 삼가는 것이 좋다. 그리고 후보자 개인은 물론이고 회사에도 긍정적인 느낌을 줄 수 있는 지원동기를 작성하길 권한다.

두 번째 대원칙은 자기소개서 문체는 구어체 형식을 취하고, 문장은 간결하게 작성하는 것이다. 말하는 것처럼 작성을 하고 문장을 간결하게 맺으라는 것이다. 말하는 것처럼 글을 쓴다는 것이 장황하게 글을 쓰는 것으로 오해할 수 있는데, 글을 읽는 사람이 편하게 읽을 수 있도록 구어체로 작성을 하지만 간략한 문장으로 표현하는 것이다. 동일한 단어의 반복을 피하고, 지나친 형용사, 부사어를 빈발하게 쓰지 않는 것이다. 자기소개서에 부사어를 지나치게 많이 쓰면 자칫 과장된 자기소개서로 보일 수 있다. 그리고 전형적인 표현이나 관습적인 단어의 나열은 피하는 것이다. 가장 쓰기 어려운 부분이 첫 번째 문장일 것이다. 첫 번째 문장은 후보자의 개성과 전문성이 부각될 수 있는 개성 있는 문장을 준비하는 것이 좋다. 필자의 예를 들면, "20년의 전문성을 기반으로 회사와 주주에 집중하고, 조직을 강화하여 성과를 만들어 내는 서준덕입니다!"로 자기소개서의 첫 문장을 만들어 간다. 이것이 최고의 표현은 아닐지 모르겠지만, 이직을 준비하는 후보자라면 자신의 역량과 경력에 어울리는 '나만의 문구'를 구호처럼 만들어 놓는 것이 좋다. 직장 생활 10년이 되기 전에 필자가 공식적인 자리에서 즐겨 사용하던 '나만의 구호'를 소개하면, "사자의 심장과 독수리의 정확한 눈으로 경쟁 시장을 앞서가는 서준덕입니다!"였다. 경력에 어울리는 '나만의 구호' 정도는 준비하는 프로다운 모습을 가져 보는 것도 좋다. 이처럼 자신만의 알림 구호를 가진 사람이라면 그 자체로 남과 차별되는 모습을 부각시킬 수 있는 것이다.

세 번째 대원칙은 글의 일관성이 있고, 연결성이 있어야 하는 것이다. 일관성이라는 의미는 단어의 일관성과 글 시점의 일관성을 말한다. 글 작성자의 표현을 '나'로 시작하다가 어느 순간 '저'로 바뀌는 등의 실수를 줄여야 한다. 그리고 작성 시점을 과거형으로 할 표현과 현재형으로 표현할 부분을 명확히 해야 한다. 그리고 구어체로 작성하다가 문어체로 작성하는 등의 글 문체를 혼돈해서도 안 된다. 자칫 이런 작은 실수는 글의 흐름을 잃게 하고, 읽는 이의 해석을 난해하게 할 수 있다.

네 번째 대원칙은 긍정적 에피소드나 성공의 이야기를 넣는 것이다. 자칫 딱딱해지고 형식적인 글로 보일 수 있는 자기소개서를 에피소드나 성공 이야기를 간략하게 삽입함으로 흥미 있고, 긍정적인 자기소개서로 어필할 수 있다. 후보자의 성격의 장단점이나 성장 과정에 대한 소개를 할 때, 단순하고 일반적으로 표현하기보다는 짧은 에피소드나 단점을 극복하여 장점을 만들 수 있었던 이야기를 삽입하여 긍정적이고 흥미 있는 자기소개를 할 수 있다.

다섯 번째 대원칙으로는 정확한 단어와 문장을 사용하는 것이다. 특히 오탈자(誤脫字), 한자 사용, 사자성어, 영어 단어, 숙어, 격언, 인용문, 수치, 통계 등을 사용할 때는 그 글자의 정확함은 물론이고 뜻의 정확함을 알고 사용해야 한다. 자기소개서의 무게감만 더하기 위해서 자칫 잘못 사용한 단어 등의 사용은 자기소개서는 물론 후보자를 가볍게 만들 수 있다. 그리고 한자어나 외래어, 통계 수치 등을 잘 활용하면 뜻이 빠르게 전달되고 문장이 고급스러워질 수 있다. 따라서 직급과 직책, 경력과 직종에 어울리는 단어와 문장을 적절히 활용하는 것이 필요하다. 반드시 정확한 표현을 한다는 전제하에서 말이다.

여섯 번째 대원칙은 작성한 자기소개서 내용을 기억하라는 것이다. 당연한 말처럼 보이겠지만 작성 따로 기억 따로인 경우가 많은 것이 자기소개서다. 자기소개서를 작성한 후에 채용담당자의 입장에서 검토한다는 마음으로 2~3번 정도는 정독하고 수정 및 검토해야 한다. 그리고 면접에서 질문이 나올 가능성이 있는 부분에 대해서는 미리 답변을 머릿속에 준비하는 '자기소개서 기반 면접 답변 이미지 메이킹'을 하는 것도 중요한 과정이다.

일곱 번째 대원칙은 자기소개서 작성의 양적인 문제이다. 보통 자기소개서는 이력서 전체 중에 10~15% 정도 할애하는 것이 좋다. 경력에 따라 이력서의 양이 다르겠지만 흔히 비교하는 워드 문서 기준으로 12pt, 글 간격 1.5 정도일 경우에는 1~2장 정도가 적당하다. 지나치게 많은 자기소개서도 문제이지만 자기를 소개하는 소개서를 1~2장 정도 채우지 못하는 빈약한 자기소개서도 가벼워 보인다.

여덟 번째 대원칙은 기관총을 난사하지 말라는 것이다. 기관총을 난사하듯이 후보자의 수상 경력, 자격 증명, 업무 경험, 학교 과정, 성장 과정 등을 단계별, 건별로 모두 기록하여 자신을 뽐내려는 아마추어적인 실수를 하지 말라는 것이다. 부각해야 할 내용은 대표적인 사례를 기술하고 나머지는 다수의 경력이나 수상, 경험이 있었음을 표현하는 것이 필요하다. 자신을 뽐내기 위해서 난사하는 기관총 총알이 결국은 자신에게 쏘는 총알이 됨을 알아야 한다.

아홉 번째 대원칙으로는 자기소개서에 지나친 감정 이입을 하지말라는 것이다. 현업에서 면접을 보다 보면, 후보자의 어려운 시절 경험과 성공의 경험에 감정 이입이 되어, 신파를 쓰는 경우를 종종 보았다. 후보자 본인에게는 중요하고 의미 있는 기억이고 경험일 수 있지만, 채용을 진행하는 회사나 헤드헌터에게는 지나친 자기 만족과 감정 이입으로 보일 수 있는 표현은 자제해야 한다.

마지막 열 번째 대원칙은 자기소개서에 지나친 화장을 하지 말라는 것이다. 지나친 화장이라는 것은 내용이나 의미를 부각하기 위해서 글에 다채로운 색깔을 입히거나 글자 굵기를 여러 굵기로 표현하는 등의 표현을 삼가라는 것이다. 어느 후보자의 환승 이직 이력서에는 의욕이 넘쳐서 울긋불긋한 글자와 굵기가 서로 다른 글자체로 표현하여, 읽기 부담스러운 이력서와 자기소개서를 접한 경험이 제법 있다.

초중학생들이 단어 암기장 만들듯이 자기 만족을 위한 난해한 자기소개서 작성이 되지 않도록 유의해야 한다.

Chapter 10.

이력서 제출도 타이밍이 중요하다

이력서는 자신을 나타내는 중요한 서류이면서 채용담당자와 헤드헌터 입장에서는 후보자를 알 수 있는 최초의 서류가 된다. 이러한 이력서인 서류를 제출하는 적절한 시기가 있다. 앞에서 살펴본 것처럼 이력서만 수집할 목적의 일부 헤드헌터를 피하고, 후보자의 개인 신상 정보가 들어 있는 이력서의 보안을 위해서도 제출하고 사용하는 시기가 중요하다.

필자의 이직 경험을 바탕으로 이력서 제출을 하는 적절한 시기인 타이밍을 말한다면, '헤드헌터의 제안을 구체적으로 확인한 후에 후보자 본인의 마음에서 합격의 가능성을 느낄 때' 제출(제공)하는 것이다. 이력서를 제출하는 판단 기준은 헤드헌터의 이직 제안에 대해 구체적으로 확인하는 과정을 반드시 거쳐야 한다.

구체적으로 확인한다는 것은 헤드헌터에게 이직 포지션 제안의 내용에 대해 궁금증이 해소되는 단계까지 알아본 후의 상태가 되는 것이다. 우선 포지션 제안에 대한 궁금증이 해결되어야만 이직에 대한 확실한 마음이 결정되는 것이다. 이처럼 마음이 결정된 후가 되면 제안을 받은 포지션에 적합한 후보자의 경력과 역량인지에 대한 감이 오는 것이다. 이 감을 바탕으로 제안을 받은 포지션에 적합하다는 후보자 본인의 판단에 기반하여 이력서를 제출하는 것이다.

헤드헌터의 판단도 중요하겠지만 무엇보다 중요한 것은 후보자 본인이 판단하였을 때 이직에 적합하지 않거나 합격의 가능성이 낮다고 판단되면 이력서를 함부로 제출해서는 안 된다. 가장 중요한 것은 후보자 본인의 판단과 확신에 기반하여 결정한 후에 이직을 진행하고, 그 과정에 헤드헌터의 도움을 받는 것이 좋다. 무조건적으로 헤드헌터에 의지한 채 이력서를 제공하고 이직을 맡겨서는 안 된다.

환승 이직을 준비하는 후보자들이 흔히 하는 착각 중에 하나가 '헤드헌터를 믿고 의지해서 이직을 한다.'는 것이다. 결코 그렇지 않다. 모든 판단과 결정, 책임은 후보자가 하고, 지는 것이다. 헤드헌터는 제안자이며, 이직의 보조자 역할일 뿐이다. 이직의 주체도 후보자이며, 객체도 후보자이다.

Part 7.

합격으로 가는 인터뷰(Interview)하기

Chapter 1.

인터뷰(Interview)를 위한 기본은 당연한 것

면접, 우리는 사회생활을 하면서 적지 않은 면접을 경험하게 된다. 학생은 학생의 신분에서, 성인은 성인의 신분에서 수많은 면접의 시험 과정을 겪는다. 특히 경력직의 이직 당락은 면접인 인터뷰를 통해 결정된다고 해도 과언이 아니다. 환승 이직을 위한 인터뷰는 학생들이나 사회 초년생이 경험하게 되는 면접과는 상당히 다르다. 물론 직급과 직책, 경력의 수준에 따라 인터뷰의 진행 방식과 질문의 내용이 다르다. 그러나 직장인으로서 인터뷰에 갖추어야 할 기본은 환승 이직을 준비하는 후보자에게도 동일하게 적용된다.

이 장에서는 자칫 잊어버릴 수 있는 인터뷰의 기본기를 확인해 본다. 특히 인터뷰의 기본기에 대한 수많은 정보가 있지만 환승 이직을 진행하는 후보자들에게는 어느 정도의 경험과 학습을 통해 기본기의 연마는 일정 수준 이상 되었을 것으로 본다. 그중에서 가장 중요한 기본 중의 핵심 몇 가지만 확인하도록 한다.

첫 번째가 깔끔한 외모다. 시간(시기), 상황, 장소에 적절한 외모를 갖추는 것은 인터뷰를 대하는 기본이자 매너이다. 환승 이직을 준비하는 후보자는 특히 이 외모에 신경을 많이 써야 한다. 경력을 쌓은 흔적이 외모에서 보여지는 시기이기 때문이다. 필자는 환승 이직 후보자라면 반드시 정장 양복을 권한다. 그리고 상황이 여의치 않다면 비즈니스 캐주얼까지는 갖추는 매너를 가져야 한다. 특히 조직장으로 일컬어지는 팀장급 이상의 이직 인터뷰는 기본 중의 기본이 정장 차림이다. 고리타분한 복식이라고 말할 수 있지만 정작 인터뷰를 진행하는 채용 회사의 경영진이나 고위급 인사담당자는 기본을 통해 후보자의 면면을 확인함을 명심할 필요가 있다. 심지어 인터뷰 진행자는 정장이나 비즈니스 캐주얼 차림인데 이직 후보자는 상황에 어울리지 않는 복장으로 인터뷰에 임하는 것은 예의에 많이 어긋나는 것이다.

두 번째는 답변은 최대한 군더더기 없이 간략하게 답변하는 것이 좋다. 물론 성의 있는 간단한 답변이다. 합격을 염두에 두고 답변을 하다 보면, 지나치게 장황한 답변을 하거나 말의 의미가 바뀌어 전달되는 상황을 초래할 수 있다. 간략한 답변은 채용담당자에게 빠른 이해를 돕고, 후보자가 명석하고 깔끔한 사람으로 보이게 한다.

세 번째는 반드시 예의를 갖추는 태도가 필요하다. 즉 겸손함을 잃지 말라는 것이다. 실력이나 말주변이 조금 부족해도 겸손한 태도를 유지하는 후보자는 긍정적인 이미지로 부각된다. 겸손은 경력의 수만큼 쌓여야 한다. 주의해야 할 점은 겸손이 지나쳐서 자신감이 없는 후보자처럼 보이지는 않아야 한다.

네 번째는 인터뷰 전체에 진지한 태도로 임하고, 질문에 대해서는 아는 범위 내에서 적극적으로 답변을 하는 것이다. 아는 질문에 대해서도 간략하면서도 명료하게 답변하고, 모르는 질문에 대해서도 명쾌하게 모른다는 것을 전달하는 것이 진지한 태도이다. 모르는 것을 아는 것처럼 둘러대다가 인터뷰 전체의 리듬을 잃는다. 채용담당자는 모르는 것에 주안점을 두는 것이 아니라 후보자의 정직하고 진지한 답변 태도에 주안점을 두는 상황이 더 많다.

다섯 번째는 인터뷰 초반의 실수를 만회하려는 생각은 버려라. 생각하지 못한 질문이나 상황으로 인터뷰 초반에 실수나 심리적 당황을 했더라도 그것을 만회하려는 생각으로 인터뷰에 매달려서는 안 된다. 한 번의 실수는 그것으로 머릿속에서 빨리 잊는 것이 상책이다. 인터뷰는 통상 30~60분 정도 진행한다고 보면, 초반의 실수를 만회할 수 있는 시간과 기회는 충분히 남아 있기 때문이다. 그리고 초반의 실수나 부족함은 인터뷰 마지막 단계에서 후보자에게 기회가 주어짐으로, 그때 정정하거나 부족했던 부분을 보강하여 전달하면 된다. 인터뷰의 모든 시간 동안 완벽하게 대답하겠다는 욕심을 내려놓길 바란다.

여섯 번째는 이직하려는 회사에 대해 충분히 학습하고 인터뷰에 응하는 매너를 가져야 한다. 이 부분은 기본 중의 기본임에도 후보자들이 게을리하는 부분이 많은 것 같다. 필자가 현업에서 최종 인터뷰를 진행하다 보면 의외로 많은 수의 후보자들이 이직하려는 회사와 포지션에 대해 사전 학습하는 배려와 매너를 갖추지 못하는 것을 보았다. 신입 사원 채용은 당연히 부족할 수 있다. 그러나 환승 이직 후보자를 선발하는 인터뷰는 프로를 선발하는 자리이다. 후보자 본인이 입사를 희망하는 회사와 맡아야 할 포지션에 대해 사전 학습을 하고 가는 매너는 필수적이다. 그리고 되도록 많이 학습하는 것이 수많은 후보자들 중에 본인을 돋보이게 한다. 인터넷과 면접 관련 서적을 보면 수많은 면접 정보가 있다. 그와 같은 모든 것을 이 책에서 일일이 논하기에는 환승 이직이라는 수준에 적합하지 않다. 기본기 중의 기본기 여섯 가지만 정확하게 숙지하고 실행하더라도 인터뷰에 임하는 태도와 마음가짐에는 문제가 없을 것이다.

Chapter 2.

인터뷰 전 헤드헌터 도움을 요청해라

필자는 몇 차례의 이직을 경험하면서 헤드헌터의 역할과 지속적으로 인연을 맺어야 할 헤드헌터를 선택하는 과정을 경험했다. 그 과정이 후보자가 인터뷰를 하러 가기 전에 '사전 인터뷰'를 진행하는 것이었다. '사전 인터뷰'라는 개념을 처음 접하는 후보자도 있을 것이다. 이직하려는 회사에 최종 인터뷰(인사권자, 경영진, 대표이사)를 하러 가기 전에 헤드헌터와 최종 인터뷰를 위한 정보 교류와 기존 인터뷰 경험 등을 나누는 자리를 말한다.

사전 인터뷰라는 것이 반드시 정해진 절차나 과정은 아니지만 최종 인터뷰에 임하는 후보자에게는 상당히 많은 도움이 되는 과정이다. 이 부분은 사실상 헤드헌터의 열의와 성실함을 기반하여 진행되는 것이다. 의무적인 과정이 아니기에 헤드헌터 개인의 성향에 따라, 할 수도 안 할 수도 있는 과정이다. 최종 인터뷰를 예정에 둔 후보자는 반드시 헤드헌터에게 연락하여 사전 인터뷰의 기회를 가지길 바란다.

사전 인터뷰는 되도록이면 헤드헌터를 대면해서 인터뷰 정보를 받는 것이 좋지만, 서로의 상황이 여의치 않을 경우에는 유선상으로 반드시 시간을 보내는 것이 좋다. 적극적이고 전문성 있는 헤드헌터는 먼저 연락하여 사전 인터뷰를 제안하지만, 그렇지 않을 경우에는 후보자가 연락을 먼저 하여 적극적인 인터뷰 관련 질의를 통해 많은 정보를 얻어 내야 한다. 이 사전 인터뷰의 적극성과 열의로 헤드헌터의 전문성과 성의를 판단할 수 있다. 그리고 헤드헌터의 인터뷰 관련 정보는 최종 인터뷰를 임하는 심리적 안정에 상당히 도움이 많이 된다. 왜냐하면, 그 정보들은 사실과 경험에 기반한 정보임으로 오류가 적고, 인터뷰 정보를 알고 최종 인터뷰에 들어가므로 사전 답변 준비와 마음의 준비를 할 수 있기 때문이다.

'적을 알고 나를 알면 백전불퇴(白戰不退)'인 것이다. 만약 헤드헌터에게 최종 인터뷰 전에 사전 인터뷰를 요청했음에도, 적극적이지 않거나 정보가 빈약하다면 그 헤드헌터는 아마추어이거나 게으른 헤드헌터일 가능성이 높다. 인연을 만들어 갈 이유가 상당히 부족한 헤드헌터이며, 후보자의 역량과 경력에 빌붙는 해드헌터이니 과감히 버리는 것이 맞다.

필자가 경험하고 인연을 맺고 있는 헤드헌터는 사전 인터뷰에서 채용담당자의 성향은 물론 테이블 앉는 위치, 인터뷰 당일 갖추고 갈 양복의 색깔과 넥타이 색깔까지 코칭을 해 주었다. 채용담당자의 성향을 꿰뚫고 있는 헤드헌터인 것이다. 그리고 그 결과는 당연히 최종 합격의 기쁨으로 이어졌다. 최종 인터뷰 전에는 헤드헌터에게 사전 인터뷰를 요청하고 충분히 인터뷰에 대한 사전 정보들을 얻어 내야 한다.

Chapter 3.

결과에 연연하지 않아야 인터뷰를 잘할 수 있다

환승 이직은 일정 기간의 숙련된 업무 능력과 경력을 보유한 후보자들 간의 경쟁이다. 따라서 경쟁의 강도가 높다. 경쟁을 하는 후보자 간의 눈에 보이지 않는 경쟁은 물론이고 진행하는 헤드헌터 간의 경쟁도 치열하다. 헤드헌터와 한마음으로 이직을 준비하는 후보자는 정보의 습득과 사전 준비를 할 수 있는 여건이 된다. 환승 이직은 채용의 단계별 경쟁에도 집중을 하여야만 합격이라는 목적에 가까워질 수 있다.

최종 인터뷰에 이르게 되면 후보자 간의 경쟁이 상당히 추려진 상태이다. 보통 적게는 단독 후보에서 많게는 3~5명의 최종 후보를 선별하여 인터뷰를 진행하게 된다. 최초 서류 전형에 비해 그 경쟁률이 낮아 보이지만 최종 인터뷰에 오른 후보들은 강자 중의 강자들이 결집된 것이라서 경쟁의 강도는 그 어느 단계보다 높다. 이러다 보니 최종 인터뷰에서 지나치게 경쟁을 의식하게 되어 긴장감 속에서 인터뷰를 진행하는 후보자도 많다.

최종 인터뷰에 임하는 한 가지 팁(Tip)을 제시한다면, '결과에 연연하지 않는 자세로 인터뷰에 임하라'는 말을 꼭 해 주고 싶다. 이직을 위한 간절함이 녹아들면 지나친 열의를 나타낼 수 있다. 그리고 그 마음은 '반드시 합격해야겠다'는 결과를 머릿속에 그리게 되어 스스로 심리적 압박 상태를 만든다. 이런 상태로 최종 인터뷰에 임하는 후보는 스스로가 심리적 위축을 만들고 들어가기 때문에 자연스러운, 전문가적인, 프로다운 느낌을 잃게 될 가능성이 높다. 이러한 심리적 상태는 바로 채용담당자에게 보이게 되면서 일방적인 방향의 인터뷰로 흐를 가능이 높아진다.

이직을 위해 노력하여 최종 인터뷰 단계까지 가게 되면 웬만한 후보자가 아니라면 사실상 결과에 연연하기 쉽지 않다. 그럼에도 불구하고 합격 가능성을 높이기 위해서는 '결과에 연연하지 않는 평상심의 마음'을 찾는 후보자가 승리할 가능성이 높다. 이직은 한 번의 실패로 모든 것이 끝나는 것이 아니다. 언제나 진행형의 상태를 유지하는 것이 이직이다. '이 번이 아니면 안 된다.'는 생각은 절대 금물이다. '이 좋은 회사로 이직하는 기회를 놓치면 안 된다.'는 생각을 버려야 한다. 이직의 기회는 바닷가의 파도와 같은 것이다. 이번의 기회가 돌아가면, 다음 기회의 파도가 계속해서 몰려오는 구조이다. 성급하게 판단하고, 지나친 간절함은 후보자에게는 독이 되어 돌아오는 파도와 같은 것이다. 따라서 평정한 마음으로 담담하게 최종 면접에 임하는 자세는 매우 중요하다. 연연하지 않는 마음의 자세는 지나친 간절함을 빼고, 평소의 자신을 보여 주는 태도에서 시작된다.

Chapter 4.

인터뷰를 진행하는 채용담당자를 인터뷰하라

이직을 준비하는 후보자 정도의 경력과 역량을 갖춘 경우에는 사회 초년생이 하게 되는 인터뷰보다는 높은 수준을 유지해야 한다. 인터뷰의 수준을 높이는 방법 중에 하나가 인터뷰를 하러 간 후보자가 일정 시간과 부분에서는 채용담당자를 주도하여 인터뷰를 역으로 진행하는 커뮤니케이션 기술과 의욕을 보여야 한다. 신입 사원 인터뷰에서는 일방적인 방향의 인터뷰가 진행될 수밖에 없다. 그러나 환승 이직 인터뷰에서는 후보자가 회사에 대한 것들을 질의 형태로 인터뷰를 시도하는 것을 통해 후보자의 면면을 확인하는 것이다. 물론 인터뷰의 기본적 매너를 유지하면서 시도해야 함은 당연한 것이다.

채용담당자가 후보자의 여러 가지 역량과 인성을 알아보기 위해 질문하듯이 후보자도 채용담당자나 인터뷰 진행자에게 적절한 질문을 함으로써 회사와 포지션에 대한 궁금한 부분을 해소할 수 있는 것이다. 그리고 후보자가 회사 입사에 많은 관심을 가지고 있음을 넌지시 호소하는 분위기를 만들 수 있는 것이다. 인터뷰를 하면서 후보자가 적절한 시기에 적절한 질문을 하면 채용담당자와 인터뷰 진행자에게는 긍정적인 이미지를 남길 가능성이 더 높다. 필자도 이런 적극성과 의욕을 보여 주는 질문을 한 후보자에게 호감을 많이 느꼈고, 결과에도 당연히 긍정적 영향을 미쳤음을 부인할 수 없다. 그리고 필자가 이직을 진행했을 때도 사전에 질문할 내용들을 준비하여 관심과 입사 의지를 넌지시 전달하여 좋은 영향을 미쳤다.

Chapter 5.

인터뷰 전에 나의 경력 중 ‘아킬레스건’에 대한 답변을 준비하라

직장 생활을 하면서 경력을 쌓고, 역량을 발전시켜 가는 과정은 쉽지 않다. 그리고 계획한 대로 진행하기도 어려운 것이 사실이다. 어느 시점에 환승 이직을 결심하고 이력서와 경력기술서를 작성하다 보면 강점이나 장점만이 가득한 경력만이 있는 것은 아니다. 누구나 자신이 가진 강점에 비해 약해 보이는 경력이나 역량이 있다. 그리고 이런 단점이나 약점의 경력 사항은 최종 면접에서 간혹 당락에 큰 영향을 미치는 경우가 발생한다. 그 원인은 명확하게 답변하지 못하기 때문이다.

최종 면접을 준비하는 후보자는 자신의 경력 사항 중에 약점으로 보이는 것에 대해서는, 인터뷰 전에 사전 답변 내용을 정리하여 완벽히 답변할 준비를 한 후에 최종 인터뷰에 임해야 한다. 그리고 약점은 아닌 듯하였는데, 인터뷰를 하다 보면 질문의 방향에 따라 후보자를 당황케 하는 질문이 되는 경우가 있다.

예를 들면, 다른 후보자에 비해 많은 연구자료를 보유한 후보자에 대해 두 가지 관점에서 인터뷰를 진행할 수 있다. 첫 번째 관점은 긍정적인 방향의 질문으로, “자기 계발을 위해 노력을 많이 하셨군요. 자신만의 노하우가 있을까요?”라는 질문을 할 수 있다. 그러나 또 다른 관점에서 질문을 하면, “회사 생활이 많이 바빠서 시간이 없었을 텐데, 자기 계발에 지나치게 시간을 많이 할애한 건 아닌가요?"라는 부정적인 방향의 질문을 하는 경우이다. 이처럼 하나의 경력 사항을 놓고 두 가지 방향으로 다른 관점의 질문을 할 가능성이 있다. 따라서 후보자는 이러한 상황이 예상되는 질문에 대해서는 사전에 답변을 준비해 두는 노력과 태도를 견지해야 한다.

앞의 두 가지 관점의 질문 예는 필자가 직접 경험한 사례이다.

첫 번째 긍정적인 방향의 질문에 대해서는 "감사합니다. 자기 계발을 통해 직장 생활 만족은 물론, 얻은 역량을 직무에 반영하여 성과를 만들어 내는데도 활용할 수 있었습니다."라고 답변했다.

다른 부정적 방향의 질문을 받았을 때는, "예, 충분히 면접관께서 우려하실 수 있습니다. 하지만 저는 업무 시간에 영향을 주지 않는 퇴근 후 집에서 저녁 9시부터 12시까지 저만의 학습 시간을 꾸준히 유지하였습니다."와 같이 답변했다.

하나의 경력 사항에 대해 긍정적, 부정적 두 가지 관점의 질문을 받을 수 있지만 사전에 검토하여 답변을 준비하면, 두 가지 긍정적 답변을 할 수 있는 것이다.

Chapter 6.

이직 사유를 확인하는 인사적 목적

이직을 위한 인터뷰에서 필수 질문이자 당락에 보이지 않는 가장 큰 영향을 미치는 질문이 '이직 사유'이다. 인터뷰 질문 중에서 후보자들이 가장 신경을 많이 쓰는 질문이다. 그리고 질문의 답변이 가장 간결하면서 합리적 사유여야 할 필요가 있다.

경력 직원을 선발하는 인터뷰를 진행하면서 느끼게 되는 공통점이 이직 사유에 대해 장황하게 설명하려는 후보자들이 의외로 많았다는 것이다. 그 심리적 배경을 정확히는 알 수 없지만 필자가 인터뷰를 통해 느낀 것은 '이직 사유의 정당함을 지나치게 설득하고자 하는 심리 상태'가 있는 듯했다. 그만큼 후보자들이 이직 사유에 대해 심리적으로 부담을 느끼고 있다는 반증이 아닌가 생각한다. 그리고 이직 사유의 대표적인 유형으로는 '새로운 업무를 통해 자기 발전을 이루고 싶다.'는 내용이 가장 많았던 것으로 기억한다. 그다음으로도 긍정적 사유와 부정적 사유의 다양한 사유가 존재했다.

이직 사유는 후보자 본인이 결정하여 발생한 경우도 있지만 회사 사정 등으로 불가피하게 이직을 하게 되는 경우도 많다. 이처럼 이직 사유는 환승 이직을 위한 검증에서 가장 중요한 항목이 되는 것이다. 따라서 이직 사유에 대해서는 지나치게 솔직해서도 안 되며, 그렇다고 허위로 이직 사유를 가공해서도 안 된다. 회사, 직무, 가족과 관련된 자신만의 답변을 하는 것이 좋으며, 지나친 솔직함은 오히려 부메랑이 되어 자신에게 불리한 상황을 초래할 수 있음을 기억해야 한다.

이직 사유를 확인하는 첫 번째 목적은 또 다른 이직 없이 잘 정착할 것인지에 대해 확인하는 것이다. 이처럼 채용담당자는 이직 사유 확인을 통해 발생 가능한 모든 인사적 위험을 예방하고자 한다. 따라서 향후 이직 가능성이 낮다는 것을 어필하여야 한다. 그렇게 하기 위해서는 전·현직 회사 이직 원인을 명확히 설명하고, 그 원인으로 인해 이직을 하게 되는 연관성을 잘 설명하여야 한다. 그리고 지원하는 회사가 향후 후보자에게는 왜 적합한지에 대해 어필할 수 있어야 한다.

두 번째 목적은 전·현직 회사에서 마무리를 잘하였는지에 대해 확인하는 것이다. 전 직장에서의 근태 상황이나 마무리가 좋지 못한 후보자는 이직을 하더라도 동일한 태도로 업무에 임할 가능성이 높기 때문이다. 흔히 말하는 '안에서 새는 바가지 바깥에서도 샌다.'는 논리이다. 필자의 현업 경험을 반추해도 이 논리는 정확히 맞는다고 본다. 지나치게 많은 이직을 대수롭지 않게 생각하는 이직 후보자들도 상당히 많은 것이 사실이고, 그러한 후보자들의 공통된 특징이 전·현직 회사에서의 '끝마무리가 좋지 않았다.'는 것이다.

세 번째는 지원 회사에 대해 제대로 파악하고 이직 지원을 했는지를 확인하기 위함이다. 이직 사유 확인을 하는 과정에서 후보자가 회사에 대해 명확한 기준과 입사 사유를 가지고 지원했는가를 알 수 있다. 즉 전직 회사 도피성으로 지원한 것은 아닌지, 이직을 위한 회사로 제대로 알고 지원했는지에 대해 확인하는 것이다. 자기 계발, 자기 발전을 위해 이직하는 후보자와 전직 회사의 문제를 회피하기 위한 도피성 이직은 그 차원이 극명하게 다르다. 현실에서 불만이나 문제가 있어서 도피성의 이직을 진행하는 후보자는 단순한 문제와 충동적 문제로 인해 이직에 대한 구체적인 준비가 부족하다. 그리고 그러한 모습은 인터뷰 과정에서 드러나게 된다. 그 드러남의 가장 확실한 단계가 이직 사유를 확인하는 단계이다. 따라서 부득이하게 전직 회사의 부정적인 문제로 이직을 하게 된다면, 향후 동일 상황에 봉착하였을 경우의 극복 방법과 마음의 자세를 준비하여, 과거와 현재의 문제 상황에 대한 대응 방법과 마음가짐이 다름을 명확하게 전달하여야 한다.

네 번째 목적은 인사적인 위험을 예방하여 조직에 미치는 영향을 최소화하기 위함이다. 경력자 이직을 잘못했을 때 회사에 미치는 영향은 크다. 긍정적 영향도 크지만 부정적 영향의 파급 효과는 단 기간 내에 전 조직원에게 영향을 미친다. 따라서 채용담당자 입장에서는 이러한 리스크를 예방하기 위해서 이직 후보자 선별에 많은 노력을 더한다. 그 노력 중에 이직 사유를 명확히 확인하여 제대로 된 후보자를 선별하는 것은 물론이고 잘못된 선발을 통해 조직에 미칠 악영향을 사전에 예방하는 것이다.

Chapter 7.

이직 사유에 대한 이력서와 인터뷰 표현의 방법 차이를 알아야 한다

이직 사유에 대한 이력서 표현과 인터뷰 시의 표현 방법은 달라야 한다. 이력서의 경우는 이직 사유에 대해 최대한 간결하고 짧은 문장으로 표현하는 것이 좋다. 이력서상에서 이직 사유를 이해시키기 위해서 지나치게 장황하게 이직 사유를 설명하는 것은 지양해야 한다. 이력서가 장황하게 보일 수도 있으며, 이력서 검토 단계에서 장황한 이직 사유가 원인이 되어 불합격의 이력서로 전락할 수 있기 때문이다. 따라서 이력서상에 표현하는 이직 사유는 한 문장 이내로 간략하게 표현한다. 만약 이력서의 서류 전형 합격이 된다면 인터뷰에서 간략하게 명기된 이직 사유에 대해 충분히 설명할 수 있는 시간이 주어지기 때문이다. 그리고 이력서 검토 단계에서 지나친 오해를 불러올 수 있는 이직 사유를 상세하게 푸는 것은 좋지 않다.

인터뷰 시에 이직 사유에 대한 질문을 받았을 때는 결론부터 먼저 언급하고 그 사유 및 배경에 대해 설명을 하는 것이 좋다. 이때도 장황하게 설명하지 않도록 한다.

필자의 예를 들면, 이직 사유를 간략 언급하고, 이직 사유의 원인이 된 문제와 배경에 대해 설명하며, 해결을 위해 후보자가 노력한 점과 그럼에도 불구하고 이직을 하게 된 불가피한 상황을 설명하였다. 이력서의 경우는 내용을 기재하고 나서 수정하거나 검토할 시간적 여유가 있지만 인터뷰에서는 한 번 답변한 내용을 번복하거나 수정하기는 쉽지 않다. 그리고 수정하거나 번복하면 신뢰에 대한 의문을 받을 수 있다.

따라서 인터뷰를 위해서는 사전에 이직 사유에 대한 충분한 답변을 준비하는 것이 필요하다. 답변을 준비하지 않고 인터뷰에 순발력만으로 대답해서는 충분한 답변이 되지 못할 가능성이 있다. 이력서에 기재한 내용과 인터뷰에서의 답변이 일관성을 유지할 수 있도록 사전에 준비하고, 이직 사유에 대해서는 이력서상에는 간략하게 총론처럼 표현하고, 인터뷰에서는 각론처럼 세부적으로 이해할 수 있도록 준비해야 한다.

인터뷰에서 질문에 대한 충분한 준비를 후보자들은 당연히 하겠지만 이직 사유처럼 당락에 중요한 영향을 미칠 사항에 대해서는 사전에 답변에 대한 철저한 준비를 한 후에 임해야 한다.

Chapter 8.

이직 사유에 대한 인터뷰 질문 시 답변 포인트

환승 이직은 후보자에게 많은 노력을 요구한다. 그 노력 중에 가장 중요한 것이 성실한 답변의 태도와 '한순간의 잘못된 답변'에 대한 경계를 요구한다. 환승 이직은 헤드헌터의 제안으로부터 시작해서 서류 접수 및 전형, 인터뷰의 진행까지 많은 시간과 기다림을 요한다. 이 과정의 마지막 단계라 할 수 있는 인터뷰 단계에서 이직 사유를 잘못 표현하여 당락의 전환을 겪는 경우가 허다하다. 그리고 후보자가 생각하여 표현한 이직 사유가 의도와는 다르게 부정적인 영향을 끼치는 경우도 비일비재하다. 그럼으로 이직 사유에 대한 답변을 사전에 준비하는 태도가 필요한 것이다.

이직 사유에 대한 답변을 사전에 어떻게 잘 준비해야 하는지에 대해 알아보자.

첫 번째는 이직 사유는 간결하고 명확하게 정리하라는 것이다. 앞에서도 설명하였듯이 장황하면 후보자에게 좋지 않은 부메랑이 되어 돌아온다. 그리고 모호한 사유는 인터뷰에서 질문의 질문을 만들어 후보자에 대한 신뢰 형성에 부정적인 영향을 미친다.

두 번째는 이력서상에서 간략하게 명기한 이직 사유와 인터뷰에서의 상세한 이직 사유 표현의 일관성을 유지해야 한다. 이력서에서는 이직 사유에 대해 구체적이고 상세한 기술은 한정적이다. 따라서 인터뷰 중에 상세한 답변을 하게 된다. 이때 가장 중요한 핵심은 일관성 있는 설명이다. 이력서에는 '상사의 부당한 대우'라고 기술하였으나 막상 인터뷰에서는 '상사의 부당한 대우'에 대한 구체적이고 객관적인 상황을 설명하지 못하고, 후보자의 주관적인 생각이 원인이 된 것으로 설명하여서는 안 되는 것이다. 상사의 어떠한 부분이 구체적으로 부당하였으며, 그 부당함을 극복하기 위해 후보자가 노력하였음에도 지속된 부당한 대우를 극복하기 위한 해결의 개인적 방편으로 이직을 결정하게 되었다는 나름대로의 일관성 있는 이야기의 전개를 준비해야 한다. 인터뷰에서는 이력서상에 기재한 이직 사유에 대해 상당히 구체적으로 질문을 하기 때문에 인터뷰 전에는 이직 사유의 일관성 유지를 위한 사전 준비를 반드시 해야 한다.

세 번째는 이직 사유를 지원 동기와 연결하라는 것이다. 이직 사유는 후보자 입장에서는 지원 동기가 되는 것이다. 이직 사유가 원인이라면 그 원인에 대한 해결을 하기 위해 이직이라는 원인 해결의 방법을 결정하여 진행하는 것이다. 따라서 이직 사유와 지원 동기를 연결하여 시너지를 낼 수 있어야 한다. 하나의 예를 들면, 전·현직 회사에서 후보자가 '승진 기회의 불공정과 한계'라는 이직 사유에 봉착했다면, 그 문제를 후보자 혼자서 극복해 가는 것은 사실상 불가능한 시스템이다. 특히 회사의 인사 시스템이 학력이나 출신을 중시한다면 후보자 개인이 개선해 나갈 수는 없는 것이다. 이러한 구조직 문세점이 있는 회사에서 이직을 하려는 사유는 후보자에게는 지원 동기가 되는 것이다. 즉 '전직 회사의 학력과 출신을 중시하는 인사 시스템으로 많은 성과를 달성했음에도 불구하고 공정하지 못한 대우를 받았고, 이를 해결하기 위해 자기 계발에 전력하며 업무에 임했음에도 기회는 공정하지 않았다. 이에 공정한 기회가 제공되는 회사에서 성과로 기여하고 싶은 마음을 항상 유지하였다. 그리고 지금의 A사에 이직을 결심하게 되었다.'는 스토리 라인(story line)이 될 것이다.

네 번째는 부정적 이직 사유보다는 긍정적 이직 사유로 표현하라는 것이다. 모든 이직 사유를 긍정적으로 표현하라는 의미는 아니다. 긍정적 이직 사유로 표현하라는 내용의 핵심은 '전·현직 회사에서 발생한 부정적인 이직 사유를 적나라하게 고발성으로 표현하지 않는 것이 좋다'는 의미이다. 부정적인 이직 사유는 간단하게 표현한다. 인터뷰에서 구체적 원인에 대해 질문을 하더라도 객관적인 사실에 대해서는 답변을 하되 부정적 관점으로 구체적 사실을 파헤치는 것은 삼가는 것이 좋다. 사실을 축소하거나 은폐하라는 의미는 아니다. 고발하는 태도와 후보자의 개인적 감정이 이입된 상태로 이직 사유를 표현하는 것을 경계하라는 것이다. 후보자 입장에서는 객관적인 사실에 입각한 이직 사유를 말하는 것처럼 보이겠지만, 인터뷰를 진행하는 채용담당자 입장에서는 '고발하는 소리 지름'으로 받아들일 가능성이 매우 높다. 그리고 이 과정에서 보이는 후보자의 감정적 태도와 전·현직 회사를 대하는 태도는 종국에는 후보자에게 부정적 낙인을 찍는 역효과가 발생할 수 있다. 부정적 이직 사유에 대해서는 전체를 100%로 놓고 보았을 때, 30% 정도는 원인과 문제점에 대해 표현하고, 그러한 문제점을 해소하기 위한 후보자 개인의 노력을 30% 표현하고, 40%는 이직하려는 회사에 대한 지원 동기 형성과 향후 포부에 대한 부분을 표현하는 것을 권한다.

이직 사유 설명에서 원인과 문제점을 부각시키기보다는 극복을 위한 노력과 지원 동기로 전환된 이직하려는 회사에서의 동기 부여에 집중하여 표현하는 것이 좋다.

Part 8.

연봉과 직급,
직책, 처우 협상은
현실에 기반해라

Chapter 1.

돈인가, 감투인가?

인간의 욕심은 끝이 없다고 한다. 환승 이직을 하는 중요한 목적 중에 하나는 '돈이라는 연봉과 감투라는 직급, 직책의 상승'일 것이다. 다양한 이직 사유가 있겠지만 가장 중요하면서도 구체적으로 언급하는 것을 터부시하는 부분이 연봉 인상과 직급, 직책의 상승이다. 솔직히 말한다면 이 두 가지가 가장 중요한 이직 사유일지도 모른다.

종합적으로 표현하면 신분 상승이다. 혹자는 이를 자기 발전이라는 애매모호한 표현으로 둔갑시켜 표현하지만 있는 그대로를 표현하면 이직을 통해 신분 상승을 하려는 의도가 더 많음을 부인하지는 못한다. 필자는 이러한 이직을 통해 신분 상승을 모색하는 것에 대해 적극적으로 지원하는 마음 자세이다. 이것 또한 사회생활에서 경쟁의 한 형태이며 치열한 삶의 모습인 것이다.

이직을 하면서 목적 달성에 있어서 돈이라는 연봉과 신분이라는 직책이나 직급을 동시에 만족할 만한 수준으로 보장받으면 제일 좋은 이직의 모습이 될 것이다. 그러나 이직의 형태를 보면 모든 조건을 충족하면서 이직을 진행하는 경우가 그리 많지 않은 것도 현실이다. 만약 돈(연봉)과 신분(직급, 직책) 중에 하나를 선택해야 하는 상황이 발생한다면 어떠한 것을 선택해야 할까? 그 결정은 가치 판단의 문제이고 후보자의 상황 판단의 문제라고 본다. 즉 후보자의 가치와 상황에 따라 결정되는 것이다. 그러나 일반적이면서 보편 타당한 선택의 기준을 제시하라면, 필자는 돈이라는 연봉보다는 직급, 직책의 신분 상승을 먼저 선택하라고 말해 주고 싶다.

그 이유는 '선택 당시에는 밥이 덜 채워진 밥그릇이라도 큰 밥그릇을 선택하면, 일정 시간이 지난 후에는 큰 밥그릇에 밥이 가득 채워진다.'는 것이다. 즉, 동일한 양의 밥이 채워진 그릇이라도 그 크기가 다를 수 있다는 것이다. 그리고 그릇의 크기가 큰 것을 선택하는 것이다. 동일한 양의 밥이 채워졌지만 큰 밥그릇의 밥이 더 작아 보일 수 있다. 하지만 지금은 설사 밥의 양이 상대적으로 적어 보일 수 있지만, 성과를 발생하면 큰 밥그릇에 밥을 가득 채울 가능성이 훨씬 높다. 그리고 그 밥의 양은 절대적으로 작은 밥그릇에 가득 채워진 것보다는 많을 것이다. 또한 큰 밥그릇에는 지속적으로 밥을 채우면 더 많은 양의 밥이 채워져서 큰 밥그릇만큼의 대우를 받게 되는 것이다.

현실적인 답변으로, 연봉과 신분(직급, 직책)을 선택해야 하는 상황이라면 초기의 연봉 조건보다는 직급과 직책의 감투와 자리를 선택하는 것이 장기적 관점에서 후보자에게 유리한 선택일 가능성이 높다.

물론 모든 상황에 공통적으로 적용되는 것은 아니다. 일반론적 직장이라는 조직 역학 관점에서 본다면, 동일 연봉 조건이거나 연봉에 큰 차이가 없는 경우에는, 감투가 되는 직급과 직책을 높게 제시하는 조건으로 이직을 결정하는 것이다. 직급과 직책에 집중하여 일정 수준의 성과를 발생하면 연봉이라는 금전의 채움은 감투와 밥그릇의 크기에 어울리게 채워진다. 그리고 연봉이 높아진 조건으로 재이직을 할 때는 채용 회사에 부담 조건으로 작용할 수 있지만, 직급과 직책은 재이직 시에 '당연 승계 사항'으로 인식되어 그 직급과 직책의 연장 선상에서 결정하려 한다는 것이다. 그러나 연봉이 높은 경우는 채용을 주저하거나 연봉 인하 협상의 대상이 될 가능성이 높아진다. 물론 천편일률적으로 적용할 수 있는 것은 아니다.

필자의 경험으로 미루어 볼 때, 연봉이 15% 이상 차이가 나지 않는다면 직급과 직책을 높게 제시하는 조건을 선택하는 것이 좋다. 이 상황은 고위 직급에 해당하는 이직의 경우가 유리하며, 낮은 직급의 이직의 경우에는 불리할 수 있다. 팀장급이나 조직의 리더가 아니라면 연봉을 높게 제시하는 조건이 유리한 경우도 있다. 보통 과장급 미만의 이직에서는 직급, 직책보다는 연봉과 근무 조건이 우선시되는 선택이 유리할 수도 있는 것이다.

Chapter 2.

직급인가, 직책인가?

돈과 신분(직급, 직책)에 대한 선택을 완료하였다면 다음으로는 신분 상승 중에서 직급과 직책의 세부적인 선택에 대해서도 고민해야 한다. 흔히 주니어급 이직 후보자들은 직급과 직책에 대한 명확한 개념 정립과 그 차이점을 인식하지 못하는 경우가 많다. 대다수의 이직 준비 후보자들은 연봉 상승에는 많은 관심을 가지고 있지만 신분 상승인 직급과 직책의 구체적 기준이나 개념 정립이 미흡한 것이 현실이다.

이직을 결정할 때 직급 상승과 직책 상승 중에 선택을 해야 하는 상황에서는 어떤 것을 선택할 것인가의 문제에 봉착할 수 있다. 이것 또한 후보자의 가치 판단과 상황 판단의 문제이다. 일반적인 기준을 제시하는 것은 무리가 있지만 필자의 경험을 바탕으로 기준을 제시한다면, '직책보다는 직급 상승을 우선하라.'는 것이다. 그 이유는 직책 상승은 변동 가능성이 높고 단계적 발전 가능성이 명확하지 못하다. 이 뜻은 직책이라는 것은 조직의 사업적 목표에 따라 변동될 가능성이 높음을 의미한다. 그리고 일정 기간 수행 후 없어질 수 있는 위치인 것이다. 그러나 직급은 회사의 조직원으로서 직원에 대한 처우의 기준이 된다. 처우의 기준이 된다는 의미는 급여 산정과 승진, 승급의 기준으로 작용하는 것이다.

대부분의 회사가 대우(처우)에 대한 결정은 직급을 기준으로 하여 진행한다. 그러나 직책이라는 기준을 가지고 대우와 처우를 일반적으로 결정하는 회사는 많지 않다. 물론 직책수당이 주어지는 경우도 있지만 그 직급도 직책이 없어지면 함께 사라지는 것이다. 하지만 직급은 직책과는 개념이 다르다. 직책이 없어 지더라도 직급은 그 회사 내에서 존재한다. 예를 들면, 직급이 부장이고, 직책이 영업부장인 경우이다. 부장이라는 직급은 회사 인사 규정상에 문제가 되어 징계를 받지 않는 이상 없어지거나 하향 조정되지 않는다. 그러나 직책이라는 영업부장은 없어질 수도 있는 것이고, 다른 부서의 직책으로 변경될 가능성도 높은 것이다. 따라서 이직을 결정하는 초기에는 직책보다는 직급에 무게를 두고 선택하는 것이 후보자에게 유리하다.

이직 시에 '직급은 부장, 직책은 영업파트장' 조건과 '직급은 차장 직책은 영업팀장'을 제안하는 두 개의 회사가 있다면 어느 것을 선택해야 장기적 관점에서 후보자에게 유리한가의 문제이다. 이 조건에서 보아야 할 것은 직급에 따른 연봉 등의 처우와 직책의 발전성, 만약의 경우 재이직 시에 승계되는 기준으로 유리한 것이 무엇이 될 것인가이다.

필자라면 높은 직급을 제시하는 회사의 제안을 먼저 비교해 볼 것이다. 그리고 그 차이를 계산해야 한다. 그리고 이직 시장에서는 직책보다는 직급이 우선되는 경우가 더 많다. 또한 직급의 높이에 따라 대우하는 밥그릇의 크기도 달라진다.

Chapter 3.

연봉 협상 전, 연봉의 구성 항목을 알아야 한다

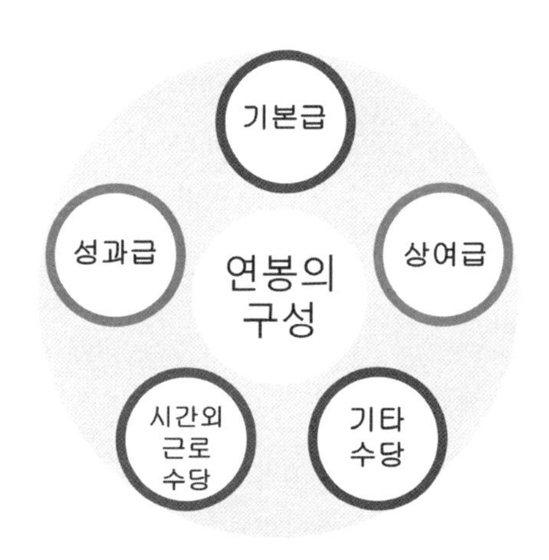

연봉의 구성 항목을 제대로 알아야 연봉 협상을 잘할 수 있다. 연봉이란 근로계약을 체결한 후 근로의 대가로 매년 1월 1일부터 12월 31일까지 1년간 지급받는 기본 연봉과 성과 연봉의 총합산 금액을 말한다. 그리고 연봉제라는 것은 1년을 단위로 하여 능력과 실적(성과)을 기준으로 하여 임금을 결정하는 형태이다. 연봉은 임금 산정 기간을 1년 동안 지급하기로 약정한 고정급이다. 따라서 평균 임금은 물론이고 통상 임금에도 포함된다. 그리고 급여, 식대, 통신비, 교통비, 법정 수당 등이 근로의 대가로 지급되는 것으로서 임금에 해당하므로 연봉액에 포함된다. 이 외에도 퇴직금이 적립 형식으로 지급되는 것이면 연봉액에 포함시킬 수 있으며, 4대 보험료 중 근로자 본인부담분은 임금이므로 연봉에 포함된다.

연봉의 기본 구성 항목은 기본 연봉, 상여금, 성과급, 시간 외 근로 수당(연장/야간/휴일 수당, 특근 수당), 기타 수당으로 구성된다.

첫 번째로 기본 연봉은 연봉계약서상에 명시된 연봉으로 기본급과 직무급을 더한 합계의 연간 금액이다. 직급에 따른 보수의 성격이 크다. 직무 특성과 역량 등에 대한 평가 결과가 반영된다. 그리고 계약 개인의 경력, 직급 또는 직무의 난이도 및 책임의 정도를 반영하여 차등 지급된다. 기본 연봉은 성과와 직접 연결되지 않은 고정적인 구성 항목의 성격이다.

두 번째는 상여금이다. 상여금은 연봉에 포함된 금액이며, 인센티브와 같은 보너스 개념의 성과급과는 구분해야 한다. 상여금은 정기적으로 지급되는 급여 이외 일정한 시기나 조건 등에 따라 지급하는 금액이다. 일시적으로 지급된다는 점이 급여와 구별되는 가장 큰 특징이라고 할 수 있다. 상여금이 지급되는 경우에는 근로기준법상의 임금으로 지급되기 때문에 예외를 제외하고는 임금에 관한 규정이 적용된다. 상여금도 근로기준법상 임금으로 분류됨으로 급여와 동일하게 4대 보험료, 소득세, 지방세를 공제하고 지급된다. 지급 해당월에 세금을 징수하지 않고 지급받는 경우가 있어도, 해당 년도 연말정산에 신고하는 방식으로 세금을 부과한다. 상여금은 연봉에 추가적으로 보너스 금액이 지급되는 것이 아니라, 총연봉에서 나누어 지급하는 방식이다.

예를 들면, 연봉 5,000만 원에 상여금 600%로 계약한 경우는 정해진 연봉 외에 추가적으로 600%가 지급한다는 의미가 아니다. 연봉 5,000만 원을 18개로 나누어서 준다는 의미이다. 즉 상여금은 '연봉을 몇 번으로 나누어 지급하는가.'의 문제이다. 상여가 600%라고 하면, 1년 12달의 기본 월급여 12회에 6회를 더한 18회로 나누어서 급여를 지급하는 것이다. 이때 18회로 나누어진 급여 금액 하나를 100%로 보는 것이다. 상여금은 기본급과 적절히 조합되어 지급된다.

세 번째는 성과급이다. 성과급은 가변성이 있어 연봉에 포함되지 않는 추가 소득이다. 연봉에 성과급을 포함하여 계산을 하는 후보자들이 있는데, 성과급은 연봉에서 별도 항목으로 표시해야 한다. 성과급의 지급 유무는 성과와 회사의 상황에 따라 가변적이기 때문에 연봉 총액 표시를 할 때는 성과급 포함 여부를 반드시 표시하여야 한다.

네 번째는 시간 외 근로수당이다. 시간 외 근로수당은 연장, 야간, 휴일 근무에 따른 수당이며, 통상 시급에 1.5배를 가산하여 지급한다. 이 항목도 연봉 협상에 포함하여 제시한다.

다섯 번째는 기타 수당이다. 기타 수당이란 통상적 수당에 포함되지 않는 고정적 수당을 의미한다. 직책, 가족, 정근, 통근, 주택, 결혼, 월동, 급식 수당 등으로 지급되는 금액 및 현물급여를 의미한다. 이 기타 수당도 연봉 산정에 포함하여 연본 협상의 기준으로 제시한다.

Chapter 4.

연봉 올리는 협상 기술

연봉 협상을 진행하는 단계에 이르게 되면 이직의 9부 능선을 넘은 것이나 다름없다. 마지막 '화룡점정(畵龍點睛)'의 기술이 필요한 시기이다.

환승 이직의 연봉 협상에 임하는 기술적 방법은 각 후보자의 직종, 직무, 경력, 역량, 전·현 직장 처우 수준, 채용 회사의 수준 등에 따라 다양하게 나타날 수 있다. 따라서 이 책에서는 각 상황별 협상에 대응하는 모든 경우의 협상 기술에 대해서는 다루지 않고, 필수적으로 갖추어야 할 핵심 협상 기술 중심으로 살펴본다.

첫 번째 핵심 협상 기술은 이직이 완료되어 채용 회사로부터 입사 승인의 의사 표시가 있기 전까지는 절대로 현직 회사에서의 신분을 유지해야 하며, 이직에 대한 보안을 철저히 지켜져야 연봉 협상을 안정적으로 진행할 수 있다. 이 사항은 핵심 기술이기보다는 협상의 안정적, 우월적 위치 마련을 위한 환경 조성이라 할 수 있다. 현 직장의 신분이 유지되지 않은 상태에서는 이직이 아니며 구직이 되는 것이라는 설명은 앞 장에서 했다. 연봉 협상을 위한 대등하거나 우월적 위치를 확보하지 못하면 제아무리 뛰어난 달변 능력을 가진 후보자라도 원하는 만큼의 협상을 이끌어 갈 수 없다. 최소한 갑 대 갑의 위치는 유지해야 하며, 연봉 협상이 결렬되었을 때의 탈출구를 현 직장에 두는 안정적인 교두보 확보가 필요하다.

두 번째는 실질적인 협상의 기술을 적용하는 단계로, 연봉의 최고 상한과 최저 하한을 미리 산정해 두고 협상에 임하는 것이다. 당연한 기술이지만 의외로 많은 후보자들이 신경을 쓰지 못해서 채용 회사의 제안에 휘둘리는 상황을 맞는 경우가 많다. 후보자가 기존 연봉과 연봉 상승의 폭, 업무성과, 경력, 역량 등을 고려하여 연봉의 기준을 제시해야 한다. 채용 회사에서도 이러한 요구 제시에 대해 후보자의 현재 처우 조건과 해당 직무의 급여 수준, 내부 직원과의 형평성 등을 종합적으로 판단하여 연봉을 제시하게 된다.

이때 양측의 요구와 제시 조건이 일정 수준에서 합의점을 찾는 것이 가장 좋지만 그렇지 못할 때에 문제가 발생하는 것이다. 이직 제안에 대한 사전 연봉 조건을 제시하고 후보자가 그 내용을 받아들인 상태에서는 굳이 연봉 협상이라는 과정을 가질 필요는 없지만 대부분의 경우 양측의 제시 조건이 일치하는 경우는 드물다. 그리고 연봉 협상은 이러한 불일치점에서 일치점을 찾기 위해 진행되는 것이다. 이때 후보자는 객관적인 기준과 명확한 산정 기준을 가지고 협상에 임해야 한다. 그리고 산정된 계산의 결과치를 가지고 수용할 수 있는 최저 기준 금액과 주장하고 싶은 최고 금액을 명확히 가지고 있어야 한다. 그래야만 채용 회사의 '연봉 휘둘러 치기 작전'에 휘말리지 않는다. 통상적으로 환승 이직에서는 현재 후보자의 연봉 수준을 최저 금액으로 하고, 최대 금액의 산정 범위는 현재 연봉 수준의 20~30% 수준을 제시한다. 그리고 이러한 제시에는 타당한 산출 근거가 있어야 한다. 타당한 산출 근거로 주로 활용되는 것은 성과 기여 가능성, 조직 발전 가능성, 기존 역량 발휘 결과, 타 채용 회사에서의 제안, 기술적 특허, 인적 네트워크 등이 된다. 이러한 사항들을 감안하여 산정된 요구 연봉이 '희망 연봉'이 되는 것이다.

세 번째는 조급하게 서둘지 말라는 것이다. 어떤 협상에서도 '조급함'은 협상 실패의 가장 큰 원인이 된다. 조급하지 않기 위해서는 첫째로 현재의 신분을 유지하라는 첫 번째 핵심 협상 기술을 유지해야 한다. 그리고 이직 준비를 복수 이상의 회사로 진행하여 대안 회사를 만들어 가는 것이다. '꼭 이 회사로 이직을 해야 한다.'는 조급함과 간절함을 채용담당자에게 보여서는 안 된다. 물론 인터뷰 단계에서는 간절함을 보여야 한다. 인터뷰 때 보이는 간절함과 연봉 협상 시에 보이는 간절함은 그 차원이 다른 것이며, 결과 또한 다른 것이다.

네 번째는 현재 받고 있는 수준 이하로 연봉을 제시하지 않는 것이다. 최소한 동일 조건을 요구해야 한다. 다른 제반 조건을 살펴봐야 하겠지만 연봉 협상에서는 현재 받고 있는 수준을 '당연한 수준'으로 인식하게끔 접근해야 한다.

다섯 번째는 먼저 희망 연봉 금액을 제시하지 않는 것이다. 물론 연봉 조건에 대해 질문을 할 수는 있다. 연봉 조건이 어느 정도 수준인지 질의하는 것과 후보자가 받고 싶은 연봉 금액을 먼저 제시하는 것은 차원이 다른 문제이다.

'가격 홍정의 법칙'에서는 '가격을 먼저 제시하는 쪽이 낮은 가격을 받을 확률이 높아진다.' 가격과 제시 조건의 측정이 가능해지기 때문에 상대방의 범위에 갇히게 되는 것이다. 금액에 대한 숫자는 상대방의 입에서 먼저 나오도록 하는 것이 유리하다. 채용담당자는 희망 연봉에 대해 먼저 물어볼 것인데, 이때는 먼저 금액을 이야기하지 말고 해당 포지션에 대해 채용 회사가 생각하고 있는 연봉의 수준과 내부 기준이 어느 정도인지에 대해 반문하는 기법을 사용하는 것이 좋다. 그런 후에 후보자가 생각하고 있는 연봉 수준의 정확한 금액을 제시하라.

희망 연봉을 먼저 제시하는 쪽은 후보자인 상황이 많다. 연봉 협상장에서 원하는 연봉의 수심 체크를 먼저 하는 것은 회사일 경우가 대부분이다. 즉, '원하는 희망 연봉이 얼마나 되는지'를 직접적으로 질문하여 압박 협상을 초기부터 진행하는 것이다. 그리고 좀 더 강경한 협상을 진행하는 회사는 "우리 회사 연봉 수준은 아시죠?"라며 초반부터 수용해야 하는 기준점을 제시하는 협상 기법을 자주 쓴다. 이런 경우에는 아무런 변화 없이 반대로 질문을 하는 기법으로 되치기 해야 한다. 즉, '해당 포지션의 현재 또는 전임자 연봉 수준은 얼마였는지', '동일 포지션에 최대로 지급할 수 있는 연봉의 최고액은 얼마인지' 등을 되치기 질문하는 것이다. 그러면 "우리 회사가 후보자에게 제시하는 연봉은 0000만 원입니다."라고 연봉의 기준점을 제시할 것이다.

지원자의 희망 연봉을 먼저 물어보고 협상하는 경우에는 협상장에서 협상의 우선권을 쥐고 있는 회사에서 후보자의 희망 연봉, 즉 카드를 먼저 알아보는 경우에는 회사가 일정 수준 연봉 지급의 여유를 가지고 있을 가능성이 높다. 따라서 이 경우에는 후보자가 원하는 최고 금액의 연봉을 제시하여 연봉 협상의 금액 범위를 높여 놓아야 한다. 이 경우 지극히 지나치지 않다면 협상을 통해 조정을 하려고 회사는 임하게 될 가능성이 높다. 그리고 설사 1차 협상이 결렬되었더라도 하향 조정할 여유를 남겨 놓았으므로 후보자가 연봉 협상을 이끌고 갈 가능성이 더욱 높아진다.

다음으로 회사 측에서 지급할 수 있는 연봉 기준점을 먼저 제시하는 경우에는, 우선적으로 확인해야 할 것이 연봉 협상의 최저 금액 범위에 들어오는 것인지를 확인해야 한다. 만약 최저 금액 범위 내에 들어온다면 한 번 더 희망 연봉 금액을 제시하고, 그 후 회사의 반응에 따라 협상을 진행하고, 최악의 경우는 최저 금액 범위 내에서 수용하면 된다. 만약 회사에서 제시하는 연봉 금액이 최저 금액의 기준에 미치지 못한다면, 연봉 협상을 결렬할 마음 가짐으로 후보자가 최종 수용할 수 있는 최종 조정 금액을 단호하게 제시한 후에 협상에 임해야 한다. 이직을 하면서 현 직장에서 받는 연봉 조건이나 본인이 생각한 최저 금액에 미치지 못하는 연봉 협상은 단호하게 대처해야 협상 성공 가능성이 더욱 높아진다. 물론 현 직장에서의 업무 만족도가 떨어져서 좋은 근무 환경, 장기 근속 가능한 회사로의 이직을 희망하며 연봉 수준을 낮추는 후보자들도 있을 것이다. 그러나 이 장에서는 극히 일부의 사례로 보고 논외로 한다.

여섯 번째는 후보자의 가치를 연봉으로 환산하는 연습을 자주 하고, 가치 환산을 연봉으로 산정하는 것에 익숙해져야 한다. 직장 생활을 하는 이유에는 여러 가지가 있지만 가장 중요한 것이 경제적 재원의 조달이라는 목적이 있다. 그것이 충족되지 않는다면 사실상 '자연인 생활'과 다를 것이 없는 것이다. 자연인 생활에도 최소한 숨만 쉬어도 소요되는 비용은 있는 것이다. 그럼으로 후보자 자신의 가치를 산정하는 연습을 자주 하고, 현재의 연봉 조건과 대우를 바탕으로 성과와 역량, 경력을 산정하여 자신의 희망 가치, 즉 희망 연봉을 산정하는 것을 즐겨야 한다. '프로는 자신의 가치를 숫자로 제시한다.'는 것을 명심하실 바란다. 더 많은 연봉 상승의 금액을 요구할 마음이 있는지 없는지가 연봉 협상의 결과에 큰 차이를 만든다.

일곱 번째로는 연봉 협상을 위한 다양한 정보를 준비하는 것이다. 모든 협상의 핵심은 '정보'이다. 협상을 위한 정보를 얼마나 확보하고 있느냐는 전쟁에서 쓸 수 있는 무기의 양을 확보하는 것과 같다. 그러므로 연봉과 관련한 다양한 정보를 먼저 습득하여 참고해서 활용해야 한다. 동일 직군, 경력 수준, 경쟁 업체 수준, 채용 회사의 평균 연봉 및 처우 수준, 급여 체계, 승진·승급 체계, 제반 복지 수준 등에 대해 다양한 채널을 통해 습득하고 산정하는 태도가 필요하다.

여덟 번째는 증거가 되는 자료를 미리 만들어 두어야 한다. 증거자료는 연봉을 확인해 주는 회사 자료부터 성과를 만든 결과 나타난 성과자료를 형식지화하는 습관을 들여야 한다. 연봉 협상에서 가장 확실한 총알은 근거 자료이기 때문이다.

아홉 번째는 좋은 평판을 형성해 두는 것이다. 이 부분은 평판 형성을 하는 방법을 통해 연봉 협상을 위한 좋은 테이블을 만드는 것이다. 장기적인 노력이 필요하지만 좋은 평판은 연봉을 상승시킬 수 있는 항목으로 활용할 수 있다. 후보자에게 우호적인 평판을 해 줄 수 있는 환경 구축과 사람들의 추천을 받을 수 있는 좋은 인간관계는 연봉 협상에 영향을 미칠 수 있는 중요한 요소가 된다.

열 번째는 '유비무환(有備無患)'하는 것이다. 유비무환이라는 의미는 '똑똑한 토끼는 생존을 위해 세 개의 굴을 판다.'는 '교토삼혈(狡兎三穴)'의 한자 성어와 같다. 즉 이직을 위해서는 하나의 채용 회사에만 몰입하여 진행하지 않는 것이다. 대안이 될 수 있는 복수의 이직 회사를 상대로 이직을 진행하여 협상력을 높이는 것이다. 물론 이 방법을 모든 후보자가 이용할 수 있는 것은 아니지만, 구축이 가능하다면 한결 우월한 위치에서 연봉 협상을 진행할 수 있는 실이익이 있는 기술이다.

열한 번째는 현직에서 최선을 다해 몸값을 올려야 한다. 가장 확실한 연봉 협상의 기준은 전직 또는 현 직장에서의 연봉 대우이다. 뭐니 뭐니 해도 현 직장에서 자신의 몸값을 올릴 수 있도록 최선을 다해야 한다. 현실을 도피하기 위해 이직을 하는 것이 아니라 현실에서 제대로 대우받지 못해서 이직을 결심하는 경우여야 한다. 이직을 통해 연봉을 올리고 싶은 것이 아니라 현실에서 제대로 된 연봉 상승을 못했기에 이직을 하고 싶은 것이다. 원인도 후보자의 몫이고, 부실한 진행도 후보자의 몫이고, 불만족하는 결과도 후보자의 몫이다. 따라서 이직을 통한 연봉 협상의 상승 목적을 이루고 싶다면, 그 기반이 되는 현 직장에서 업무 집중도, 성과 창출, 기술 계발, 전문성 확보 등을 만들어 가야 한다. 하루아침에 창조하듯이 만들어지는 연봉 상승의 방법은 현실적으로 존재하지 않는다.

열 두 번째는 '트라이앵글 관점의 비교 판단력을 키우는 것'이다. 트라이앵글은 삼각형 구도이다. 환승 이직을 위한 연봉 협상에서 이 삼각형 구도의 비교 판단 기술은 중요하다. 즉 현재 후보자의 연봉 수준, 이직하고자 하는 회사의 연봉 수준, 동종 업계의 연봉 수준을 서로 비교 분석하여 삼각형의 꼭지점이 만나는 지점의 금액을 찾는 것이다. 말처럼 쉽지는 않지만 채용 회사와 후보자, 동종 업계의 수준이 어느 정도 일치하는 수준을 찾는 것이 가장 합리적이고 상호 수용하기 타당한 지점이 되는 것이다. 결론적으로 연봉 협상은 일방적인 주장은 있을 수 없다는 것이다. 합리적인 선을 고민해서 협상을 미무리해야 하는 것이고, 그 기준이 되는 것이 위의 '트라이앵글 관점의 비교 판단력을 키우는 것'이다.

열 세 번째는 구체적인 기준 제시가 어렵다면 통상적인 범위 내에서 협상하는 것이 좋다. 예를 들어, 채용 회사에서 희망 연봉을 물어볼 경우에 현재 받고 있는 연봉 수준의 15~20% 정도 높여서 제시하는 것이다. 이렇게 하면 채용 회사는 통상적으로 10% 선에서 합의를 진행하려 한다. 구체적인 기준 금액을 제시하기 힘들 때는 통상적인 수준을 수용하는 것도 방법이다.

열 네 번째는 채용 회사에서 수용해 줄 수 있는 대안을 제시하는 것이다. 채용 회사에서 제시한 연봉보다 더 많은 연봉을 주장할 때는 대안이 될 만한 내용을 가지고 주장하는 것이다. 예를 들면, 채용 회사에서 납득할 수 있는 이유를 제시하는 것이다. '다른 회사에 합격을 해서 좋은 조건의 연봉 제안을 받았다.', '승진을 예정하고 있어 연봉이 상승될 예정이다.' 등의 논리적 대안을 활용하는 것이다.

마지막 열다섯 번째로는 감정적인 연봉 협상은 하지 않는 것이다. 어떠한 경우에도 감정적인 대응을 해서는 안 된다. 예를 들어, '예상보다 너무 적으니 올려 달라.', '이직을 하면서 이 정도는 올려야 받아야 하는 것 아니냐.', '다른 회사는 이 정도는 해 주는데….' 등의 태도로 협상을 해서는 채용 회사 입장에서는 납득하기 어려울 것이다. 이 경우 연봉 협상의 결렬뿐만 아니라 이직 자체가 위험해질 수도 있는 것이다. 구두상으로 협상이든 서면(메일, 문자, SNS)상 협상을 하든지 간에 협상에 임하는 태도와 말의 어조, 뜻의 전달 방식에 감정적 대응은 결코 있어서는 안 된다.

Chapter 5.

이직을 통한 연봉과 직급 상승의 가능성

조직에서 후보자에 대한 저평가와 불공정한 대우를 경험한 경우에는 이직에 대한 고민을 하게 된다. 누구나 경험할 수 있는 상황은 아니더라도 실제로 경험을 하게 되는 후보자에게는 그 어느 상황보다 극복하기 쉽지 않은 것이다. 필자도 첫 직장에서 승진에 대해 불공정한 대우를 받으면서 이직을 결심하게 되었다. 누구에게나 발생 가능한 상황이기에 이직에 대한 가능성을 배제한 직장 생활은 선택지를 차단하는 것과 같다.

필자의 경험을 미루어 볼 때 이직을 통한 직급과 연봉 상승은 충분히 가능했다. 그리고 세 번의 이직을 통해 직급은 부장에서 전무까지 진행하였다. 아울러 연봉은 기간별 물가 상승을 감안하더라도 3배 정도의 연봉 인상이 가능했다. 물론 각자의 역량과 기회에 따라 달라지겠지만 직급과 연봉이라는 상승의 기회를 가질 수 있는 방법으로 이직이 하나의 길이 되었음은 부인할 수 없다.

이직을 고민하는 직장인들이 적지 않은 것도 현실이다. 마음 한 편에는 이직에 대한 마음을 숨긴 채로 현실의 직장에서 업무를 진행하고 있는 직장인과 후보자들이 적지 않다는 것이다.

필자가 10여 년의 환승 이직을 통해 현실적으로 경험한 직급 상승과 그에 따른 연봉의 상승은 불가능한 것이 아니다. 그러기 위해서는 경력과 역량, 기회라는 것이 중요하게 작용한다. 그럼에도 경력과 역량을 겸비한 후보자라면 충분히 이직을 통해 직급 상승과 연봉 상승이 가능할 것이다. 지금의 시대는 이직에 대해 열린 마음으로 대해야 하는 시기라고 생각한다.

많은 수의 회사가 전문성을 겸비한 경력 직원을 선호하는 추세임에는 분명하다. 다른 회사의 전문성과 역량을 겸비한 직원을 뽑고 싶으면서, 우리 회사 직원이 환승 이직을 하는 것에 대해서는 색안경을 끼고 바라보는 태도를 버려야 한다. 좋은 인재, 전문성을 겸비한 경력 인재를 발굴하고 채용하기 위해서는 회사들도 무한 경쟁을 해야 하는 시기이다.

Chapter 6.

원하는 만큼 연봉 인상 가능할까?

환승 이직을 통한 직급 상승과 연봉 상승이 가능한지에 대한 잡플래닛의 조사 결과가 있다. '연봉과 직급 상승을 하기 위한 수단으로 이직이 좋은 선택지가 될 수 있는지'에 대해 헤드헌터를 대상으로 설문조사를 실시하였다.

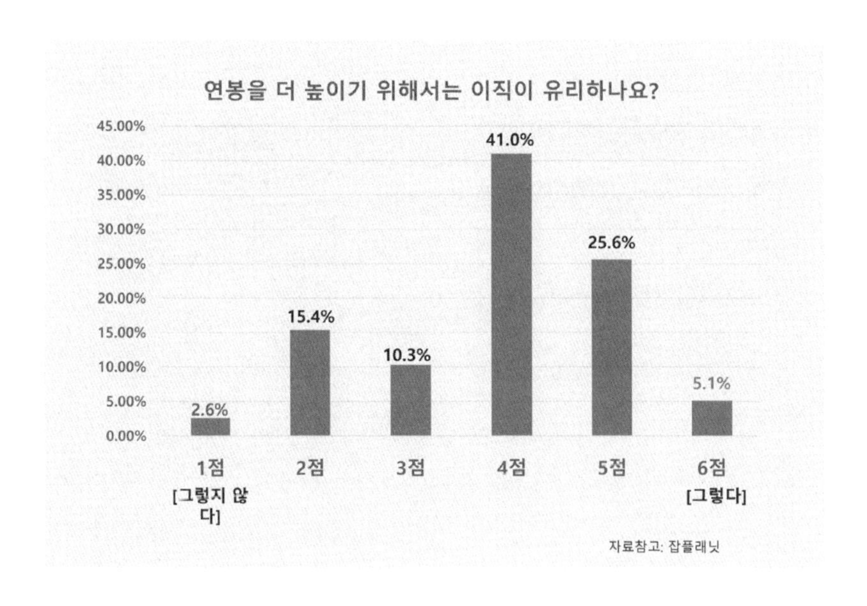

먼저 '이직을 통해 연봉 인상이 가능할까?'라는 설문에 대해서는 71%

의 헤드헌터가 '그렇다'는 긍정적인 평가를 했다. 직급 상승과 관련해서도 60%에 달하는 답변이 '직급을 올릴 때 이직을 하는 게 내부 승진보다는 좀 더 유리하다'는 의견을 제시했다. 환승 이직을 통해 직급 상승과 연봉 상승이 가능하다는 긍정적인 답변이 60%~71%에 달한 것이다. 그리고 이직을 통해 직급 상승보다는 연봉 상승의 가능성이 더 높은 것임을 알 수 있다.

그러면 연봉 인상은 어느 정도 가능할까? 후보자가 원하는 만큼 다 해주는 회사가 많다면 가장 좋은 상황이 되겠지만 현실은 평균 연봉 인상률 10~15%가 가장 많은 답변인 42%였으며, 평균 연봉 인상률을 10~20%까지 상승한 경우도 18%의 답변이 나왔다. 이 두 답변을 종합해 보면, 평균 연봉 인상률은 10~20%가 전체 답변의 60%를 차지하는 것으로 보아 적정한 평균 연봉 인상률의 범위가 아닌가 생각한다.

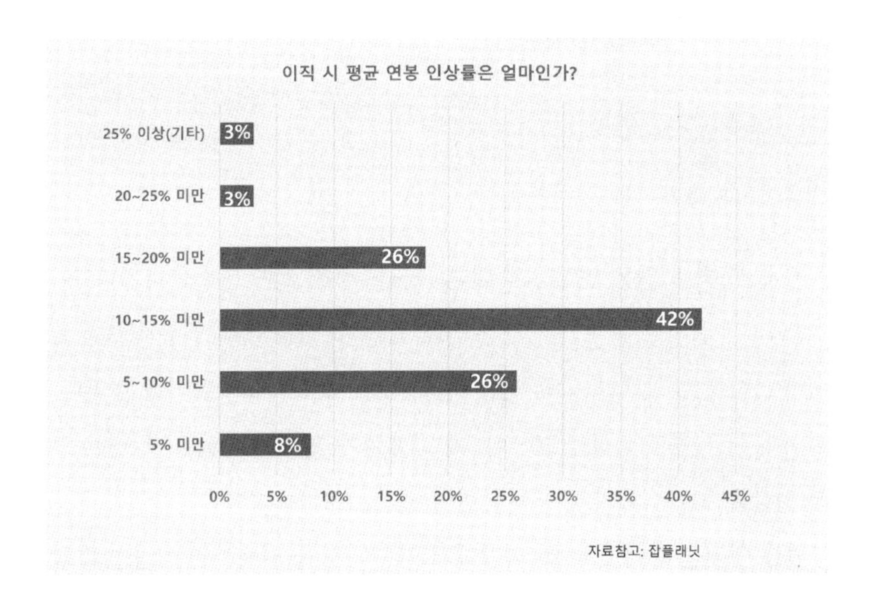

이보다 더 높은 연봉 인상률을 보유한 후보자도 6% 정도 답변이 있었지만 이 경우는 특정 경력이나 기술을 보유한 후보자의 사례로 보아야 할 것이다. 일반적인 환승 이직 후보자라면 평균 연봉 인상률은 10%~20%가 가장 많고, 가장 적정한 인상으로 보인다.

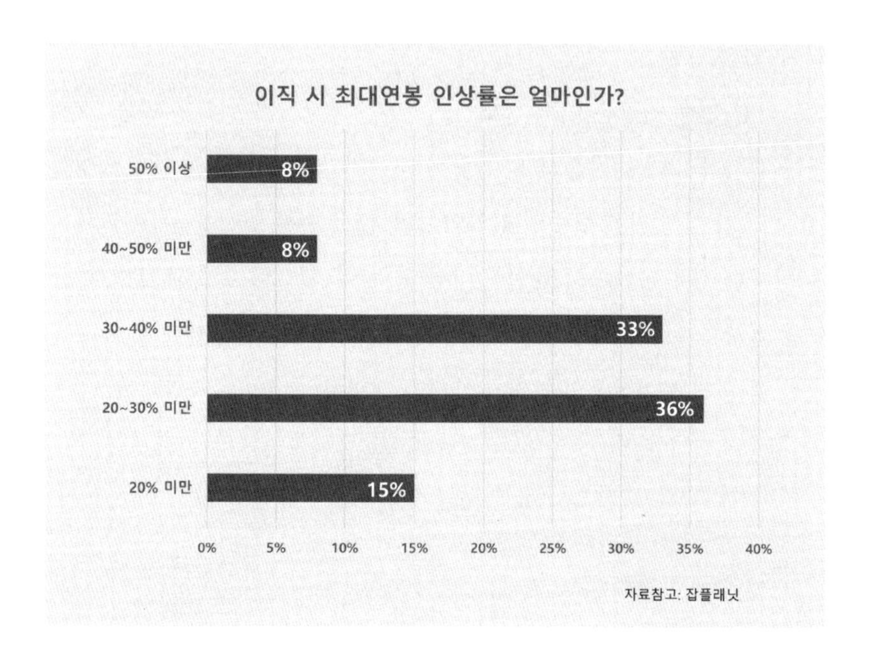

이직 시 최대 연봉 인상률에 대한 조사도 흥미로운 결과가 나왔다. 이직을 하면서 후보자 개인이 가장 높게 받을 수 있는 최대 연봉 상승률에 대한 조사를 살펴보면, 평균 연봉 인상률 20~30%가 36%로 가장 많았다. 이어서 평균 연봉 인상률 30~40%가 33%로 두 번째로 많았으며, 평균 연봉 인상률 20% 이하가 15%의 답변이 나와 그 뒤를 이었다.

환승 이직을 하지 않고 한 직장에서 연봉 인상을 진행하는 직장인의 평균 연봉 인상률이 4~5% 정도라는 채용 전문 회사의 추정치를 감안한다면, 이직을 통한 평균 연봉 인상률과 최대 연봉 인상율은 현격한 차이가 있음을 알 수 있다. 물론 이러한 차이가 모든 이직 후보자들에게 나타나는 현상은 아닐 것이다. 반드시 그만큼의 인정을 받을 수 있는 경력과 역량, 전문성 등이 인정되었을 때의 이야기인 것이다.

이직하면서 평균 연봉 인상률이 5% 미만이었다는 답변이 8% 정도로 낮게 나온 것을 고려한다면, 이직을 통해 연봉을 더 높일 가능성이 높다는 주장의 설득력이 있는 것이다. 이직을 하려는 후보자의 이유가 단순히 직급 상승과 연봉 상승이라는 것에만 국한된 것은 아니다. 그러나 직급 상승의 욕구와 연봉 상승의 욕구는 이직을 위한 가장 중요한 이유임에는 변함이 없는 것 같다. 무턱대고 직급 상승과 연봉 상승을 바라서는 안되는 것이다. 어디까지나 상승을 원하는 만큼의 역량과 전문성, 경력 등이 뒷받침되어야 하는 것이다. 직장 생활은 자기 만족이 가장 중요하다고 생각한다. 경제적인 문제를 해결하기 위한 수단으로 직장 생활을 영위하는 경우도 많지만 무엇보다 자기만족이 우선되어야 한다. 그 자기만족의 가장 중요한 항목 중에 '직급 상승'과 '연봉 상승'일 것이다.

Chapter 7.

연봉 상승 최고 비법은 '현 직장서 인정받아라'

'퇴준생'이라는 신조어가 있다. 직장을 다니는 중에 퇴직을 준비하는 직장인을 가리키는 말이다. 이와 더불어 '환승 이직'이라는 단어도 신조어로 만들어졌다. 필자도 처음에는 어리둥절했던 단어이다.

환승 이직은 직장을 다니면서 이직을 준비하고, 진행하는 것을 의미한다. 시대가 많이 변했다. 흔히 꼰대로 불리는 세대에게 이러한 단어의 개념은 생소하다. 그리고 직장 생활 중에 이직을 염두에 두고 준비를 하거나, 퇴직을 준비하면서 직장 생활을 한다는 것 자체가 직장 윤리로는 이해가 안 되는 것이다. 그러나 이제는 시대도 변했고 직장 생활에 대한 관점도 급변했다. 가장 중요한 것은 현재 직장 생활을 이끌고 있는 세대는 '꼰대세대'가 아니라 '신세대이며 MZ세대'임으로 그들의 의식의 높이에 맞는 직장 생활에 대한 개념 정립이 필요하다.

현직에서 경력직을 채용하는 위치의 임원으로 있으면서 젊은 후배들이 환승 이직과 관련해서 술자리에서 한 말이 아직도 귓가에 생생한데, 이것이 현재와 미래에 대한 직장 생활의 관점으로 자리잡지 않을까 생각한다.

팀 회식 자리에서 30대 초반의 대리급 후배 직원이 한 말이 생각난다. "부사장님, 우리 회사는 경력 직원 채용에 있어 타 회사 직원들을 스카우트하고 인재 발굴을 위해 노력하면서, 왜, 우리 회사 직원들이 자기 발전과 기회 창출을 위해 이직하면 색안경을 끼고 보나요?" 굳이 답변을 한다면 할 수 있었지만 그 답변이 더 궁색할 것 같아 웃고 말았던 기억이 있다. 이 질문이 현재의 직장 생활과 환승 이직에 대한 일반적인 시각의 변화임을 알 수 있다. 젊은 후배가 말한 것처럼 '능력 있는 인재를 얻고 싶은 만큼 우리 회사 직원의 환승 이직에 대한 시각과 마인드의 변화'가 필요한 시점이다.

본론의 내용에서 잠시 벗어났다.

이직을 통해 연봉 상승을 원한다면 가장 중요한 것은 연봉 상승의 바로미터(Barometer)가 되는 현 직장에서 '연봉 테이블'(연봉의 가치, 연봉 협상을 위한 기준치, 현 직장에서 받는 연봉 총액)을 잘 만들어 놓아야 한다. 우리는 흔히 이직을 염두에 두면 현 직장에서의 불만이나 부적응 또는 자기 발전을 위한 방향에만 집중되어, 현 직장에서의 업무 태도와 성과 관리에 나태해지기 쉽다. 이러한 결과로 성과평가에서 저평가를 받거나 인사고가를 낮게 받을 가능성이 높아진다. 이 때문에 현 직장에서의 연봉 및 직급 대우를 낮게 받는 경우가 발생한다. 현 직장에서의 자신에 대한 평가와 대우를 형편없이 관리하면서 그 불만을 탈출하기 위해 이직을 진행하는 경우는 설사 이직을 성공하더라도, 현 직장에서의 연봉 및 대우 테이블이 낮기 때문에 이직을 통한 원하는 상승폭만큼의 연봉 및 대우에 대한 상승 협상을 이끌어 내기가 힘들다. 이러한 결과의 원인은 사실상 후보자에게 있음에도 정작 후보자 본인은 그것을 인식하지 못하거나 소홀히 생각한다. 한 번의 이직을 통해서 모든 것을 역전하려는 생각에 집중하는 우(遇)를 범하는 것이다. 문제의 원인 파악을 하지 못하고,

현 직장에서의 불만을 해결하기 위해 이직에만 집중하는 태도를 보이는 것이다.

앞장에서도 언급했듯이 직장 생활을 유지하면서 매년 연봉 협상을 통해 연봉을 대폭 상승시키기에는 한계가 있다. 현실적으로 물가 상승률 이상의 연봉 인상이 어렵다는 것을 인지했다. 물론 높은 성과를 발휘한 경우는 가능하겠지만 지속적으로 성과를 만들어 내는 것이 사실상 연봉을 지속적으로 인상시키는 것보다 어렵기 때문이다.

따라서 가장 현실적으로 연봉 인상을 대폭적으로 할 수 있는 기회는 이직을 통해 하는 것이 상승의 폭을 크게 가져갈 수 있는 기회이다. 여러 가지 상황을 감안할 때 이직을 통해 연봉 상승을 가져갈 가능성이 가장 높다고 할 수 있다. 즉 이직할 때가 자신의 연봉을 제대로 상승시킬 수 있는 유일한 기회라 해도 과언이 아니다.

현 직장에서도 인사 고가를 잘 받거나 높은 성과를 거둬서 일시적으로는 연봉 상승률 10% 이상을 가져갈 수 있다 하지만 지속적으로 만들어 내기가 쉽지 않다. 반면에 이직을 통해서는 보다 높은 확률과 상승률로 연봉 인상을 이끌어 낼 수 있고, 그 상승은 시간이 지남에 따라 연봉 상승의 가속도와 총액 연봉의 '고액 테이블'을 만들어 갈 수 있다.

하지만 고액 연봉을 만들어 가기 위해서 이직을 밥 먹듯이 하는 우(遇)를 범해서는 안 되며, 잦은 이직은 도리어 후보자에게 부정적인 결과로 돌아올 수 있음을 인식해야 한다. 직장 생활을 하는 중에 적정한 이직의 횟수를 3~4번 정도로 봤을 때, 연봉 협상의 바로미터(Barometer)가 되는 연봉 테이블을 잘 만드는 것이 가장 중요하다. 이직을 통한 연봉 인상의 모든 출발점은 후보자가 인정받고 있는 현 직장에서의 '연봉 테이블'이 협상의 기준과 출발점이 될 수밖에 없기 때문이다.

이직 시에 하는 연봉 협상이 재직 중에 하는 연봉 협상보다는 후보자 입장에서 운신의 폭이 넓다. 그리고 심리적으로도 압박감이 덜하다. 그렇다고 해서 후보자가 무조건 '갑의 위치'에서 협상을 하는 것은 아니다. 현직에서 연봉 협상을 하든 이직시에 연봉 협상을 하든 간에 회사가 '갑'이고 지원자가 '을'이라는 절대 명제는 변하지 않는다. 그러므로 후보자는 현 직장에서 미리 준비를 해야 하며, 충분한 '연봉 테이블'이 되도록 만들어 놓아야 한다. 그렇게 해야만 이직 시에 좀 더 많은 선택지와 운신의 폭을 가지고 좋은 위치에서 연봉 협상을 이끌어 갈 수 있는 것이다. 그렇게 하지 않으면 이직에 성공을 했다고 해도 연봉 협상이 원만하지 않아서 이직이 불발되거나 두고두고 후회할 '연봉 테이블'을 만들고 말 것이다. 그로 인해 이직 후 또 다시 재이직을 준비하거나 불만 속에 기회를 엿보는 좋지 못한 직장 생활 사이클을 가지게 될 뿐이다.

이직 시에 '연봉 협상 테이블'이 중요한 또 하나의 이유는 '출발점에서 굴리는 눈덩이 차'가 다르기 때문이다. 이 논리는 100m의 겨울 눈 쌓인 언덕에서 동일 조건의 눈 언덕이라고 가정하고, 눈덩이를 굴렸을 때, 가장 크고, 가장 빨리 100m의 도착점에 도달하는 눈덩이는, 최초 출발점에서부터 그 규모가 큰 눈덩이일 가능성이 높은 것이다. 이직 시의 연봉 협상을 위한 '연봉 테이블'도 이와 같이 연봉 협상을 통해 연봉을 상승시키기 위한 '눈덩이'와 같다. '현 직장에서의 연봉 테이블'의 차이가 동일한 100m의 직장 생활을 했을 때에 나타나는 결과는, 시간과 거리가 더해짐에 따라 눈덩이의 크기는 정비례해서 커질 것이고, 시간과 거리는 반비례하여 축소될 것이다.

필자의 현 직장에서의 예를 들어 보면, 이직을 하지 않고 동일 회사에서 30년을 근속한 '가'와 동일 기간 직장 생활을 하면서 세 번의 이직을 통해 연봉 상승과 직급, 직책 상승을 만들어 간 '나'의 사례이다.

이 둘은 ㈜NS에 동시 입사한 입사 동기이다. ㈜NS에서 매년도 5%의 평균 연봉 인상률을 가지고 22년을 동일 직장에서 근무했다. 그리고 둘의 연봉은 각자의 성과와 인사 고가를 반영했을 때에 '가'는 8,000만 원이고, '나'는 8,500만 원이었다. 만약 두 동기 중 '나'가 22년 차에 ㈜WJ로 이사급 임원으로 이직을 했고, 이직 시에 연봉 협상을 통해 20%의 연봉 인상을 했다. 그 후 8년 동안 두 사람에게 동일하게 7%의 연봉 인상이 매년 있었다면, 8년이 지난 후에 두 사람의 연봉의 차이는 어떠했을까?

[단위:만원/%]

구분	동기 '가'		동기 '나'		연봉차이	비고
	연봉	인상율	연봉	인상율		
22년차	8,000	7%	8,500	7%	500	동기 22년 동일 직장 근속
23년차	8,560	7%	10,200	20%	1,640	동기 '나'의 이직
24년차	9,159	7%	10914	7%	1,755	
25년차	9,800	7%	11678	7%	1,878	
26년차	10,486	7%	12495	7%	2,009	
27년차	11,220	7%	13370	7%	2,150	
28년차	12,006	7%	14306	7%	2,300	
29년차	12,846	7%	15307	7%	2,461	
30년차	13,745	7%	16379	7%	2,633	
8년간 연봉 차액	87,824		113,150		25,326	

이 두 사람의 동기는 직장에서 장기 근속을 한 경우이다. 동기 '가'와 동기 '나'의 연봉 차이는 이직 후 연봉액의 절댓값이 증가하는 것과 비례하여 차이가 벌어질 것이다. 이직 전에는 500만 원의 차이가 나던 연봉이 이직을 한 23년 차부터 1,640만 원의 차이로 벌어졌다. 그 후 8년 동안

두 동기가 각자의 직장에서 8년간 근속하고 동일하게 7%의 연봉 인상이 지속적으로 되었다. 그리고 '나'의 연봉은 매년 절대금액이 증가했고, 8년이 지난 30년 차 퇴직을 바라보는 시점에서는 두 사람의 연봉 차이가 8년 전에 비해 크게 벌어졌음을 알 수 있다. 자료를 바탕으로 한다면 최종 8년 차에는 '가'의 2년치 연봉에 해당하는 누적 연봉의 차이가 났다. 아주 극단적인 비교인 듯하지만 실제 필자의 사례를 든 것이다. 여러 가지 상황을 감안하면 그 차이는 좁혀질 수 있을지도 모르겠지만 단순히 연봉만 놓고 비교를 하더라도, 이직을 통한 연봉 협상 테이블을 높이는 것과 현 직장에서 연봉 테이블을 잘 만들어 놓는 것이 이직 시에 연봉의 큰 차이를 만들어 낸다는 것을 알 수 있다. 그리고 그 차이는 동일한 조건으로 직장 생활을 한다고 해도 매년 연봉의 차이는 벌어지는 것이다.

이 사례는 이직을 한 번 한 것으로 예를 들었지만 실제로 필자는 기간 중에 총 세 번의 이직을 진행하였고, 이직 시마다 15~20%의 연봉 인상을 가져 갔으니 그 차이는 표에서 보는 것보다 훨씬 크게 나타났을 것이다. 그 차이는 독자분들의 계산과 상상에 맡긴다. 그리고 연봉 차이 외에 직급과 직책에서도 '나'는 중견회사 부사장이고, '가'는 대기업 부장이다. 직급의 높고 낮음으로 우열을 가릴 생각은 전혀 없지만 직장 생활을 하는 직장인이라면 직급 상승과 연봉 상승을 할 수 있는 기회와 방법을 안다면 안 할 사람은 극히 드물 것이다. 그리고 만약 그러한 기회가 온다면 보다 적극적으로 당차게 이직을 진행해야 하는 시대가 왔음을 자각해야 한다.

Chapter 8.

연봉 협상을 위한 '주요 변수'를 극복하자

이직을 진행하는 시점의 연봉 협상은 현 직장에서 성과에 기반한 연봉 협상과는 그 차원과 복잡성에서 차이가 많다. 그리고 임기응변식의 협상보다는 사전에 주요 변수를 감안하여 대응하는 전략적 협상의 준비가 필수적이다. 따라서 연봉 협상은 예상보다 어려운 것이다. 연봉 협상이 어려운 가장 큰 이유는 협상에 참여하는 이해관계자들이 많다는 것과 이해관계자들이 원하는 협상의 눈높이와 기준이 다르기 때문이다.

연봉 협상의 이해관계자 구성은 첫 번째로 후보자를 중심으로 경력 직원을 원하는 실제 부서와 그 실제 부서를 대신해서 채용을 진행하는 인사 담당자가 기본적인 이해관계자가 된다. 이와 더불어 헤드헌터도 이해관계자에 들어갈 수 있지만 사실상 연봉 협상에서 헤드헌터의 역할은 크지 않은 것이 현실이다. 왜냐하면 헤드헌터는 고객사인 구인회사의 요청에 의해 경력 직원을 제안해 주고, 이직이 완료되었을 때, 일정 수수료를 받는 구조이다 보니 후보자가 연봉을 낮게 협상하더라도 이직에 성공하기를 바라는 욕구가 더 큰 것이 현실이다.

따라서 헤드헌터는 가급적이면 연봉 협상에는 코칭을 자제하고 침묵하며 대기를 하는 경우가 많다. 물론 믿을 만한 헤드헌터는 기존 근무자의 연봉 수준 정도에 대해 정보를 주면서 적정한 연봉 수준에서 협의를 이끄는 경우도 있기는 하지만 대부분이 연봉 협상에서는 나서는 것보다는 안정적으로 이직을 진행하기 위한 방향으로 대처한다. 그리고 고객사와 후보자 간에 연봉 협상의 차질이 있거나 진행이 어려운 경우에는 중재를 해 줄 것을 양쪽으로부터 제안을 받는 경우가 있지만, 이때에도 결정적인 역할을 하는 것보다는 상호 연봉 차이 금액의 중간 선에서 조정과 협의를 하도록 제안하는 정도로 이해하면 될 것이다.

연봉 협상 이해관계자들의 협상에 임하는 관점은 다르다. 실제부서에서는 지금 당장 업무를 볼 수 있는 경력 인재를 내일이라도 출근하게 하여 현업 업무를 보도록 했으면 하는 것이 바램이다. 반면에 인사 채용을 진행하는 인사담당자 입장에서는 회사의 인건비 예산 범위 안에서 경력 인재를 채용하는 것이 중요하다. 그리고 환승 이직 포지션의 중요도가 높을 경우에는 대표이사나 고위 임원진에서 참여할 가능성이 높고, 그런 경우에는 경영진의 이해관계까지 더해져서 연봉 협상의 난황이 발생할 가능성이 높다. 따라서 연봉 협상은 전략적으로 접근해야 한다. 그래야만 생각하지 못한 수많은 '주요 변수'에 대처할 수 있다.

주요 변수의 첫 번째는 채용하는 회사에서 해당 포지션을 채용해야 하는 긴급성을 파악해 두는 것이다. 두 번째는 지원하는 포지션의 중요도를 알아야 한다. 세 번째는 후보자가 연봉 협상을 결렬할 경우 대안의 후보자가 있는지를 알아본다. 네 번째는 현 직장보다 상위 회사로의 이직인지, 아니면 하위 회사로의 이직인지를 파악한다. 다섯 번째는 동종 업계로의 이직인지, 이종 업계로의 이직인지를 파악한다. 여섯 번째는 해당 포지션에 대한 후보자 구인 기간(서칭 기간)이 장기간인지, 단기간인지에 따라 협상의 방향이 달라진다. 이 외에도 더 많은 상황적 주요 변수가 있을 것이다.

가장 중요한 것은 이직을 진행하는 후보자는 연봉 협상 단계에서 협상을 하기 전에, 앞에 열거한 주요 변수를 중심으로 정보를 파악하는 자세가 중요하다. 그리고 얻어진 정보를 통해 전략적으로 대응의 시나리오를 준비하는 것이다. 이러한 과정을 통해 정보 수집과 전략적 대응으로 협상에 임해야만 성공적인 연봉 협상의 좋은 위치에 설 수 있다.

후보자 입장에서 연봉 협상의 출발점은 본인의 올해 연봉에서 시작해야 한다. 그리고 물가와 시장 상황을 반영해야 한다. 현재 후보자가 지원하는 직종군의 시장 상황이 활황인지 불황인지를 파악해야 한다.

만약 활황인 경우에는 경력 인재의 인력 수요보다 공급이 부족한 상황일 가능성이 높으므로 자신의 몸값이라 할 수 있는 연봉을 높게 제시해야 한다. 직종군의 산업이 활황인 경우의 이직 시에 평균 연봉 인상률은 20% 이상이 적정하다고 보며,

반대로 불황의 경우에는 최대는 10% 내외이며, 최저는 5% 내외로 보면 좋다. 이 부분은 각자의 상황과 이직 시기의 상황에 따라 다르겠지만 필자가 10여 년의 이직 기간 동안 경험한 경험치를 기준으로 제안하는 것이다.

Chapter 9.

이직 시마다 왜 연봉을 인상해야 하는가?

이직을 하는 각자의 사연은 모두 다를 수 있다. 그러나 이직을 할 때마다 공통적으로 고려해야 할 사안은 같다. 그 공통의 고려 사안은 '이직 시마다 연봉 인상을 고려해야 한다.'는 것이다. 반드시 연봉을 인상해서 이직해야 하는 것은 아니다. 그러나 이왕이면 현 직장에서 받고 있는 대우나 연봉의 총액보다는 같거나 많아야 하는 것이다.

그러면 이직할 때 연봉을 인상해야 하는 이유는 무엇인가? 그 이유는 이직 시에는 '기회비용'이라는 것이 발생하기 때문이다. 기회비용은 이직을 하지 않았을 때 후보자가 현 직장에서 누릴 수 있는 가치를 의미한다.

필자의 경우는 첫 직장에서 22년을 재직한 후에 헤드헌터의 스카우트 제안에 첫 이직을 진행했다. 필자가 22년간 다닌 회사에서 타 회사 이직하면서 지불한 기회비용의 종류와 가치는 무엇이었을까?

첫 번째로 22년간 쌓아 온 인맥 네트워크가 있다. 영업 직종의 가장 핵심적인 역량은 인맥 네트워크이며, 그 인맥의 질적, 양적 규모에 따른 영업의 성과는 크게 달라질 수 있다. 이직하는 회사에서 새로 인맥 네트워크를 쌓아야 하며, 쌓는 기간 동안은 기존의 인맥을 활용하여 유지해야 함으로 기회비용이 발생할 수밖에 없다.

두 번째는 현 직장에서 22년간 구축한 경력이다. 단순히 경력뿐만 아니라 22년간 업무에 대한 전문성을 확보하기 위한 개인의 자기 계발을 통한 기회비용도 고려해야 한다.

세 번째로는 이직하는 해당 년도에 현 직장에서 성과급이나 직급 승진 등의 혜택이 예상되는 부분에 대해서도 이직 시에는 기회비용으로 준비해야 한다. 무조건 요구를 하는 것이 아니라 합리적이며 객관적인 자료와 증빙을 통해 설득하는 것이다.

네 번째는 규모가 큰 회사에서 작은 회사로 이직 시에 발생할 수 있는 기회비용에 대해서도 고려해야 한다. 이 경우에는 큰 회사에서 누릴 수 있었던 복지의 규모와 회사의 규모에 따른 개인적 만족감과 명성까지도 고려해야 한다. 반드시 금액적으로 얼마라고 확정 지을 수는 없지만 후보자 본인은 규모 있는 회사에서 규모가 작은 회사로 이동함에 있어 상실하게 되는 것에 대한 기회비용을 요구하는 것도 고려하라는 것이다. 왜냐하면 동일한 전문성을 유지하더라도 회사의 규모에 따라 재이직 시에는 기회비용이 더 크게 발생할 수 있기 때문이다.

후보자가 한 번의 이직으로 더 이상 이직하지 않는 다면 기회비용이 발생할 이유가 없지만, 두 번째 이직을 하거나 만약에 그 이상의 이직을 하게 된다면, 회사의 규모가 작아진 상태에서 협상 테이블이 만들어지므로 기회비용이 더 크게 발생할 수 있기 때문이다. 이외에도 개인에 따라 다양한 기회비용이 발생할 수 있다. 그리고 이러한 기회비용이 다양하게 발생하기 때문에 후보자는 반드시 본인의 기회비용에 대해 고려해야 하고, 계산할 줄 알아야 하며, 적정한 근거를 바탕으로 연봉 및 처우 협상에서 주장할 줄 알아야 한다. 그리고 이러한 기회비용에 대한 일부를 인정하여 회사에서도 연봉 인상에 대해 수용할 수 있다. 그리고 이러한 기회비용의 발생에 대해 이직할 경우 일정 수준의 연봉 인상을 해 주는 것이다.

연봉 협상을 함에 있어 모든 기회비용을 하나에서부터 백 가지가 있다고 모두 언급해서는 안 된다. 기회비용 중에서 연봉으로 계산할 수 있는 부분과 직급의 높아짐과 낮아짐으로 발생하는 금액적 기회비용을 중심으로 언급하는 것이 적절하다. 지나치게 사소한 기회비용까지 언급하며 금액적인 보상을 요구할 시에는 후보자를 궁색하고 인색한 사람으로 바라볼 수도 있다. 기회비용 중에 핵심적인 것을 선택하여 협상의 카드로 내밀어야 한다.

필자의 경우는 22년간 재직한 회사에서는 이직 년도 연말에 임원 진급이 예상되는 기수였기에 이직을 하면서 임원 직급을 요청하였고, 만약 임원 직급을 이직 년도에 해 줄 수 없다면 연봉 인상을 통한 대우를 요청했다. 운이 좋게도 두 가지 요청 사항이 모두 받아들여졌지만 후보자들도 이 부분에 대해서는 각별히 기회비용을 잘 챙겨서 이직 시의 협상에 요청하고 주장해야 할 필요가 있다.

필자가 임원으로 현직에서 환승 이직 후보자들의 면접을 보면서 속으로 '이 후보자는 많이 어리석다.'고 생각한 경우가 있다. 그러한 경우의 가장 대표적인 것이 연봉과 관련된 부분이다. '전 직장에서 연봉 협상을 잘 하지 못했다.'거나 '전 직장에서 자신의 가치를 제대로 인정해 주지 않아 연봉이 적다.'는 등의 불만이 섞인 넋두리 같은 면접을 하는 후보자이다. 연봉의 규모가 크든 작든 간에 후보자 본인의 몫이고 가치를 반영한 것이다. 전 직장 또는 현업에서 인정받지 못했으면서 이직하는 회사에서 대우해 달라는 것은 설득력이 극히 떨어진다.

따라서 연봉에 대해서는 현 직장에서 최대한 반영받아야 하며, 그만큼 관심을 가지고 잘 만들어 가야 하는 것이다. 그러기 위해서는 후보자 본인의 업무에 대한 집중도와 성과를 만드는 역량이 병행되어야 하는 것이다. 그래서 이직자를 평가하는 회사에서는 전 직장, 현 직장에서 후보자가 받고 있는 연봉과 기회비용에 대해 중요하게 생각하는 것이다.

반드시 기억하라!

과거와 현재를 모두 부정하면서 이직하는 회사에서 자신의 역량과 대우를 요청할 수 없는 것이다. 현 직장에서 잘 만들어 가는 것이 이직을 준비하는 환승 이직 후보자의 진정한 자세이다. 물론 퇴준생들도 마찬가지이다. 떠나면 그만이라는 어리석은 환승 이직자가 안 되길 바란다.

Chapter 10.

연봉 협상을 강하게 할 수 있는 선택지를 늘려라

이직을 진행하는 후보자는 되도록이면 하나의 회사만 이직 진행을 하는 것은 연봉 협상에 유리하지 못하다. 선택지를 많이 만들면 만들수록 후보자의 다양한 협상의 위치는 올라갈 수밖에 없다.

필자의 경우 예를 들면, 이직을 마음먹고 헤드헌터에게 제안을 할 경우에도 다수 헤드헌터를 통해서 했다. 그리고 서류 전형 합격 후 면접 제안이 있는 회사도 복수(卜數)의 회사가 많았다. 그리고 최종 면접은 물론이고, 연봉 협상을 하는 상황까지 가더라도 복수(卜數)의 회사가 만들어진 경우가 대부분이었다. 모든 후보자가 이렇게 좋은 상황을 만들 수는 없겠지만, 여기서 가장 중요한 것은 이직을 위한 준비의 모수(母數)를 크게 가져가야 최종 결정 단계에서 복수(卜數)의 선택지를 가질 가능성이 높아진다. 대부분의 '이준생(이직을 준비하는 사람들/필자의 신조어 생성)'들은 이직 준비의 모수(母數)를 크게 가져가는 것에 대해 잘 모르고 있는 것 같다.

이직이나 스카우트 제안은 진행 단계가 진행되면서 선택지가 차츰 줄어든다. 따라서 이직을 위한 이직 회사의 모수(母數)를 되도록이면 많이 만드는 것이 최종 협상을 위한 준비에 좋다. 그리고 선택지를 늘리는 것이 연봉을 포함한 대우에 대한 금액적 숫자는 상승하게 된다.

구체적인 예를 들어 보면, 후보자의 선택지인 카드가 만다는 것을 내비치며 활용하는 것이다. 반드시 선택지를 준비해 둔 경우에 한해서 활용해야 한다. 뻥 카드로 활용하기 위해 선택지가 없음에도 있는 것처럼 해서는 안 됨을 전제로 한다. 후보자 본인이 ㈜AA에서 입사 제안을 받았으며 ㈜BB에서도 제안을 받았다면, 연봉 협상을 진행할 때 두 회사에서 제시 받은 금액을 협상의 경쟁 금액으로 활용할 수 있는 것이다. 물론 이 경우는 이직에 대한 모수(母數)를 많이 만들어 놓는 노력이 전제되어야 하고, 이직의 운도 일부 도와주어야 하는 한정적인 상황이라 하겠다. 그러나 이러한 상황은 후보자의 노력 여하에 따라 충분히 실현 가능한 상황임도 알아야 한다. 왜냐하면 필자는 충분히 경험했기 때문이다. 물론 사전에 이직을 위한 많은 모수(母數)를 준비했기에 가능했다.

후보자 본인이 동종 업계에서 전문성을 인정받고 있고, 다양한 경력의 차별화를 보유하고 있다면 이 방법을 활용해 보는 것도 나쁘지는 않다. 그 이유는 동종 업계에서는 경쟁사 연봉 정보를 지속적으로 참고 자료로 습득하고, 활용하기 때문이다. 따라서 훌륭한 인재라고 판단이 되면 경쟁사보다 더 많은 투자를 해서라도 인재를 뺏기지 않으려는 노력을 하는 것이다. 물론 이 정도로 선택지를 다양하게 만들 수 있는 환경의 후보자가 많지는 않겠지만 선택지를 늘릴 수 있는 자신만의 노하우를 만드는 노력이 필요한 것이다.

"자신의 경력과 능력은 평범하면서 이직을 위한 모수(母數)를 만드는 노력마저 게을리하는 후보자는 이직을 해서는 안 된다. 반드시 노력한 만큼 결과는 금액적인 보상으로 돌아오는 것이 이직 시장의 논리다!"

Chapter 11.

눈에 보이지 않는 기회를 포착하는 선구안(選球眼)을 가져라

이직을 위한 다양한 협상 전개에서 마지막으로 '눈에 보이지 않는 것'을 찾아내서 비교 우위를 하는 자세가 요구된다. 이 부분은 이직을 통한 후보자의 성장성과 잠재되어 있는 가능성 등을 보는 선구안(選球眼)이 요구되는 부분이다.

이 경우도 예를 들면서 설명하도록 한다.

이직을 결정할 때 큰 규모의 회사(대기업)에서 작은 규모의 회사(중견기업/중소기업)로 이직할 때가 있다. 비록 회사의 규모는 작은 회사로 이직을 하지만 성장의 규모와 업계에서의 성장 가능성이 높은 회사로의 임원 발탁 이직이라면 연봉이 같거나 일정 비율로 적다고 하더라도 일정 시점 이후의 성장에 따른 '기회이익'에 대한 설계와 계산을 할 줄 아는 것이다.

당장은 연봉이라는 금액적인 부분에서는 객관적으로 손해를 보는 것처럼 보일 수 있지만 일정 시점의 임계점을 돌파하면 '기회이익'이 더 커지는 회사로의 이직이라면 고려해 볼 가치가 분명한 것이다. 이러한 상황은 후보자의 가치판단의 문제인 것이다. 본인이 성장성과 잠재력을 더 중요한 가치로 생각한다면 회복되는 임계점이 짧을수록 더 가치가 높은 선택의 경우가 되는 것이다. 이처럼 눈에 보이지 않는 이직의 기회이익과 가치는 존재한다. 차별화되는 경력, 희귀 기술의 습득, 자기 계발의 기회 확대, 다양한 업무 경험, 인적 네트워크 확대, 직급 승진의 기회 확대, 회사의 발전 가능성 등이 금액으로 환산할 수 없는 기회이익과 가치가 된다.

연봉 협상에서 승리하기 위한 전략의 기획과 실행은 후보자만 하는 것이 아니다. 채용 회사의 인사담당부서와 경영진 등은 이러한 협상의 전략적 접근에는 전문가로 봐야 한다. 그리고 준비를 아무리 철저히 해도 후보자가 계획한 방향으로 이끌기에는 쉽지 않은 것이 현실이다.

그럼에도 불구하고 연봉 협상을 위한 전략적 준비와 접근이 필요한 이유의 첫 번째는 준비하면 덜 잃을 수 있고, 더 지킬 수 있기 때문이다. 반드시 원하는 만큼 얻어 내지는 못했다고 하더라도 전략적으로 준비하는 후보자는 자신이 희망하는 최솟값의 연봉 조건은 지켜 낼 수 있다. 더 나아가 최댓값의 연봉에도 도전 가능하다.

두 번째는 연봉 협상에 철저히 준비한 태도와 모습은 채용회사로 하여금 긍정적인 인상을 심어 줄 수 있다. 물론 이 협상 과정에서 협상에 대한 매너를 유지할 경우이다. 필자의 경험에 근거하면, 연봉 협상에 진심으로 최선을 다해 준비하고, 객관적 기준으로 세련된 협상의 매너를 보이는 후보자는 마음을 더 빼긴다는 것이다. 자신의 일에 대해 진심을 다하는 태도, 협상을 준비하고 진행하는 태도와 스킬에서 전문성을 보게 되어 고마움을 느끼게 된다. 연봉 협상의 단계까지 후보자가 갔다면 실력은 이미 검증된 것이다. 게다가 더해서 협상력과 전략적 판단력, 준비성까지 갖췄다면 그 후보자는 반드시 채용할 수밖에 없다.

또한 10년 차 미만의 주니어(Junior)가 이런 태도를 보이는 경우에도 그 정성과 준비성, 도전적이며 자신의 가치를 알리는 태도에서 긍정적인 이미지를 남길 수 있다.

연봉 협상은 단순한 생각만으로 섣불리 대응해서는 안 된다. 반드시 전략적으로 준비하고 대응해 가는 전문가적 자세가 요구된다.

일정 수준의 경력자라면 연봉 협상 과정도 채용 회사에서 바라 보고 있는 최종 면접의 진행형임을 잊지 말자!

Chapter 12.

이직을 통해 고액 연봉을 받기 위한 준비는 무엇이 있는가?

누구나 이직을 하면서 직급도 높이고 연봉도 상승하길 원한다. 그런데 막상 연봉과 관련된 처우 협상을 진행하고 나면 후회 아닌 후회를 하는 경우가 있다. 연봉을 더 높게 받을 수 있었는데 현 직장에서 연봉을 높일 수 있는 포트폴리오(Portfolio) 구성을 안 한 것을 후회한다.

이직 시에 연봉 협상은 현 직장에서의 객관적 성과나 결과에 의해 책정이 되는 것이다. 따라서 현 직장에서 업무에 최선을 다하여 개인적인 업무 성과물을 잘 만들어 놓는 것에서부터 시작한다. 이직을 준비하는 이준생들의 공통점이 현 직장에서 이루지 못했거나 불만인 사항에 대해 이직을 하는 회사에서 한 번에 다 이루려는 생각을 하고 있는 경우가 많다. 고액 연봉의 시작은 현 직장에서 좋은 결과물을 만드는 지혜로운 처신이 중요하다. 한마디로 현 직장에서 성과를 통해 인정받고 성과에 대한 포상을 받으면, 이직 시에도 그 성과와 결과에 의해 탄력을 받는다는 것을 명심하길 바란다.

다음으로는 이직을 준비하는 깨어 있는 실천이 필요하다. 이직을 하고자 하는 준비를 막연하게 진행하지 말고, 이직도 수월하게 하면서 고액 연봉까지 받을 수 있는 포트폴리오를 짜라는 것이다. 이러한 포트폴리오는 단기간에 형성할 수 있는 것과 중장기로 형성할 수 있는 것이 있다.

단기간에 형성할 수 있는 것은 기술연수 및 업무 관련 연수, 교육 프로그램, 사내외 업무 관련 포상 및 수상 등에 적극 참여하여 형성한 성과와 결과물이 될 것이다. 특히 단기간에 형성할 수 있는 것들은 주니어(Junior)층에 유리한 포트폴리오 구성이 된다.

중장기적으로 형성할 수 있는 것은 전문성을 직간접적으로 증명해 줄 수 있는 것들인데, 업무 관련 전문 자격증, 업무 관련 성공사례, 중장기 성과물, 국내외 파견근무 경험, 신사업 추진 결과물, 신규 시장 확대 경험 및 성공 사례, 조직 구성 경험 또는 조직 재구성(Rebuilding) 경험, 신상품 개발, 신상품 성공사례, 기술 특허, 혁신 사례 보유, TFT 경험 및 성공 사례 등등 다양한 중장기적 포트폴리오를 구성해야 한다.

그리고 가장 중요한 것은 이러한 단기, 중장기 성과 및 결과에 대해 포트폴리오를 구성해서 자신을 빛나게 할 수 있는 역량을 갖추어야 한다. 후보자가 다양한 성과와 성공 사례, 결과물을 보유하고 있음에도 그것을 바구니에 종류별로 담아서 활용하지 못한다면 각각의 성과는 힘을 발휘하지 못한다. 이직의 마지막 단계인 연봉 협상 단계에서 고액 연봉을 완성시킬 수 있는 처방은 업무를 진행하는 현 직장에서 다양한 경험과 성과, 결과물을 소중히 형성하고, 형성된 결과물을 종류별로 포트폴리오 구성하여 준비하는 것이 가장 중요하다. 정작 후보자 본인이 다양한 경험과 성과, 결과물을 보유하고 있음에도, 그에 대한 중요도를 인지하지 못하고 있고, 활용할 줄 모른다면 그것만큼 안타까운 일도 없는 것이다.

'구슬이 서말이라도 꿰어야 보배'라는 말처럼 이직 시에 고액 연봉 협상이 가능하게 하기 위해서는, 후보자가 자신의 경력 관리에 계획적으로 포트폴리오를 구성하는 노력이 전제되어야 한다.

그리고 고액 연봉 협상에 도움이 되는 포트폴리오를 형성하는 또 하나의 방법은 이직할 회사와 이직 회사의 포지션을 사전에 정했다면, 그 회사에서 필요로 하는 정보 습득을 통해 우대하는 것들을 준비해 가는 치밀한 포트폴리오 구성의 준비가 필요하다. 이런 치밀함은 이직하는 회사와의 연봉 협상에서 직접적으로 언급하면 상당히 후보자에게 좋은 결과를 초래할 수 있다.

예를 들면, "저는 AA사에 영업담당으로 이직하기 위해 다년간 준비를 했습니다. 특히 AA사의 대표 음료라 할 수 있는 브랜드 커피 영업 확대를 할 수 있는 역량 확보를 위해 '원두 커피 감별사 자격증'을 취득하였고, '커피 바리스타 자격증'까지 보유하였습니다. 귀사에 이직하기 위해 준비한 저의 노력들을 감안해서 제가 희망하는 연봉을 맞춰 주셨으면 좋겠습니다"

만약 여러분이 이 후보자와 연봉 협상을 진행하는 인사담당자라면 어떻게 협상을 진행할 것 같은가? 아마도 연봉 협상에 아주 긍정적인 방향으로 작용할 가능성이 높다.

Part 9.

아름답게 마무리하고,
당당하게 이직하라

Chapter 1.

아름답게 마무리해야 내가 빛난다

이직과 관련한 마지막 단계를 채용 회사와의 진행 단계가 전부라고 생각해서는 안 된다. 이직의 가장 마지막 단계는 원만하게 현 직장의 업무와 제반 사항들을 마무리하는 것이다. 필자가 현직에서 임원으로 있으면서 경력직을 채용할 때와 입사일정 조율에 상당한 심혈을 기울였다. 환승 이직으로 우리 회사에 입사를 하는 것도 중요하지만 그 후보자가 몸담고 있는 회사에 대한 매너 있는 마무리의 시간을 할애해 주기 위해서다. 전직 회사를 도망쳐 나오듯이 해서 이직을 하는 것은 이직자 본인은 물론이고, 전 직장과 이직을 하는 회사에도 결코 이롭지 못한 것이기 때문이다.

아름다운 마무리가 있어야지 새 출발이 박수 받을 수 있다. 그리고 직장 생활이라는 것은 몸담는 회사가 달라졌다고 해서 전직 회사에 대해 함부로 해서는 안 되는 것이다. 필자가 채용을 결정하는 임원으로서 입사일정을 조율하면서 많은 실망을 했던 기억이 있다.

전 직장이야 어찌되든지 간에 이직 채용하는 회사의 일정에 무조건 따르겠다는 식의 마무리는 좋지 못한 인상을 남겼다. 그때 가장 머릿속에 남은 것은 '이 후보자가 입사하여 만약에 재이직을 한다면 우리 회사에도 이런 식으로 불성실한 태도로 마무리를 할 직원이군.' 그리고 그중에 마지막까지 100% 마음에 들지 않았던 후보자를 선택하지 않은 경험도 있다.

전 직장에서 마무리를 원만히 하며 퇴사하는 것이 어찌 보면 이직의 가장 중요한 단계가 될 수 있다. 따라서 프로다운 아름다운 마무리를 위한 퇴사의 마무리를 하는 것이 무엇보다 중요하다. 마무리를 깔끔하게 하지 못하고 퇴사를 하면 퇴사 후 본인에게 부정적 평판이 형성될 수도 있고, 퇴사 후에 문제 발생 시에는 그 해결이 쉽지 않을 수 있다. 따라서 마지막까지 팀원들과 동료들은 물론 그간 자신을 품어 준 회사에 대한 최대한의 예의를 갖추고 마무리하는 자세가 필요하다.

사회생활을 오래 했음에도 외로움을 느끼는 사람들이 많다. 그들의 특징 중에 가장 큰 것이 '용두사미(龍頭蛇尾)'처럼 마무리가 부족한 경우가 많다. 이런 경우에는 사회생활을 오래 했음에도 주변에 사람들이 적다는 공통점도 있다. 이직의 경우도 이와 다를 바가 없는데, 주변 사람들과 관계가 단절되거나 협소한 직장인의 공통점이 이직을 하면서 전 직장에 대한 마무리가 좋지 못했다는 것이다. 재직 기간 중 쌓은 전 직장의 인간관계를 통째로 버리고 이직한 경우가 많다는 것이다. 참으로 안타까운 일이 아닐 수 없다.

특히 요즘 신세대인 젊은 세대에서 이런 현상이 많은 것 같다. 이직 상담을 상사에게 처음 꺼내면서, 일주일 안에 이직하겠다는 식의 본인 의사만 전달한 후에 잔여 연차를 소진하고 퇴사하는 이직 후보자들을 보면서 아쉬움을 느낀 적이 한두 번이 아니었다. 그런 후보자는 이직을 하더라도 제대로 정착하지 못하거나 짧은 기간에 재이직을 하며, 다른 회사를 전전하다가 일정 시간이 지나면 더 이상 이직할 회사를 찾지 못해 애로를 겪는 모습을 보았다. 그 이유는 스스로가 뿌린 아름답지 못한 마무리가 이직의 횟수가 늘어나면서 자신에게 불리한 평판을 형성하였던 것이다.

스스로 만들고 다닌 평판을 인식할 때에는 이직의 이력서를 들고 다니기에는 어려워진 상황이 된 것이다.

직장 생활의 폭은 넓은 것 같지만 좁다. 동종업계로 이직의 경우는 특히 이직을 하는 후보자의 평판이 따라다닌다는 것을 명심해야 한다. 동종 업계로의 이직의 경우에는 평판 조회를 하기에는 그 범위가 좁다. 그리고 이직 후보자가 전 직장에서 마무리를 어찌하였는지에 대해 평판 조회를 무조건 한다는 것이 업계의 정설이다.

필자도 식품 업계 임원으로 있으면서 동종 업계 이직 후보자에 대해서 평판 조회를 했으며, 후보자가 우리 회사로 이직 후에는 전직 회사에서 마무리를 어떻게 했는지를 평판 조회하여, 그 직원이 향후 근무하는 태도 등에 대해 관심을 가지고 체크한 경험도 있다.

"안에서 새는 바가지는 밖에서도 샌다."는 속담은 이직 시장에서 정확하게 맞아떨어진다. 전직 회사에 대한 마무리가 원만하지 못한 후보자는 이직 후에도 짧은 시간에 불만을 느끼고, 재이직을 하면서 똑같은 태도를 보였다. 후보자 스스로 직장 생활의 수명을 단축시키고 있음을 전혀 눈치채지 못하고 있는 것이 더 아이러니하다.

이직을 염두에 두고 이 책을 읽는 분들에게 사회 선배로서 간곡히 1촌(村) 코칭을 한다면, "제발 전 직장에 대한 업무 마무리와 인간적인 마무리를 원만히 하라."는 것이다. 그리하면 그 결과는 후보자 본인을 빛나게 할 것이고 이직을 하는 발걸음에 축하의 박수가 더 많을 것이다.

Chapter 2.

퇴사 의사는 여유 있게 밝혀라

앞 장에서도 언급했듯이 퇴사 의사를 밝히면서 도망치듯 하는 것은 결코 바람직하지 못하다. 필자가 직장 생활 30년을 하며 후배 직원들의 이직을 바라보며 가장 좋지 못한 기억으로 가지고 있는 사례를 소개하면, 이직을 하겠다는 의사를 표명하면서 퇴사 일자를 일방적으로 정한 직원이다.

특히 퇴사 일자를 2주 안에 하겠다는 것이며, 그중에 남은 연차를 8일 쓰겠다는 것이다. 2주의 일자는 쉬는 날이 그중에 4일이다. 그러면 8일의 일자가 남는데, 그 8일은 잔여 연차를 쓰고 퇴사하겠다는 것이다. 사실상 인계인수를 할 수 있는 시간은 없는 셈이다. 결국 그 후배 직원은 본인이 원하는 대로 마무리하고 퇴직을 하였다. 인사팀과 필자가 마지막으로 마무리를 잘했으면 좋겠다는 의사를 전하였음에도 이직을 위한 본인의 일에만 집중하려는 태도를 끝까지 보였다. 필자가 후배 직원과 퇴사 상담을 진행하면서 가장 인간적인 아쉬움을 남긴 경우이다. 그 후 그 직원이 잘되었다는 소식은 듣지 못했다.

퇴사와 이직은 이런 식의 일방적인 방향으로 흘러가서는 안 된다. 마무리가 좋아야 시작도 빛이 난다. 퇴사 의사를 통보하고 마무리를 협의하는 것도 하나의 매너이고 배려이며, 자신의 경력을 만들어 가는 것이다.

근로계약을 체결한 회사에 대한 매너를 지켜야 하고, 그간 후보자와 함께 일한 동료와 선후배들에 대한 배려이며, 결국은 자신의 품격과 평판을 만드는 것이다.

퇴사 의사를 통보하는 것은 이직하게 될 회사의 계약서를 체결하고, 입사일을 확정한 이후에 하는 것이 좋다. 합격 결과가 발표되기 전에 현 직장에 퇴사 통보를 하게 되면 향후 이직에 문제가 생겼을 때 곤란한 상황에 처할 수 있기 때문이다. 이직이 최종 확정되었다면 희망 퇴사일을 생각하여 부서 상사와 인사담당팀에 알려야 한다. 이때에 가장 중요한 것이 퇴사를 마무리할 수 있는 회사와 후보자 간의 적정한 날짜를 염두에 두고 통보해야 한다. 퇴사 상담의 시간도 필요하지만 인계인수를 위한 시간도 고려해서 최소 한 달(30일) 전에는 통보를 해야 한다. 퇴사 통보 기간은 통상 30일 전이지만, 기업과 협의를 걸쳐 원만하고 빠른 인계인수가 이루어질 수 있다면 더 짧아질 수도 있다.

하지만 통상의 경우는 2주에서 30일 전에는 퇴사 의사를 표명하여야 한다. 그간 정도 들고 여린 마음에 고민하다가 퇴사 의사를 표명할 때를 놓쳐서는 안 된다. 그리고 재직했던 회사에 대한 배려로는 후임자 채용 등 후임 업무를 위한 준비가 필요하므로 퇴사 의사는 여유 있는 기간을 두고 표시하는 것이 좋다.

퇴사 전에 잔여 연차를 사용하는 것이 일반적인데, 만약 잔여 연차가 많이 남아 있다면 인계인수 일정 등을 함께 고려하여 퇴직 표명 시기를 좀 더 빨리 당겨서 통보하는 것도 매너이다. 앞 장의 예처럼 인계인수 날짜는 단 하루도 잡지 않고, 잔여 연차 사용하면서 퇴직하겠다는 어처구니없는 행태를 보여서는 안 된다. 이 경우는 퇴직하는 날까지 유급휴가인 연차를 사용하면서 정작 이직으로 발생하는 업무 공백에 대해서는 인계인수 하지 않는 무책임한 태도를 보이는 것이 된다.

군대를 다녀온 남자들이 회식 자리에서 자주 회자하는 말 중에 "제대하면 군부대 있는 방향을 보고 소변도 안 한다."는 우스갯소리를 한다. 그런데 막상 우리네 삶이 그러던가. '침 뱉고 돌아서면 언젠가는 그 뱉은 침이 내 얼굴에 떨어진다.' 직장 생활, 사회생활 중에는 언제 어디서나 마무리를 아름답게 해야 본인에게 좋은 결과로 돌아온다는 것을 명심하고 또 명심할 필요가 있다.

입사 일정을 협의할 때도 이러한 관점에서 그간 후보자를 품어 준 회사와 함께 일한 동료, 선후배에 대한 업무적 공백을 최소화하고자 하는 마음을 보이면 이직하는 회사에서도 충분한 배려를 해 줄 것이다. 왜냐하면 이런 태도와 마음을 가진 사람을 얻었다는 것에 대해 귀하게 생각하기 때문이다. 그리고 만약 이러한 마음과 태도로 퇴사 마무리를 위해 입사 일정 조정을 요청하였음에도 그것을 협의하지 않거나 수용하지 않아, 일방적인 입사일을 지정하는 회사라면 이직해도 별 볼 일 없는 회사이다.

필자가 환승 이직 후보자를 최종 선발하는 임원으로 있으면서 경력 직원을 가장 잘 선발했다고 느꼈던 때가 입사 일정 협의 과정에서 전 직장에 대한 인계인수를 배려하고, 함께했던 동료, 선후배들에 대한 업무 공백을 최소화하기 위해 입사 일정 조정을 요청한 후보자였다. 이런 후보자를 선발하여 함께 일했을 때 역시나 이직한 우리 회사에서도 적극적이고 배려심 높은 업무를 진행했다.

'아름다운 퇴사는 그 무엇보다 자신을 빛나게 한다.'는 것을 명심하자.

Chapter 3.

직속 상사와 충분한 퇴사 상담을 통해 이직의 공감대를 형성하라

퇴사 의사는 직속 상사에게 하는 것이 가장 좋다. 그리고 회사라는 조직에서는 직속 상사에게 업무 보고와 다양한 결정사항에 대해서는 보고를 하는 것이 계통이다. 그리고 퇴사 의사를 직속 상사에게 먼저 하는 것은 기본적인 매너이다.

그러나 마음이 약하거나 이직에 따른 고민이 큰 후보자들 중에는 가장 가까운 동료나 믿을 만한 선배라고 생각한 팀원에게 먼저 상의를 하는 경우가 있다. 이럴 경우에는 팀원들의 혼란과 동요가 있을 수 있어서 후보자 본인에게는 안 좋은 영향이 있을 수 있다.

또한 이러한 사실을 뒤늦게 직속 상사가 다른 경로를 통해 알게 되었을 때는 일이 심각한 방향으로 흘러갈 수 있다. 따라서 퇴직 의사 표명은 반드시 업무를 관장하는 직속 상사에게 하는 것이 가장 바람직한 퇴사 의사 표시가 된다. 이렇게 하면 직속 상사도 인사적 계통인 인사부서와 임원진이나 경영진에 계통을 밟아 보고를 하게 된다. 퇴사 통보는 어렵게 느껴질 수 있지만, 상사에게 상담을 신청하여 조용한 회의실 등 차분한 장소에서 퇴직 사유를 설명하고 퇴직 절차의 도움을 요청한다면 원만하게 퇴사를 준비할 수 있다.

퇴사 의사를 표명하는 것은 생각하는 것보다는 심적 부담감이 크다. 물론 사람에 따라 다소 차이는 있겠지만 그간 미운 정 고운 정이 들었던 회사를 퇴사하는 마음을 털어놓는 것이 쉬운 것은 아니다. 그러나 일정 기간을 배려해서 명령의 계통대로 의사를 표시하는 것이 가장 올바른 퇴사 의사 표명이다.

퇴사 의사를 전달하기 위해 직속 상사와 미팅을 할 때는 조용한 회의실이나 특정 장소에서 하는 것이 좋다. 개방된 공간에서는 주변의 눈치를 보아야 하고, 상사와 퇴사 관련한 사항을 이야기하기에는 적절하지 못하다.

만약 직속 상사의 일정상 미팅이 불가능한 경우에는 사내 메일로 1차 보고를 하여 퇴사 의사를 밝히고 차후 상담 일정을 조율하도록 한다. 그리고 퇴사를 위한 사직서 제출은 상사와 퇴사 의사 확정의 상담이 완료되었을 때 제출하는 것이 일반적이며, 사직서 제출 일자도 상사와 협의하여 정하는 것이 좋다. 퇴사 의사를 강력하게 표명하기 위해 사직서를 먼저 제출하여 배수의 진을 치는 직장인이 있는데, 그런 조급한 태도로 회사와 상사를 배려하지 않는 모습은 지양해야 한다.

상사와 퇴사에 관한 내용을 상담할 때는 반드시 지켜야 할 철칙이 있다. 그것은 '이직하는 회사명과 직급, 직책 및 조건에 대해서는 절대로 언급하지 않는 것'이다. 자칫 잘못하면 '믿는 도끼에 발등 찍힐 수 있다.' 상사를 욕하는 것이 아니라 상사는 후보자가 마음에 있다면 어떻게 해서라도 이직을 만류할 것이다. 이때 위에서 말한 금기 내용을 믿는 상사에게 자연스럽게 이야기해 놓으면, 그 상사는 흔히 말하는 카운트 오퍼(Count Offer)로 역제안할 수 있기 때문이다. 연봉이나 처우 등 구체적인 불만 사항을 퇴사 사유로 이야기하면 회사에서 연봉 인상과 승진 등을 제시할 경우에는 난감한 상황이 만들어질 수 있다. 그리고 이직이 완료되지 않은 상태에서 이직하려는 회사의 지인이나 네트워크를 통해 어떠한 내용의 이야기들이 전해질지 모르기 때문이다.

퇴사 의사를 표명할 때는 지나치게 구체적인 이직 사유를 밝히는 것은 좋지 않다. 후련한 마음에 구체적으로 이직 사유를 밝히는 경우에, 회사나 상사가 문제에 대한 해결책을 제시하는 경우에는 후보자가 당황스러운 상황에 직면하게 된다. 또한 이직 사유로 인해 관계가 있는 업무나 직원들이 있다면 생각하지 못한 분란을 초래하는 경우도 있다. 따라서 구체적인 이직 사유는 지양하는 것이 좋다.

가장 개인적이면서도 일반적인 이직 사유를 말하는 것이 좋다. 그 예로는 '다양한 업무 경험을 쌓아 보고 싶다.', '직장 생활 초기부터 하고 싶은 직무를 해 보고 싶다.', '적성과 맞는 업무를 하고 싶다.', '미래에는 이직하는 직종과 관련된 개인 사업을 하고 싶다.', '현재 직무가 적성에 맞지 않다.' 등의 자기 발전이나 자기 변화를 주기 위한 사유를 언급하는 것 가장 무난하다. 물론 필요한 경우에는 이직 사유를 명확히 언급해야 한다. 그럼에도 불구하고 지나치게 구체적인 불만이나 미련을 넣은 의사 표시는 하지 않는 것이 좋다. 개인의 경력 개발이나 직무에 관한 발전, 자기 계발 관점의 이직 사유는 상사가 카운트 오퍼(Count Offer)를 하기에 쉽지 않은 것이다. 상사라 하더라도 해결해 줄 수 있는 것과 책임져 줄 수 있는 것의 한계를 잘 알기 때문이다.

퇴사 절차를 진행하는 과정에 상사가 퇴사를 만류하는 경우도 많다. 만약 이런 경우에는 퇴사 의사를 다시 한번 강조하고 단호한 마음을 표시해야 한다. 상사나 동료가 아무리 만류하더라도 이직을 결심한 원인을 근본적으로 해결해 줄 수는 없다는 것을 명심할 필요가 있다. 그리고 이직

의사를 번복하지 않아야 한다.

퇴사 사유를 정중하고 단호하게 전달하고 퇴사 절차를 원만히 진행할 수 있도록 도움을 요청하는 것도 좋은 방법이다. 그리고 퇴사 의사를 잘 전달하는 과정을 통해 상사와 동료들이 이직을 위한 과정을 더 도와주는 상황도 있을 수 있다. 그것은 퇴사하는 후보자가 어떻게 잘 마무리하고 아름다운 모습을 보이느냐에 달렸다.

Chapter 4.

이직이 확정되었으면 카운트 오퍼(Count offer)는 절대로 수용해서는 안 된다

이직 의사를 표명했음에도 반드시 필요한 인재이거나 핵심인력인 경우에는 어떻게 해서라도 퇴사를 막으려고 회사는 카운트 오퍼(Counter Offer)를 제안한다. 이 경우에는 회사가 그동안 간과해 왔던 처우에 대한 부분을 강화해 주는 것처럼 보일 수 있지만, 후보자가 이직한 후에 겪게 될 업무적 애로 사항 등의 위험(Risk)을 예방하기 위한 차원일 가능성이 높으므로 단호히 거절하는 것이 맞다.

파격적인 조건이라 심리적으로 흔들릴 수도 있을 것이다. 그러나 이러한 카운트 오퍼(Counter Offer)는 진정성이 극히 낮은 것이라 할 수 있다. 시쳇말로 줄 것 같았으면 퇴사 의사를 표명하기 전에는 왜 안 해 줬는지를 생각하면 된다. 그리고 제시된 카운트 오퍼(Counter Offer)를 받아들여서 재직을 하더라도 언젠가는 내부에서 시나브로 조정되는 경우가 많다.

가장 위협적인 부분은 카운트 오퍼(Counter Offer)를 받아들여 재직을 하는 직원에 대해서는 그 시간부터 '언제든지 이직을 할 수 있는 직원'이라는 후보자 본인은 모르는 낙인이 찍힌다는 것이다. 따라서 이직을 결심을 했고, 이직이 확정되었다면 뒤돌아보지 말고 앞으로 가야 한다.

물론 카운트 오퍼(Counter Offer)의 수준이 아주 높아서 후보자 본인이 판단하여 이직을 하는 것보다 좋은 조건이라면, 그것의 판단은 후보자의 몫이다.

카운트 오퍼(Counter Offer)와 관련해 퇴사를 재검토했을 때에 나타난 결과에 대해 연구한 것을 참고해 보면 방향을 짐작할 수 있을 듯하다. 그 연구는 '샘 월터스 코리아'의 자료이다.

"샘 월터스의 연구에 의하면, 직장인들이 퇴사 의사를 밝히면 회사 측에서 카운터 오퍼(Counter Offer)를 제공한다. 그 카운터 오퍼(Counter Offer)를 수용한 직장인의 39%가 결국은 1년 이내에 이직을 위한 활동을 했다."는 것이다.

이러한 연구 결과를 보더라도 퇴사 의사를 표명한 후에 카운터 오퍼(Counter Offer)를 받아들여 재직하더라도 결국은 회사에 오래 머무르지 못함을 대변하고 있는 것이다.

Chapter 5.

인계인수는 함께 일한 직원들에 대한 배려이며, 원만한 인계인수는 이직하는 발걸음을 가볍게 한다

한국이 세계 문화 컨텐츠에 우뚝 서게 되었다. 이러한 문화적 현상 중에서 '팬덤(fandom)'이라는 단어를 빼놓고 설명하기는 힘들다. '팬덤(fandom)'은 공통적인 관심사를 가진 사람들 간에 형성되는 좋은 이미지인 공감과 상호 배려의 감정에 기반한다.

이직을 위한 퇴사 시에도 좋은 이미지인 '팬덤(fandom)'은 형성될 수 있다. 반대로 좋지 못한 이미지도 형성될 수 있다. 퇴사 시에는 인계인수를 원만히 진행하면서 후보자에 대한 좋은 이미지인 '팬덤(fandom)' 형성이 가능하다. 그리고 좋게 형성된 '팬덤(fandom)'은 결과적으로 후보자에 대한 훌륭한 평판으로 이어진다. 그리고 이러한 모든 것은 마지막을 아름답게 장식하는 '원만한 인계인수'를 통해 가능하다. 그러므로 퇴사 시에 진행하는 인계인수는 함께 일한 동료와 회사, 후보자 자신을 위한 과정이다.

원만한 인계인수는 마지막까지 성실하게 인계인수를 진행하는 것이다. 성의 없는 인계인수는 팀원들과 후임자에게 나쁜 이미지를 형성할 수 있다. 그러한 나쁜 결과는 이직을 하는 과정에 좋지 못한 평판으로 돌아올 수 있다.

아름다운 마무리를 위해서는 업무 인계인수를 상세하게 진행해 주어야 한다. 그리고 회사 기준에 있는 별도 양식에 기준하여 인계인수 사항을 작성한다. 그리고 이직 후에도 혹여 지원이 필요한 내용에 대해서도 아낌없이 대하는 태도가 후보자에 대한 '팬덤(fandom)'을 만드는 단계로 이끄는 것이다.

원만한 인계인수는 함께 일한 직원들에 대한 배려이며, 원만한 인계인수는 이직하는 발걸음을 가볍게 한다. 퇴사를 하는 후보자의 마지막 인상은 이직을 하는 회사의 첫인상만큼이나 경력 관리에 중요한 영향을 미침을 명심하고 또 명심하자.

Chapter 6.

치밀하게 챙겨야 할 사항들에 디테일(Detail)하자

이직을 위한 퇴사 진행 절차의 마지막 단계에 도달하면, 좀더 디테일(Detail)하게 확인하고 고민해야 할 사항들이 있다. 흔히 간과하기 쉬운 사항들인데 후보자의 금전적 불이익이나 시간적 불이익을 초래할 수 있는 사항들에 대해서는 초현미경적 시각으로 챙겨야 한다.

첫 번째가 퇴사일 확정에 대해 디테일(Detail)해야 한다. 퇴사일은 월말일(月末日)로 결정하는 것이 유리하다. 즉 매월 30일 또는 31일로 하는 것이 좋다. 만약에 월말 일자가 힘들다면 주중의 주말이 아닌 주초에 하는 것이 좋다. 그리고 급여지급일 이전에 하는 것이 좋다.

두 번째는 이직하는 회사의 입사일은 매월 중 1일이 좋다. 그리고 이직하는 회사의 급여일 이전이면 좋다. 이는 급여지급일 차이로 인한 후보자의 경제적 압박을 최소화하기 위함이다.

세 번째는 퇴사일을 매월 1일로 잡아서는 안 된다. 이는 1일에 퇴사를 하게 되면 국민연금 납부금이 한 달치로 계산되어 본인에게 부기될 수 있기 때문이다.

네 번째는 퇴사일과 입사일을 연결하여 하루라도 휴직 상태로 있지 않는 것이 좋다. 이는 휴직 상태로 있는 며칠간 건강보험이 지역가입자로 전환되어 건강보험료를 추가 납부할 가능성이 있기 때문이다.

다섯 번째는 연차 휴가는 퇴직일과 연계하여 소진하는 것이 좋다. 만약 잔여 연차를 사용하지 못하고 불가피하게 퇴사를 하였다면 인사담당팀 또는 급여담당팀에 잔여 연차에 대한 수당 지급과 퇴직급여 등에 대한 부분을 확실히 확인할 필요가 있다.

다음은 이직할 회사에 대해 최종 이직 시에 디테일(Detail)하게 확인해야 할 사항들이다.

첫 번째가 이직할 회사의 성과 평가 기준일을 확인해야 한다. 일반적으로 이직을 하는 후보자들이 이직 회사의 성과 평가에 대해 잘 모르고 또는 아예 확인을 하지 않은 채로 입사하여 년중 평가 대상에서 제외되는 불이익을 당하는 경우가 적지 않다. 따라서 성과 역량을 기반으로 이직하는 후보자이거나, 일정 수준의 성과 거양을 조건으로 이직하는 후보자일 경우에는 반드시 성과 평가 기간을 확인하여 입사 일자를 조정하는 것도 필요하다. 통상적으로 분기 단위 평가가 가장 많고, 년간 평가 중에서 기간이 70% 미만인 경우는 성과 평가에서 제외하는 경우가 많다. 그러므로 4/4분기인 10월~12월 사이에 이직하는 경우에는 반드시 성과 평가 반영 기간을 확인할 필요가 있다.

두 번째는 입사 전에 근로계약서와 연봉계약서를 작성 완료하는 것이 좋다. 회사에 따라서는 이직 후에 근로계약서와 연봉계약서를 작성 날인하는 회사가 있다. 이 경우에도 업무 메일 등으로 입사 확정 또는 입사 확정서에 준하는 내용을 받아 놓아야 한다.

이 과정에서 연봉 및 복리후생, 영업 및 업무 관련 비용, 직급 및 직책 수행에 따른 제반 경비 내용 등에 대해서 상세하게 확인하여야 한다. 상세 내용은 뒷장의 '이직을 위한 계약서에 확인할 사항들'에서 다루기로 한다.

Chapter 7.

이직을 위한 계약서에 확인할 사항들

연봉 및 처우와 관련된 모든 협상이 원만히 마무리가 되면 이직의 과정이 거의 완료된다. 마지막 화룡점정(畵龍點睛)의 단계인 근로계약서와 연봉계약서를 작성하고 상호 날인하는 단계에 이른다.

직장 생활을 어느 정도 오래하지 않으면 사실 근로계약서와 연봉계약서에 대한 확실한 개념 정립이 안 된 것이 일반적이라 할 수 있다. 많은 직장인들에게 이 두 계약서의 차이에 대해 이야기해 보라 하면, 명쾌하게 답변을 할 수 있는 직장인이 얼마나 될지 궁금하다. 이 장에서 두 계약서의 차이를 아는 것은 중요하지 않다. 하지만 계약서에 반드시 확인해야 할 사항들에 대해 확실히 챙기는 이직의 마지막 화룡점정(畵龍點睛)의 자세는 필요하다.

근로계약서와 연봉계약서의 차이점에 대해 알아본다. '근로기준법'에서 근로계약 작성과 관련한 규정에 의하면 '근로계약'에 대해 근로자가 사용자(회사)에게 근로를 제공하고, 사용자(회사)는 이에 대해 임금을 지급하는 것을 목적으로 체결된 계약으로 정의한다.

사용자(회사)는 근로계약을 체결할 때 근로자에게 임금, 소정근로시간, 휴일, 연차유급휴가 그리고 그 밖에 '대통령령'으로 정하는 필수 근로조건을 문서에 명시해야만 한다. '근로기준법'에서 근로계약서와 연봉계약서를 별도로 구분하지는 않는다. 일반적으로 근로계약서는 근로자와 회사가 근로계약을 맺을 때 근로기준법에서 정한 필수 기재 사항 및 그 이외의 것들을 약속하는 문서이다.

반면 연봉계약서는 근로자의 연봉 및 근로조건에 대한 것을 약속하는 문서라고 볼 수 있다.

2023년부터 '근로기준법'을 포함한 다양한 법률과 정책이 개정되고 신설되었다. 2023년 최저임금이 9,620원으로 인상되면서 사용자(회사)와 근로자 간에 계약서를 다시 작성해야 한다. 또한 연봉 조정에 따른 연봉계약을 갱신해야 한다. 근로계약서는 근로조건을 문서로 증명할 수 있기 때문에 추후 발생할 법적 분쟁을 방지하기 위해서 반드시 작성해야 한다.

근로계약서 필수 사항은 ① 근무장소 및 업무내용, ② 임금 구성항목(급여, 상여금, 수당 등), ③ 임금 계산방법, ④ 임금 지급방법, ⑤ 소정근로시간, ⑥ 휴일, ⑦ 연차 유급휴가, ⑧ 업무의 시작과 종료시간 및 휴게시간이다. (5인 미만 사업장에서는 연차 유급휴가 내용은 포함하지 않아도 됨) 근로계약서는 회사의 표준화된 양식에 서면 형태나 전자문서 형태로 작성하면 된다. 그리고 위에 열거된 필수적 기재사항들이 있는지 없는지를 확인하여 작성 날인한다.

다음은 연봉계약서 작성을 하면서 확인해야 할 사안들이다. 사실 연봉계약서는 후보자에게 직접적인 금액적인 영향을 미치는 계약이다. 물론 근로계약에 기반하여 연봉계약서가 작성되겠지만 연봉계약서 작성 시에 꼼꼼히 확인해야 한다.

첫 번째는 본인의 계약연봉이 정확히 얼마인지와 연봉의 구성 항목이 무엇인지를 확인해야 한다. 직전 년도에 지급했던 성과급, 퇴직금, 복지

카드비, 비정기적 상여(명절, 휴가 등) 등이 계약연봉에 포함되는지 여부를 확인해야 한다. 계약연봉에는 급여, 상여, 각종 수당, 세금과 보험료만 포함되어야 하는데 회사마다 다른 항목을 계약연봉 항목으로 구성하는 경우가 있다.

두 번째는 성과급의 기준이 기본급을 기준으로 하는 것인지, 월급을 기준으로 하는 것인지를 확인해야 한다. 예를 들어, 연봉 계약서에 '성과급 300%를 지급한다.'는 내용이 있다면, 성과급 300%의 기준이 기본급인지, 월급의 총액을 기준으로 하는지를 확인해야 한다. 대부분의 회사가 기본급을 기준으로 하고 있지만 후보자에 따라 전직 회사와 성과급 기준이 차이가 날 수 있기 때문이다.

세 번째는 수당에 대한 세부 내용을 확인해야 한다. 즉 고정적으로 지급되는 수당의 내용에 대해 확인해야 한다. 직무와 직급, 직책에 따라 고정적인 수당은 다를 수 있다. 월급 개념으로 지급되는 식대비, 통신비, 차량유지비와 같은 수당이 무엇인지와 수당의 총액이 얼마인지, 지급 방법과 시기(지급일, 지급기간)를 확인해야 한다. 그리고 수당들이 연봉에 포함되는지 유무를 확인해야 한다.

Chapter 8.

퇴사하는 즈음에 감사의 마음으로 아름답게 떠나자

그동안 환승 이직을 준비하며 후보자 개인적으로는 심신이 적지 않은 스트레스 상태였을 것이다. 그럼에도 이직에 성공하였기에 그동안 함께 했던 동료, 선후배들에게 고마운 감정과 아쉬운 감정이 교차할 것이다. 후보자에 따라서는 미운 감정과 서운한 감정을 가지고 떠나는 경우도 있을 것이다. 어떠한 경우라도 마지막 유종의 미를 다해야 한다. 후보자의 진심이 담긴 마음을 전할 수 있는 퇴사 인사말을 통해 그간의 고마움을 표현하는 것이 인지상정이다. 그리고 이러한 태도는 퇴사하는 후보자의 마지막 이미지를 아름답게 결정하는 중요한 의미를 가진다. 퇴사 인사말을 작성하여 전하는 데에도 몇 가지 고려해야 할 사항들이 있다.

첫째가 퇴사에 대해 회사에서 공식적인 결정이 내려지지 않은 상태에서 후보자 일방적으로 퇴사 사실을 공개하거나, 인사말을 구두 또는 메일로 해서는 안 된다. 먼저 퇴사 인사 이메일을 쓰거나, 다른 부서 또는 외부 거래처에 퇴사 사실을 공개하는 것은 매너에 어긋나는 행동이 된다.

두 번째는 퇴사 인사를 건넬 때에 그간 불편했던 부정적인 내용에 대해서는 가급적이면 언급하지 않는 것이 좋다. 그동안 많은 사연이 있었다면, 전체적으로 감사한 마음을 담아 표현하는 것이 가장 좋다. 퇴사 인사를 전할 때는 간결하면서 긍정적인 이미지의 단어를 활용하는 것이 깊은 인상을 남긴다.

세 번째는 퇴사 사유에 대해서 구체적으로 언급하지 않는 것이 예의다. 나중에 퇴사 후에 알려지더라도 퇴사 인사말에서는 구체적인 퇴사 사유를 지양해야 한다. 구체적인 퇴사 사유는 회사에 대한 부정적인 측면을 강조하게 되어 애초에 아름다운 마무리를 하려했던 의도와는 다르게 인식될 수 있다. 후보자 본인에게도 부정적인 이미지를 남길 수 있으며, 재직 중인 동료, 선후배들에게도 좋지 않은 매너가 된다.

네 번째는 이직하는 회사에 대한 내용도 언급하지 않는 것이 좋다. 이직하는 회사에 대한 내용이라는 것은 회사명, 직급, 직책, R&R, 대우, 처우 관련 등에 대한 언급은 부적절하다.

다섯 번째는 함께했던 모든 이들에 대한 축원을 반드시 표현해야 한다. 자신의 발전을 위해 퇴사하고 이직하면서 함께했던 모든 이들에 대한 발전과 건승도 기원하는 대인배의 품격을 보여야 한다.

여섯 번째는 감사한 마음을 전하는 적절한 시기이다. 퇴사 당일 오전 9~10시 사이가 가장 적절한 시간대이다. 보통의 퇴사자는 오전인 12시가 되기 전에 최종 인사를 마무리하고 회사를 떠나기 때문이다. 물론 각 후보자별 상황에 맞추어 시간을 정하면 되겠지만 통상적으로는 퇴사 마지막 날 오전 시간에 하는 것이 좋다. 오전에 퇴사 감사 인사 메일을 보내면 동료들이 읽은 후에 마지막 인사를 상호할 수 있다.

일곱 번째는 반드시 찾아 뵙고 인사를 올려야 할 분들에 대한 준비를 먼저 해야 한다. 경영진, 임원, 영향을 많이 준 선배, 타 부서이지만 감사함이 많았던 분들에 대해서는, 이메일로 감사함의 인사를 하기 전에 방문하여 인사를 올리는 것이 예의다. 특히 서열이 높은 분들부터 인사를 올리도록 한다. 이 인사를 하는 것도 퇴직이 최종 확정된 이후에 해야 한다. 그리고 퇴사를 마지막까지 만류한 상사나 선배가 있었다면 반드시 찾아 뵙고 감사함을 표하도록 한다. 이직 후에도 이 분들이 후보자에게 멘토와 같은 역할을 할 수 있는 분들이다.

퇴사 감사 인사는 회사 임직원 외에도 외부 거래처나 협력 관계에 있는 사람들에게도 하는 것이 예의다. 특히 고정 거래처와 협력사의 담당자들에게는 업무 인계인수의 내용까지 포함하여 인사말을 전하는 것이 좋다. 여기에도 몇 가지 고려해야 할 사항들이 있다.

첫 번째가 퇴사 사실을 알릴 외부 대상자의 범위를 확정하는 것이다. 외부 대상자의 범위는 두 가지 관점에서 정하면 된다. 한 가지는 업무 관련도가 높은 외부 대상자를 선정하는 것이다. 다른 한 가지는 업무적인 관련성은 적지만 개인적인 친밀도가 높았던 외부 대상자를 선정하는 것이다. 외부 대상자에 대한 인사도 중요한 이유가 이들이 이직을 하여도 중요한 네트워크로 역할을 할 가능성이 높기 때문이다. 한마디로 관리를 잘해야 할 인맥 네트워크인 것이다. 개인적인 친분이 있는 경우라면 이메일이나 연락처를 전달하여 향후 관계를 이어 나갈 수 있도록 해야 한다.

두 번째는 인계인수를 고려해서 조금은 넉넉한 시점에 퇴사 사실을 통보하는 것이 좋다. 이때에는 직속 상사와 상의하여 퇴사 사실을 알릴 시기와 인계인수 일정을 잡도록 한다. 최소한 인계인수가 원활하게 이루어질 수 있는 기간을 감안해야 한다. 그리고 미해결 사안이 있을 경우에는 해결을 위한 명확한 협의를 한 후에 인사말을 전하는 것이다. 설사 인사말을 전하는 순간까지 후임자가 지정되지 않았다 하더라도 그 사실을 전하고, 임시 후임자를 선정하여 업무를 지속할 수 있는 상태를 유지하여 전하는 것이 예의다.

"이직을 위한 퇴사를 아름답게 마무리하자!

그래야만 이직의 발걸음이 가볍고 아름다워진다!

마무리를 형편없이 하고, 도망치듯이 달려간 이직 회사에서 얼마나 잘 성장할 수 있을 것 같은가?"

| 마치는 글

이직, 이제는 박수 치며 보내고 영입하는 열린 사고의 시대

젊은 세대를 중심으로 생성되는 신조어가 많다. 이제는 기성 세대들도 신조어를 모르면 소통에 애를 먹는 환경이다. 많은 신조어들 중에서 '환승 이직', '퇴준생', '이준생' 등의 단어는 직업관에 대한 의식의 빠른 변화를 느끼게 한다. 직장 생활을 처음 시작했던 90년대 초반은 물론이고, 2020년대 초반인 현재에도 '이직'은 회사 내에서 쉽게 이야기하기 어려운 단어이다. 그럼에도 젊은 세대 직장인들을 중심으로 이직에 대한 의식의 변화가 빠르게 변화하고 있다.

'환승 이직'이라는 신조어의 개념을 생각해 보면, '현 직장에서 일을 하고 있으면서 다른 회사로의 이직을 준비하는 것'이다. 지금도 회사 문화가 보수적인 곳에서는 엄두도 내지 못할 상황일 것이다. 자신의 발전과 성공을 위해서는 현 직장이 잠시 머무르는 곳이거나, 더 좋은 환경의 회사로 이직을 위한 교두보로 생각하는 직장인들이 많이 늘어난 것이다. 이들의 사고와 환승 이직의 정당성을 부정하기에는 사회 문화의 변화가 빨리 진행되었다. 그리고 직장관에 대한 의식의 변화도 양적, 질적인 면에서 변화가 많았고, 빨랐다.

우리의 아버지 세대에서는 한 직장에 장기 근속을 하는 것이 전쟁에서 훈장을 다는 것처럼 자부심으로 가득했던 시대였다. 그리고 지금도 장기 근속에 대해서는 당연히 축하받고 격려를 받는다. 하지만 예전만큼 장기 근속을 위해 노력하는 직장 생활은 아닌 것 같다. 시대가 변했고, 세대가 변했다.

필자도 직장 생활 30년을 하였다. 이 과정에서 세 번의 환승 이직을 통해 원하는 만큼 연봉도 올려 보았다. 그리고 남들보다 빨리 임원이 되어 최고 경영진의 한 사람으로서, 경영관리 일선에서 시간과 열정을 양념으로 하여 경영 전략의 다양한 레시피를 만들었다. 치열하게 살았다. 경쟁에서는 이기는 것 만을 생각하며 전략을 구상하고 전술을 실행했다. 한 회사에서 장기 근속으로 30년을 마무리하지는 못했지만, 같은 30년의 직장 생활을 네 곳의 회사에서 아름답게 만들었던 것도 훌륭한 선택이었다고 자부한다.

그러나 30년의 기간 중에 함께 일했던 후배들의 환승 이직을 바라보며 아쉬운 마음이 많이 남아서 이 책을 썼다.

이직을 하면서 야반도주하듯이 급하게 떠나는 후배의 모습을 바라보았고, 인계인수를 불성실하게 했던 후배가 이직 후 연착륙하지 못했다는 소식도 들었다. 심지어 이직 후 적응을 하지 못해 전 직장의 문을 기웃거리는 후배도 보았다. 물론 이직 후 승승장구하는 후배도 많았다.

이직을 하는 후배들의 다양한 모습에서 공통적으로 보이는 것이 있었는데, 그것은 '눈치를 보며, 주눅이 든 상태로 이직한다.'는 것이다. 굳이 그렇게 눈치를 보고 주눅이 들 일이 아님에도 말이다. 이직을 하는 후배를 탓하기보다는 아름다운 이직의 환경을 조성해 주지 못한 회사와 변화에 올라타지 못한 기성 직장인인 우리를 돌아봐야 한다.

역량이 있는 경력 직원을 스카우트하는 것에 대해서는 열린 마음이었는데, 정작 우리 회사에서 이직을 하는 후배 직원에 대해서는 모진 칼을

휘둘렀던 기업 문화에는 많은 아쉬움이 남는다.

시대가 흐르듯 시대의 정신도 변화한다. 그리고 정신이 변화하면 문화도 변화할 수밖에 없다.

우리 회사에 유능한 경력 직원을 타 회사에서 데려오는 것에는 호혜하고, 정작 우리 직원이 이직하는 것에 대해서는 모질게 판단하는 시대 정신은 바뀌어야 한다. 그리고 지금의 직장 생활을 구성하는 모든 직장인들의 시대 정신도 변화해야 한다.

회사의 필요에 의해 영입하는 경력 직원도 박수 받으며 입사하고, 그간 정들었던 회사를 이직하는 직원도 박수 받으며 퇴사하는, 열린 마음의 시대 정신으로 변화를 해야 한다. 그런 관점에서 이 책이 방향의 좌표를 찍는 시작이 되길 바란다.

아울러 이직의 가교 역할을 하는 헤드헌터와 서치펌에 대한 오해와 불신이 해소되는 데 작은 필터 기능이 되길 바라는 마음이다. 그리고 환승 이직의 중요한 가교 역할을 하는 헤드헌터들의 실력 상승과 인간 중심의 주요한 업(業)을 영위한다는 자긍심 고취에 이 책이 작은 기여가 되길 바란다.

세 번의 환승 이직을 하면서 좋은 헤드헌터의 도움이 없었다면, 성공적인 이직은 어려웠을 것이다. 지금도 환승 이직을 준비하고 있는 후배들이 헤드헌팅에 대한 막연한 궁금증이 있다면 이 책을 읽고 해결하고, 후배들의 경험이 더해져서 더욱 좋은 내용의 책이 이어지길 바란다.

2022년 7월 중순의 무더운 여름 날, 후배 직원들과 치맥을 시원하게 먹던 회식 자리에서 후배 직원이 나에게 했던 질문이 아직도 기억에 생생하다.

"부사장님! 우리 회사는 타 회사의 경력 직원을 필요시마다 스카우트하면서, 왜, 우리 직원이 이직하는 것에 대해서는 면도칼 같은 이중 잣대를 댈까요?"

이제는 이런 질문이 없어지는 직장 문화, 기업 문화를 바라며 글을 마친다.

"직장인이여!
이제 환승 이직의 판도라 상자를 마음껏 언박싱 하라!"

환승 이직의 판도라 상자를 언박싱하라!

초판 1쇄 발행 2023년 8월 8일
2쇄 발행 2023년 10월 9일

지은이 서준덕
펴낸이 이기봉
편집 좋은땅 편집팀
펴낸곳 도서출판 좋은땅
주소 서울특별시 마포구 양화로12길 26 지월드빌딩 (서교동 395-7)
전화 02)374-8616~7
팩스 02)374-8614
이메일 gworldbook@naver.com
홈페이지 www.g-world.co.kr

ISBN 979-11-388-2161-2 (03320)